北京联合大学
学术著作
出版基金资助

大都市区旅游房地产开发研究

METROPOLITAN TOURISM REAL ESTATE DEVELOPMENT RESEARCH

张金山 著

社会科学文献出版社
SOCIAL SCIENCES ACADEMIC PRESS (CHINA)

摘　要

　　进入 21 世纪，"旅游房地产"的概念迅速成为地产界、旅游界、学术界以及相关政府部门共同关注的热点。与此同时，伴随着近些年来房地产业的不断调控和旅游业的持续向好，曾经专注于住宅房地产开发的房地产开发企业纷纷将目光瞄向旅游房地产领域，特别是北京、杭州、上海、深圳等大都市区已经开发了诸多所谓的旅游房地产项目。然而在旅游房地产概念被热炒的同时，什么是旅游房地产，旅游房地产有哪些类型，旅游房地产与房地产以及旅游业有什么样的关系，旅游房地产只是一个提法还是具有实现产业化发展的前景等，有关旅游房地产的这些基本问题实际上处于莫衷一是的状态。

　　本书首先在明确房地产以及旅游相关概念的基础上，构建了能够与已有的概念体系相衔接的旅游房地产概念体系。针对旅游房地产形成、发展的理论基础严重缺失的问题，本书在梳理旅游房地产的发展历史的基础上，构建了多元理论的解释体系，以期奠定旅游房地产研究的理论基础。同时结合旅游房地产概念在中国最早出现的实际情况，明确提出长期致力于住宅房地产开发的房地产开发企业力图介入旅游开发是旅游房地产概念被热炒的直接原因。旅游房地产的概念，反映了房地产开发企业进军旅游业的热情和冲动。

　　当前，中国的城市化正步入大都市区化的新的发展阶段，而大都市区是旅游房地产开发的热点区域。本书重点以北京大都市区为例，分析了大都市区的发展可能对旅游房地产开发产生的影响。同时,研究了四大类旅游房地产开发的特征,针对具体的房地产开发类型,结合案例分析、提炼了相关的开发模式,以期为同类型旅游房地产项目的建设提供经验借鉴。本书最后结合旅游房地产开发所依托资源的特殊性,认为旅游房地产开发是需要进行管治的领域,并结合埃莉诺·奥斯特罗姆关于公共资源治理的自主组织理论和多中心理论,提出了对旅游房地产进行管治的对策建议。

关键词: 大都市区   旅游房地产   开发   北京

Abstract

In the 21th century, the concept "tourism real estate" is becoming the common focus of attention among the real estate sector, the tourism industry, academic and relevant government departments. At the same time, particularly with the continuous regulation of the real estate industry in recent years and tourism continues to prosper, the real estate development enterprises that focused on residential real estate have concerned about the tourism real estate, and have developed a series of tourism real estate project especially in Beijing, Hangzhou, Shanghai, Shenzhen and other metropolitan areas. However, when the concept of tourism real estate is paid great attention, what is the tourism real estate, what type of tourism real estate, what kind of relationship among travel, tourism real estate and real estate, tourism real estate is just a statement or has great potential for development, etc. For these fundamental issues of tourism real estate are still not clear.

First, this paper makes clear the relate concept of real estate and tourism, and builds the tourism real estate concept system which can coordinate with the existing concept of real estate. For the formation and development of tourism – related real estate problems serious deficiencies in the theoretical basis, this paper reviews the historical development of tourism real estate and builds up a multiple illustrating system to lay the theoretical foundation of tourism real estate. Combined with the concept of tourism real estate first appeared in China, the real estate development companies which commitment to residential real estate development seek to involve in tourism development, this is the direct cause of the concept of tourism real estate. The concept of tourism real estate reflects the enthusiasm and the impulse to enter the tourism industry with real estate development companies.

At present, China's urbanization is entering the metropolitan of the new stage of development, and the metropolitan area has become the hotspot for tourism real estate development. This thesis takes the Beijing metropolitan area as the example, analyzes the impacts on tourism real estate development which come from the development of the metropolitan area. Meanwhile, the thesis studies the development characteristics of the four major categories tourism real estate. For specific types of real estate development, this paper summarizes development model combined with the relevant case studies, and provides experiences to the same type of tourism real estate projects. Finally, according to the special nature of the tourism resources which the tourism real estate development rely on, that the tourism real estate development needs governance, apply with Elinor Ostrom's self – organization theory and multi – center theory relate to management of public resources, the paper puts forward some countermeasures about tourism real estate governance.

Key words: Metropolitan Area   Tourism Real Estate   Development   Beijing

目　录

Contents

第一章　导论

第一节　研究背景

一　旅游房地产不断成为房地产业与旅游业共同探讨的热点话题

21 世纪伊始，"旅游房地产"这一全新概念迅速成为房地产业和旅游业共同探讨的热点话题。自从第一届以旅游房地产为主题的论坛举办以来，在北京、上海、杭州特别是海南等热点旅游城市或地区，举办的以"旅游房地产""旅游地产""景观房地产""分时度假""产权酒店"为主题的论坛、峰会已经不下 20 届。2001 年 7 月，在海南省人民政府的大力支持下，中国房地产协会在海口主办了"中国首届旅游房地产博览会暨首届中国旅游房地产发展论坛"，这标志着旅游房地产最早开始为中国地产界所高度关注。同年 11 月，在万科集团、万通集团以及浙江南都集团的倡导下，于杭州召开的"中国旅游景观房产论坛"针对旅游景观房产、城市化进程中的住房发展问题开展了研讨。2002～2005 年，中华分时度假机构（China Timeshare Organization）分别在海口、北京、上海、宁波连续组织召开了四届以旅游房地产及分时度假、产权酒店为主题的论坛，推动了分时度假、产权酒店等重要旅游房地产经营形式在中国的传播。从 2004 年至今，亚太共管酒店管理协会已经连续举办了七届"全国产权酒店合作发展论坛"。2010 年 11 月 20 日，由亚太共管酒店管理协会、中国社会科学院旅游研究中心以及世界（华人）工商促进会联合主办的"国际旅游地产暨第七届全国产权酒店合作发展论坛"，共同探讨了房地产业、旅游业以及酒店业的联合发展问题。旅游房地产的概念缘起于地产界对旅游业的关注，可以说当前已经形成地产界、旅游界、学术界以及相关政府部门共同关注的局面。

在房地产开发商不断掀起有关旅游房地产热潮的同时，在实践层面，长期以来专注于住宅开发的房地产企业纷纷介入旅游物业的开发。2002 年 4 月，中国房地产开发集团与中远、中石油、中旅等大企业集团一道，并联合国内 20 多个城市有实力的房地产企业，共同组建了"中国房地产分时度假联盟"，这标志着房地产开发企业开始吹响向旅游业进军的号角。截至目前，以万科、万通、首创、海航、中信、天鸿、珠江地产等为代表的一批有实力的传统房地产开发商已经涉足以旅游为主题的开发项目，在北京、上海、杭州、深圳等大都市区或海南、广东等地区开发了大量以度假村、度假酒店、产权酒店、养老公寓、高档别墅、旅游商业中心等为代表的旅游房地产项目。伴随着海南国际旅游岛建设上升为国家战略，2009 年 4 月 29 日，在于三亚举办的"中国旅游地产软实力峰会"上，新浪、易居中国、携程旅行网、如家酒店集团、中国房产信息集团五大海外上市企业共同发起成立了全国首家旅游房地产全程服务商——中国旅游地产服务（集团）有限公司，致力于在旅游房地产领域前瞻性地规划并建立"售前、售中、售后"营销服务体系，全力服务于海南国际旅游岛，这标志着旅游房地产发展的先头地区已经开始实现从关注开发环节向关注营销服务环节的转变。

2009 年商品房价格飞涨，伴随 2010 年有史以来最严厉的房地产调控政策的出台，精明的房地产开发商继商业地产、工业地产之后，大举进军旅游房地产。自 2010 年下半年以来，中国旅游业骤然掀起了以"国际旅游度假区"为主的旅游房地产开发热潮，地产业央企、国企、民企、外企等纷纷涌入旅游业，华润、龙湖、保利、万科、恒大、富力等众多地产大鳄争先恐后地拿下新的旅游项目，巨量的国家资金、银行资金、民间资金，乃至境外的热钱，对旅游房地产趋之若鹜。相关调查数据显示，截至 2010 年底，国内已有超过 50 家房地产企业涉足旅游房地产，涉及项目金额超过 3000 亿元。① 可以预见，伴随着房地产调控的继续加码以及旅游业的持续向好，旅游房地产将成为房地产开发热点中的热点。

二 大都市区的快速发展将对旅游房地产开发产生重要影响

21 世纪有"城市世纪"或"城市时代"之称，未来的世界被认为是一个城市化的世界。② 中国社会科学院副院长李扬认为，工业化和城镇化并举，而且逐步向以城镇化为主导的方向转移是中国未来经济发展的趋势。③ 城镇化将成为未来中国经济发展的主要引擎。截至 2009 年，中国的城镇化率已达 46.6%，未来 15 年内，中国仍将处于城镇化快速发展阶段。目前，以加速外扩为特征的新一轮城市化倾向比较明显。④ 改革开放以来，我国大城市发展迅速，出现了都市区这种新的城市空间形态。⑤ 大都市区化是城市化达到一定程度的必然现象，⑥ 都市区将成为 21 世纪中国经济和城市化发展的重要地域空间形式，⑦ 中国未来的城市化将步入以

① 凤凰网：《邓浩志：旅游地产以黑马姿态吹响进军号角》，http：//house.ifeng.com/pinglun/detail_ 2011_ 02/18/4738354_ 0.shtml；裴钰：《分食旅游地产的五大花招》，《中国经济周刊》2011 年第 6 期。

② 吴良镛：《城市世纪、城市问题、城市规划与市长的作用》，《城市规划》2000 年第 24 卷第 4 期。

③ 新浪网：《新一轮城镇化面临征地农民利益保护等三大挑战》，http：//news.sina.com.cn/c/2010 - 11 - 11/104121453525.shtml。

④ 潘家华、牛凤瑞、魏后凯：《中国城市发展报告》，社会科学文献出版社，2010。

⑤ 谢守红、宁越敏：《中国大城市发展和都市区的形成》，《城市问题》2005 年第 1 期。

⑥ 毛广雄：《大都市区化：我国城市化发展路径的转型》，《城市问题》2009 年第 6 期。

⑦ 谢守红、宁越敏：《中国大城市发展和都市区的形成》，《城市问题》2005 年第 1 期。

大都市区化为主要特征的发展阶段。随着中国城市化进程的进一步发展，大都市将成为中国城市化进程中最引人注目的地区，同时也是中国未来城市化最具有活力的地区。① 伴随着大都市区化的快速发展，以都市区为代表的城市空间组织形态将不断发生演变。② 以北京为例，北京大学城市与环境学院武弘麟副教授认为当前北京"摊大饼"式城市继续蔓延的驱动力量依旧没有完全释放。③ 当前，北京都市区的城市郊区化继续加速发展，根据《北京城市总体规划（2004～2020 年）》"两轴—两带—多中心"的城市空间发展构想，北京还将快速向多中心城市的方向发展。大都市区是旅游房地产开发的热点区域，大都市区的快速发展以及空间结构的不断演变必将对旅游房地产开发产生重要影响。

在大都市快速发展的过程中，伴随城镇居民收入水平的不断提高，交通体系的不断改善，自驾车拥有量的不断增长，大都市区城镇居民的休闲度假需求持续高涨，不断寻求释放。以北京为例，2009 年，城镇居民人均可支配收入达到 29073 元，恩格尔系数为 32.1%，④ 继续保持下降趋势。城镇居民的出行欲望非常强烈，不断从观光需求向休闲度假需求跃升，休闲度假需求的不断提高将对旅游房地产开发产生强劲的拉动力量。截至 2010 年 11 月 28 日，北京全市机动车保有量达到 469 万辆，驾驶员保有量也突破 620 万，达到 620.8 万人。⑤ 城镇居民自驾车数量的不断增加

---

① 顾朝林、徐海贤：《改革开放二十年来中国城市地理学研究进展》，《地理科学》1999 年第 4 期。

② 顾朝林、陈振光：《中国大都市空间增长形态》，《中国方域：行政区划与地名》1996 年第 1 期。

③ 2010 年 10 月 29 日，武弘麟副教授受邀参加中国社会科学院财政与贸易经济研究所举办的财经论坛，做了题为"历史视角下的北京规划"的讲座，他认为虽然北京已经面临严峻的可持续发展问题，但城市化过程依旧没有结束，驱动北京"摊大饼"的力量还没有完全获得释放。

④ 《北京市 2010 年国民经济和社会发展统计公报》。

⑤ 腾讯汽车频道，http://auto.qq.com/a/20101201/000110.htm。

极大地方便了居民的快速出行。2007 年底，国家对法定节假日休假制度进行了新的调整，① 新休假方案中旅游"黄金周"的数量由 3 个减少为 2 个，而 3 天小长假的数量由 1 个增加到 5 个，法定假日的调整将明显增加近程旅游流所占的比重，从而促进客源市场周边地区旅游资源的开发和旅游业的发展。② 2010 年 6 月 19 日，在亚洲地产投资论坛上，与会嘉宾一致认为，在上海、北京等一线城市，随着人们生活水平的提高，"5 + 2"的生活方式随之产生。与此同时，在一些城市及周边地区投资旅游房地产的机会已经充分显现出来。

第二节　研究内容

一　研究范围界定

（一）以大都市区为研究范围的原因

本书以大都市区为旅游房地产开发研究的基本地域范围，主要是基于三方面的原因。

首先，大都市区是旅游活动的热点区域。旅游是一项重要的城市职能，③ 城市地区尤其是大城市地区，常常既是旅游需求中心，又是旅游供给中心。④ 从供给的角度来讲，以城市为中心的旅游供需地域分布规律认为，城市具有发展旅游业的先天优势，⑤ 中国大部分大城市都是历史文化

---

① 2007 年 12 月 7 日《国务院关于修改〈全国年节及纪念日放假办法〉的决定》经国务院第 198 次常务会议通过，自 2008 年 1 月 1 日起施行。

② 郭晓东、肖星、房亮：《新休假制度对国内旅游流时空结构及旅游开发的影响分析》，《旅游学刊》2008 年第 5 期。

③ 周一星、孙则昕：《再论中国城市的职能分类》，《地理研究》1999 年第 1 期。

④ 吴必虎、徐小波：《旅游导向型土地综合开发（TOLD）：一种旅游—房地产模式》，《旅游学刊》2010 年第 8 期。

⑤ 金波、吴小根：《中国旅游城市体系研究》，《城市研究》1999 年第 5 期。

名城，集中了中国绝大部分著名的历史古迹，形成旅游业中最重要的旅游供给中心。① 从需求的角度来讲，城市是主要的客源产生地和旅游集散地，多数观光旅游和休闲度假旅游发生于城市周边地区和远离城市的旅游景区。旅游出行的距离衰减规律认为，中国城市居民的旅游和休闲出游会随距离增加而衰减。② 当城市化发展到大都市区化阶段，伴随着旅游需求从观光需求向休闲度假需求的升级，旅游活动的广度和深度在大都市区的范围内将获得全面拓展。

其次，大都市区是旅游房地产开发的热点区域。大城市集聚区由于旅游资源开发成本较低，门槛人口数量较小，旅游需求较大，旅游利润率一般较高，所以大城市集聚区及周边地区往往是旅游业的最大利润带。③ 从实际情况来看，中国旅游房地产最早产生于大都市区化发展前列的一线城市，从某个角度来说，旅游房地产是伴随着城市化发展到都市区化阶段而出现的。2001 年沈飞撰文认为，旅游房地产已露出发展苗头，北京、上海、大连、青岛、海南、广东、福建、深圳等地已开工的旅游房地产项目达到近百个，以高尔夫、山地、滑雪、冲浪、野外运动为主题的休闲度假住宅、别墅、酒店超过 80 家。④ 城市地区向来是旅游开发的热点区域，作为城市化发展到一定阶段的产物，大都市区将成为 21 世纪最重要的地域空间形式，也必将成为旅游房地产开发的热点区域。

最后，大都市区是旅游房地产的统筹发展区域。当前，中国大都市区正快速发展，以城市规划、旧城改造、城市郊区化、新城建设、城乡一体化等为代表的大都市区经济社会发展空间的快速演变将对旅游房地产开发产生重要影响。与此同时，城市郊区旅游业的快速发展，大大加

① 牛亚菲：《旅游供给与需求的空间关系研究》，《地理学报》1999 年第 1 期。
② 吴必虎、唐俊雅、黄安民等：《中国城市居民旅游目的地选择行为研究》，《地理学报》1997 年第 2 期。
③ 牛亚菲：《旅游供给与需求的空间关系研究》，《地理学报》1999 年第 1 期。
④ 沈飞：《旅游房地产悄然起步》，《中国经营报》2001 年 6 月 29 日。

强了中心城市与周边地区的相互联系，成为大都市区化的促进力量。由于旅游房地产开发一般需要依托自然生态和历史人文资源等公共资源进行，因此与传统住宅房地产开发存在很大差异，旅游房地产开发容易产生更多问题。整体来看，大都市区化与旅游房地产开发之间将会产生复杂的相互关系或影响，作为旅游房地产开发热点的大都市区特别需要统筹协调旅游房地产的开发建设。

（二）以大都市区为研究范围的说明

综合来看，大都市区是旅游房地产开发最值得研究的区域范畴。房地产开发企业最早在都市区的范围内介入旅游房地产开发，大都市区将是旅游房地产开发最重要的热点区域，随着中国城市化逐渐进入都市区化发展的新阶段，都市区经济社会空间结构的演化必将与旅游房地产开发产生复杂的相互作用。虽然当前中国学术界对大都市区的认识尚不一致，但已经探讨了都市区的基本范畴以及大都市区发展演变的基本规律和特征，有关大都市区定义以及范畴界定的相关研究将为旅游房地产的开发研究提供前提和基础，但这不是本书研究的重点。

本书对旅游房地产的研究以大都市区为空间区域，具体来说，是以北京为例来研究大都市区化与旅游房地产开发相互影响过程中的旅游房地产开发问题。北京是中国最早开始向大都市区方向发展的城市，是中国最重要的旅游城市和历史文化名城，也是最早出现旅游房地产开发的城市之一。因此，以北京大都市区为例研究旅游房地产开发问题，既有共性，也有个性。进入 21 世纪后，北京大都市区的范围迅速扩展，北京大都市区基本上已经能够涵盖行政区划的范畴。本书以北京大都市区为具体的空间范围研究旅游房地产的开发问题，不是机械地以当前某个固定的范围来进行研究，而是重点从北京大都市区近期或未来发展变动的角度进行研究。

二 研究内容界定

(一) 主要研究对象

本书以旅游房地产为主要研究对象。由于旅游房地产概念在中国产生的特殊背景及旅游房地产类型的多样性，对旅游房地产这个新概念的界定处于非常混乱的状态，特别是没有与房地产的已有概念体系相对接。本书从房地产以及旅游已有的相对成熟的概念体系出发，认为旅游房地产主要是指为满足旅游者需求而开发建设或经营管理的土地、建筑物及其他地上定着物（附着物），包括物质实体和依托于物质实体的权益。根据旅游房地产的存在形态以及开发建设强度的不同，又将旅游房地产划分为自在自然层、基础设施层、服务设施层、产品消费层四类表现形式。根据某类旅游房地产表现出来的突出特征，又将大都市区的产品消费层旅游房地产划分为历史文化街区休憩型旅游房地产、主题体育娱乐型旅游房地产、郊野休闲度假型旅游房地产和特殊经营型旅游房地产四大类型。①

本书重点研究的是大都市区产品消费层旅游房地产的开发问题，具体来说就是研究历史文化街区休憩型旅游房地产、主题体育娱乐型旅游房地产、郊野休闲度假型旅游房地产和特殊经营型旅游房地产的开发以及大都市区化与旅游房地产开发之间的相互关系。

(二) 主要研究内容

总体来看，本书以大都市区为研究范围，以产品消费层旅游房地产为主要研究对象，以旅游房地产的开发为主要研究问题，着眼点在于大都市区与旅游房地产开发之间的相互关系以及相互影响。具体来说，本书各章节的主要研究内容如下。

第一章：介绍旅游房地产概念被热炒、旅游房地产开发风生水起、大

---

① 有关旅游房地产概念体系的厘定详见本书第二章。

都市区化快速发展等选题背景，确定本书的研究范围、研究对象、研究内容，提出研究框架、研究方法、研究创新以及研究不足等方面的内容。

第二章：首先明确与房地产和旅游相关的一些基本概念，进而对现有的有关旅游房地产的研究进行文献综述，明确已有研究成果在该领域存在的缺陷和不足。在与已有的房地产概念以及旅游概念保持衔接的基础上，构建关于旅游房地产、旅游房地产开发、旅游房地产产品、旅游房地产业的较为完善的概念体系。结合旅游房地产形式多样的特点，根据后续研究的需要，进行四个层面的分类，同时总结旅游房地产与住宅房地产以及传统旅游物业各自的特点。

第三章：首先梳理世界上以及中国旅游房地产的产生以及发展概况，并根据重点或者标志性事件对旅游房地产的发展历程进行阶段性划分。进而结合中国的国情，详尽阐述旅游房地产概念之所以最早在中国产生并被热炒的原因。

第四章：重点从理论层面探讨旅游房地产产生以及发展演化的规律，对旅游房地产的产生以及发展提供理论层面的解释或支持。由于旅游房地产表现形式的多样性，因此重点借助产业兴衰演化理论、产业分蘖理论、产业融合理论、需求结构高级化理论对旅游房地产进行多方面、多角度的阐释，给出了有关旅游房地产产生的详尽理论解释。进而结合理论层面的分析，对未来旅游房地产的发展演化进行了预测。

第五章：首先介绍了大都市区的概念以及大都市区的发展演化规律，之后结合北京大都市区的实际情况，重点从制度层面、城市发展层面、社会层面三大层面分析大都市区化对旅游房地产开发产生的影响。其中制度层面的因素包括土地制度改革以及住房制度改革，城市发展层面的因素包括城市规划建设、轨道交通建设、居住郊区化以及城乡一体化，而社会层面的因素包括贫富差距拉大以及私家车的普及。

第六章：从本章开始介绍重点产品消费层旅游房地产的开发模式，该章重点研究了历史文化街区休憩型旅游房地产的开发特点、开发的理论基础、开发方式等基本问题，然后结合北京重要的历史文化街区——前门大栅栏的开发案例，对该类旅游房地产开发进行点评，并指出现有开发方式可能导致的一系列问题。

第七章：重点研究了主题体育娱乐型、郊野休闲度假型、特殊经营型旅游房地产的开发特点。实际上，这三大类旅游房地产的形式也非常多样化，因此选择其中最重点或者最具发展前景的产品形式，结合案例分析，进而总结其开发模式。其中主题体育娱乐型部分重点阐述了主题公园和汽车营地，郊野休闲度假型部分重点阐述了温泉度假村和山地养生度假村，而特殊经营型部分重点阐述了分时度假和产权酒店。

第八章：介绍了管治的概念，分析了旅游房地产开发的特点以及当前旅游房地产开发存在的深层次问题，明确旅游房地产开发是非常需要进行管治的领域。根据埃莉诺·奥斯特罗姆的有关公共资源治理的自主组织理论以及多中心理论，提出对大都市区旅游房地产开发进行管治的对策和建议。

（三）研究视角

由于旅游房地产类型的多样性，有关旅游房地产的开发问题纷繁复杂，因此特别需要确定研究的切入点和分析问题的视角。本书有关大都市区旅游房地产开发的研究主要基于三方面的研究视角，分别为：第一，大都市区的视角，重点研究大都市区化与旅游房地产开发之间的相互关系；第二，产品消费层的视角，重点研究产品消费层旅游房地产的开发问题，也就是侧重具体旅游房地产项目的开发问题，从而避免旅游开发与旅游房地产开发相互之间容易造成的混淆，当然严格的划分是困难的，因为旅游开发与旅游房地产开发在很大程度上是重合的；第三，房地产开发企业介入旅游开发的视角，长期致力于住宅开发的房地产开发企业在成长壮大后积极介入旅游开发是旅游房地产概念产生的基本原因，房地产开发企业的介入将会对现有的旅游开发格局造成一系列影响，因此有必要进行阐述。

三 研究框架和研究方法

从研究框架来看，本书主要包括五个层次的内容，分别为概念层、理论层、作用层、模式层以及管治层。其中概念层重点构建旅游房地产的概念体系，理论层重点构建旅游房地产发展的理论解释体系，作用层重点阐述大都市区化对旅游房地产开发的影响，模式层重点阐释产品消费层旅游房地产的开发模式，管治层重点研究大都市区旅游房地产的有效管治。本书的研究框架如图 1－1 所示。

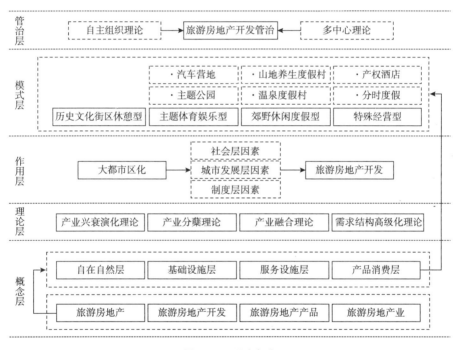

图 1－1 研究框架

本书为研究大都市区旅游房地产的开发问题，主要采用了理论研究方法、案例研究方法、经验总结方法等研究方法。对旅游房地产概念的构建、旅游房地产理论体系的构建、旅游房地产管治等方面的内容，则重点运用产业经济学、城市经济学、制度经济学等学科的理论进行阐述。对旅游房地产开发的研究，重点采用了案例研究的方法，整体研究以北京大都市区为例，对于具体的旅游房地产类型或模式，也以北京为例进行分析。本书对旅游房地产概念体系、理论体系、与大都市区化的相互影响、开发模式的总结、旅游房地产的管治等基本内容的研究，很大程度上是建立在长期关注区域旅游发展、长期关注旅游项目建设基础上的，是经验总结的抽象。

四　研究创新、意义及不足

本书的研究创新或者说研究意义主要体现在六个方面：第一，构建了能够与已有房地产概念、旅游概念相对接的系统化旅游房地产概念体系，从而为旅游房地产的相关研究提供了规范或范式；第二，构建了关于旅游房地产产生和发展的综合性的理论解释体系，弥补了当前旅游房地产相关研究的理论基础严重不足的缺陷；第三，结合中国的国情，论述了旅游房地产概念在中国最早出现以及被热炒的基本原因；第四，详细地阐述了大都市区化对旅游房地产开发造成的影响；第五，总结了重要旅游房地产类型的开发特点以及开发模式；第六，结合管治的概念以及埃莉诺·奥斯特罗姆的自主组织治理理论和多中心理论，提出了对旅游房地产开发进行有效管治的对策和建议。

本书的研究存在诸多不足。由于旅游房地产的类型非常多样化，对旅游房地产类型进行的四大层次的划分并不一定是最佳的划分方式，难以囊括所有的旅游房地产类型，因此可能存在争议。当前中国旅游正处于快速发展的阶段，同时处于从观光旅游向休闲度假旅游升级转变的阶段，产品消费层的旅游房地产开发与发达国家相比较为有限，有关旅游房地产开发的研究才刚刚起步，因此，本书很多相关问题的分析有时会缺乏详细经验数据的支撑。笔者本人虽然具有较丰富的旅游考察、旅游项目策划经历，但是缺乏具体旅游房地产开发的实务性经验，因此，在旅游房地产开发特点以及开发模式的总结方面，可能存在偏差和出入。

第二章　旅游房地产概述

在 2010 年 11 月召开的"国际旅游地产主题研讨会暨第七届全国产权酒店合作发展论坛"上，中国社会科学院旅游研究中心主任张广瑞表示："旅游地产是一个非常'中国'的概念，一个在特殊时期出现的新现象，一个难以描述的行业，一个充满矛盾的行业。"[①] 在国外并没有与旅游房地产严格对应的概念，在 20 世纪 90 年代，中国最早出现了旅游房地产的提法。[②] 当前，国内对旅游房地产概念的界定处于非常混乱的状态。旅游房地产的概念之所以界定不清，难以形成统一的意见，重要的原因在于没有从房地产的概念出发来认识旅游房地产，或者说，当前关于旅游房地产的一系列研究由于对房地产的概念认识不清，因此对作为房地产重要类型的旅游房地产也就认识不清。

第一节　旅游房地产概念体系厘定的理论准备

为了清晰界定旅游房地产的概念，首先非常有必要明确与房地产以及旅游相关的一些基本概念，从而有效避免当前一些相关研究对旅游房

---

① 海南新浪乐居：《业内总结管理规范建议产权酒店业有望健康发展》，http：//sanya. house. sina. com. cn/scan/2010 - 11 - 23/17539945. shtml.

② 从可以检索到的文献来看，旅游房地产的提法最早出现于陈卫东于 1996 年发表在《社会科学家》上的一篇文章，具体见陈卫东：《区域旅游房地产开发研究》，《社会科学家》1996 年第 5 期。

地产概念界定不清、认识混乱的状况，以还旅游房地产应有的内涵或面目。

一　与房地产有关的基本概念

（一）关于房地产

房地产一般是指土地、建筑物及固着在土地、建筑物上不可分离的部分及其附带的各种权益。[①] 由于上述定义中有关土地的范畴过于宽泛，因此曹振良（2003）曾经提出统一口径，界定房地产定义的一般原则：①房和地二者耦合不可分原则，不能把与房屋建筑无关的"地"拉入房地产；②一般只有承载用地（建筑用地、城市用地)[②] 才是构成房地产复合概念中的"地"；③界定房地产一般要从房屋建筑出发；④房地产定义的层次性，即房地产的内涵有不同的层次。因此，房地产是指建筑地块和建筑地块上以房屋为主的永久性建筑物及其衍生权利。[③]

所谓房地产，是指房产和地产的结合。由于房屋和土地是紧紧结合在一起的，因此，人们习惯上将房产和地产合称为房地产。[④] 通常认为，房地产有三种存在形式：①单纯的地产；②单纯的房产；③房产与地产结合的房地产。[⑤] 房产、地产以及房地产三者之间的关系如图2－1所示。

相对于一般商品而言，房地产具有特定的自然属性、经济属性、法

[①]　张红：《房地产经济学》，清华大学出版社，2005；"Real Estate," *The American Heritage Dictionary of the English Language*, *Fourth Edition*. Houghton Mifflin Company, 2004；〔美〕查尔斯·J. 雅各布斯：《房地产概论》（第10版），任荣荣、张红等改编，电子工业出版社，2007。

[②]　土地作为生产要素就其经济用途大致分为三类：承载用地（建筑用地，城市用地）；养力用地（种植用地，养殖用地）；富源（矿藏）地。只有第一类地才是房地产中的"地"。

[③]　曹振良等：《房地产经济学通论》，北京大学出版社，2003。

[④]　简德三、王拱卫主编《房地产经济学》，上海财经大学出版社，2003。

[⑤]　张红：《房地产经济学》，清华大学出版社，2005。

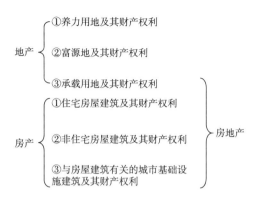

图 2-1　房产、地产、房地产三者关系

曹振良等：《房地产经济学通论》，北京大学出版社，2003。

律属性和社会属性。从自然属性的角度来看，房地产具有位置的固定性、耐久性、异质性等特点；从经济属性的角度来看，房地产具有高资本价值特性、投资与消费的双重性、适应物价变动的缓慢性等特点；从法律属性的角度来看，房地产具有不动产特性、产权的重要性、所有权的可分性等特点；从社会属性的角度来看，房地产具有社会效应、美学价值、心理效应等。[①]

　　"不动产"和"物业"是两个与房地产存在紧密联系的概念，在很多场合，三者甚至可以相互替代，然而它们的内涵并不完全相同。第一，称谓领域不同。就一般情况而言，"不动产"是民法惯常使用的词汇，"房地产"则是经济法和行政法中较常用的称谓，而"物业"仅仅是房地产领域中单元性房地产概念的别称。第二，适用范围不同。"房地产"与"物业"在某些方面可通用，但"物业"一般多指一个单项的"物业"单位（如单项的房产、地产）；而"房地产"是指一个国家、地区或城市所拥有的房产和地产。因此，从宏观的角度来看，一般只用"房地产"而非"物业"。如"房地产业"不可以用"物业"代替，"房地产体制改革"也不可用"物业体制改革"代替。第三，概念外延不同。一般而言，

---

①　曹振良等：《房地产经济学通论》，北京大学出版社，2003。

"房地产"概念的外延是包括房地产的投资开发、建造、销售、售后管理等在内的整个过程。"物业"有时也可用来指某项具体的房地产,然而,它仅指房地产的交易、售后服务这一使用阶段或区域。所以,两者有宏观与微观之别,有全体与部分之差。

(二) 关于房地产开发

开发(Develop)一词源于英国,原意是指通过人力对荒地、矿山、森林、水利等自然资源进行改造,以达到满足人们生产与生活等多方面需要的目的。[①]《中华人民共和国城市房地产管理法(2007 修正)》将房地产开发定义为在取得国有土地使用权的土地上进行基础设施和房屋建设的行为。不论是从开发的原意还是从房地产开发的定义来看,房地产开发都包括建设(生产)的过程或环节,然而作为房地产开发主体的房地产开发商或房地产开发企业却不直接开展建设活动。房地产开发商是一系列相关活动的协调者,负责将书面的想法转变为不动产。最典型的房地产开发过程是,开发商购买一宗土地,确定目标市场,然后开展设计、项目报批、融通资金等工作,最后组织建设、进行监控并最终销售。[②] 在整个开发过程中,开发商与众多不同的合作者一道进行开发,涉及建筑、城市规划、工程、测绘、监理、承包商、租赁机构甚至更多。[③] 房地产开发与建设并不相同。1963 年,开发商路易斯·莱塞(Louis Lesser)在《纽约时报》的一篇文章中写道:"我们自己并不搞建设。我们购买土地,提供资金,在固定成本的前提下与最优秀的建筑商签署协议。"[④]

---

① 苗天青:《我国房地产业:结构、行为与绩效》,经济科学出版社,2004。

② Frej A. B. and Peiser R. B., *Professional Real Estate Development*, *Second Edition*: *The ULI Guide to the Business*. Urban Land Institute, 2003, p. 3.

③ Wikipedia: "Real Estate Development," http://en. wikipedia. org/wiki/Real _ estate _ development.

④ "Personality Boom is Loud for Louis Lesser," *New York Times*, March 16, 1963.

　　房地产开发商是一系列房地产开发活动的组织者，自身并不直接参与建设活动，这是理解房地产业产业性质的关键点。房地产开发企业是典型的虚拟企业。房地产开发企业自身并不直接从事生产活动，而是将自己不具有相对优势的业务如设计、施工、策划、营销等外包给各个专业化的企业，其核心能力就是对各方面的资源进行整合，从而"生产"出房地产产品。[①] 房地产开发活动一般包括设想的提出、可行性分析、细节设计、合同签订与建筑施工、市场营销、市场化管理六个环节（如图 2 - 2 所示）。[②]

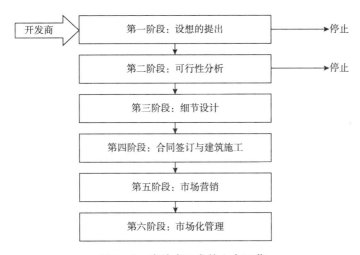

图 2 - 2　房地产开发的六个环节

（三）关于房地产业

　　产业是由提供相近产品和服务，或使用相同原材料、相同工艺技术，在相同或相关价值链上活动的企业共同构成的集合。[③] 房地产业是指从事房地产开发、经营、管理和服务的行业（Trade Profession）或产业（Industry）。其中，开发是基础，经营是开发的产品得以实现的过程，而

---

① 苗天青：《我国房地产业：结构、行为与绩效》，经济科学出版社，2004。
② 苗天青：《我国房地产业：结构、行为与绩效》，经济科学出版社，2004。
③ 干春晖：《产业经济学：教程与案例》，机械工业出版社，2006。

管理和服务是保证开发和经营顺利实施的手段。[1] 曹振良（2003）认为房地产业除了包括经营环节外，是否还包括开发建设（生产）环节是当前学术界对房地产业认识的基本差异和分歧点，并认为房地产业既具有纯流通领域第三产业的特性，也具有生产经营型产业即第二产业的特性。[2] 张红（2005）参考国际惯例，认为房地产业涵盖的经济活动并不包括可能从事的土地平整、改良和房屋的建筑等活动，这种类型的活动属于建筑业。房地产业主要包括两类经济活动，第一类为买卖或租赁物业的房地产活动；第二类为以收费或合同为基础的房地产活动。[3]

房地产开发是房地产业的重要组成部分。房地产开发涉及的很多经济活动，有些属于建筑业，有些属于房地产业，必须对这两类活动进行明确的划分。区分的原则就是要牢牢把握第二产业与第三产业的区别，即第三产业不涉及物质生产过程。因此，应将房地产开发分为建设和买卖两部分，建设过程是物质生产过程，属于建筑业；买卖过程才属于房地产业。两者之间的关系如图 2-3 所示。

要界定房地产业的产业性质，关键就是要明确房地产开发的产业性质，因为房地产开发是房地产业最重要的环节。笔者个人认为，当前学术界之所以对房地产产业是完全属于第三产业还是同时具备第二产业的

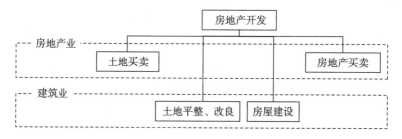

图 2-3 房地产开发中的各项经济活动

资料来源：张红：《房地产经济学》，清华大学出版社，2005。

---

① 张红：《房地产经济学》，清华大学出版社，2005。
② 曹振良等：《房地产经济学通论》，北京大学出版社，2003。
③ 张红：《房地产经济学》，清华大学出版社，2005。

性质纠缠不清，关键原因就是在传统的产业分类框架内思考房地产业的产业性质问题。马克思的两大部类产业分类法、费希尔的三次产业分类法、克拉克的三次产业分类法、霍夫曼的生产结构分类法以及联合国的标准产业分类法是最常见的产业结构界定方法，其中以克拉克的三次产业分类法最具影响力。随着经济社会的不断发展和人类需求的不断多样化，曾经界限明晰的传统产业不断分化、细分、演变，很多新兴的产业已经超越传统产业分类的范畴，有的新兴产业横跨多个产业部门，有的新兴产业通过摄取诸多产业部分或层面构成新的产业。另外，人们之所以把房地产开发活动与经营、管理和服务一起都归于第三产业，其主要原因可能是房地产开发企业自己并不直接从事房屋建设。①

根据传统的产业分类框架，建筑业已经清晰划归于第二产业，建设过程是房地产开发的关键环节，而作为房地产开发主体的开发商并不直接参与建设过程，这是导致对房地产业的界定存在争议的基本原因。笔者个人认为房地产业应该完全属于第三产业，因为任何产业的存在一般都会以开发建设活动为前提，这样的话任何产业都似乎包含建筑业，而这显然是不恰当的。虽然当前中国有些房地产开发企业最初脱胎于建筑企业，或者还在从事建筑业务，然而一个产业的界定并不完全依据企业所开展的业务，本来很多企业就是跨产业经营的，而剥离建筑业务向专业化、虚拟化方向发展是房地产开发企业的基本发展趋势或方向。明确房地产开发的范畴以及房地产业的产业性质是研究旅游房地产开发问题的基本前提。

二 与旅游有关的基本概念

（一）关于旅游

房地产的概念相对比较统一，旅游概念的界定相对要复杂得多。目前国际旅游学界对旅游仍无统一的定义，美国旅行资料中心（U. S. Travel

---

① 苗天青：《我国房地产业：结构、行为与绩效》，经济科学出版社，2004。

Data Center）20 世纪 70 年代初曾经对搜集到的 80 种研究报告进行统计，其中有关旅游及旅游者的相关定义就达 43 种之多。旅游的概念之所以难以界定，一部分原因是因为旅游一词涉及地理、经济、企业管理、市场营销、社会学、人类学、历史和心理学等众多学科和概念，而不同学科有不同的概念结构体系，不同概念体系的研究视角和强调重点都各不相同，因此出现冲突是不可避免的。旅游一词的概念是多义的，如何对旅游下定义，取决于学者的研究需要和研究角度。①

从国外的情况来看，奥地利学者施拉德（H. V. Schllard，1910），德国学者莫根罗特（W. Morgenroth，1927）、鲍尔曼（A. Borümann，1931）、格吕克斯曼（R. Glcksmann，1935），英国经济学家奥格尔维（F. W. Ogilvie，1933），澳大利亚地理学者利珀（N. Leiper，1981），加拿大生态旅游学者芬内尔（D. A. Fennel，1999）等人都曾对旅游下过定义；从国内的情况来看，经济学家于光远②、旅游专家李天元③、谢彦君④等人都曾经尝试对旅游进行定义。瑞士学者亨齐克和克拉普夫（W. Hunziker & K. Krapf，1942）认为，旅游是由非定居的旅行和短暂停留而引起的一切现象和关系的总和，这种旅行和逗留不会导致长期居住或从事任何赚钱活动。1970 年，旅游科学专家国际联合会（IASET）采纳该定义，又称为"艾斯特"定义。世界旅游组织（WTO，1991）曾将旅游定义为人们出于闲暇、事务或其他目的离开惯常环境去往他处，并在那里逗留不超过一年的活动，这种活动不以营利为目的。⑤ 艾斯特和世界旅游组织给出的定

---

① 张凌云：《国际上流行的旅游定义和概念综述——兼对旅游本质的再认识》，《旅游学刊》2008 年第 1 期。

② 于光远：《论普遍有闲的社会》，中国经济出版社，2004。

③ 李天元：《旅游学》，高等教育出版社，2002。

④ 谢彦君：《旅游的本质及其认识方法》，《旅游学刊》2010 年第 1 期。

⑤ 张凌云：《国际上流行的旅游定义和概念综述——兼对旅游本质的再认识》，《旅游学刊》2008 年第 1 期；"UNWTO Technical Manual: Collection of Tourism Expenditure Statistics," *World Tourism Organization*，1995，p. 14；刘德谦：《也论休闲与旅游》，《旅游学刊》2006 年第 10 期。

义，相对来说获得了广泛的认可。旅游是一种现代人的生活方式,[①] 异地性和暂时性是旅游的两大基本特征。[②]

于光远认为旅游是经济性很强的文化事业，也是文化性很强的经济事业。[③] 旅游是一种复杂的社会、经济、文化现象，对旅游属性的理解，不应该仅仅局限于经济范畴。美国著名旅游专家托马斯·戴维逊 (Thomaslea Davison) 认为将旅游定义为产业是不正确的，因为这个定义贬低了旅游的真正意义。旅游是一种社会经济现象，它既是一个经济进步的发动机，也是一种社会力量。[④] 旅游现象是一种多元化的社会现象，在运行过程中呈现经济外壳与文化内涵的双重结构，并产生较为复杂的影响。[⑤] 实践证明，旅游的影响不仅限于经济方面，它的发展对人类社会、环境、文化等方面也颇有影响，而且，它的影响也不仅限于积极的影响，它在有些地方或某些方面的消极影响还相当严重，如不及时采取措施则会酿成严重的后果。[⑥]

（二）关于旅游业

如果说将旅游定义为产业是不正确的，那么旅游业则是从产业的视角来理解旅游的重要概念，然而有关旅游业的概念也不统一。1971 年召开的联合国贸易与发展会议认为，"旅游部门或旅游业……从广义上可表达为生产全部或主要由外国游客或国内旅游者消费的产品或服务的工业和商业活动总和的体现。"日本旅游学者田勇先生在《观光概论》一书中所下的定义是，"旅游业就是为适应旅游者的需要，由许多不同的独立的旅游部门开展的多种多样的经营活动。"美国旅游学者唐纳

---

① 于光远：《论普遍有闲的社会》，中国经济出版社，2004。
② 谢彦君：《基础旅游学》（第二版），中国旅游出版社，2004。
③ 于光远、马惠娣：《于光远马惠娣十年对话——关于休闲学研究的基本问题》，重庆大学出版社，2008。
④ 张广瑞：《旅游真是产业吗?》，《旅游学刊》1996 年第 1 期。
⑤ 申葆嘉：《旅游学原理》，学林出版社，1999。
⑥ 张广瑞：《关于旅游学研究的一些想法》，《社会科学家》1990 年第 1 期。

德·兰德伯格在《旅游业》一书中则认为，"旅游业是为国内外旅游者服务的一系列相互关联的行业。"澳大利亚地理学者利珀认为"旅游业是由旨在满足旅游者特定需求与愿望的所有企业、组织机构和设施组成的行业"。① 旅游业是永不衰落的朝阳产业，具有社会性、综合性、涉外性、季节性、波动性等特点。

当前，针对旅游业是不是一个产业也存在争议。虽然旅游产业已经是一个流行的提法，然而严格从产业的定义来看，欧美主流产业经济学者认为，产业是指一定区域（如一国或一个地区）内生产（或提供）具有相同功能和替代功能的产品和服务的企业的集合，实质上就是具有竞争关系的卖方企业的集合。② 托马斯·戴维逊认为，"旅游根本不是一个产业，充其量也不过是一些产业的集合。"③ 旅游业是一系列产业的集合，旅游产业是产业集束。中国政府长期以来就是从产业的角度来对旅游业进行定位，2009 年 11 月国务院发布的《关于加快发展旅游业的意见》更是提出要将旅游业培育成为国民经济的战略性支柱产业和人民群众更加满意的现代服务业。在以经济建设为中心的改革开放进程中，国家高度重视发展旅游业，倚重了旅游的经济功能。笔者个人认为，旅游业是集中表现旅游经济属性的产业集合体。明确旅游、旅游业的概念以及旅游业的产业性质是界定旅游房地产以及旅游房地产特征的基本前提。

（三）关于旅游形式

观光旅游、休闲旅游和度假旅游是三大基本旅游形式，为了研究旅游房地产，有必要认识三者之间的区别和联系，因为这三个概念在很大程度上决定了旅游房地产的开发形式。

---

① 谢彦君：《基础旅游学》（第二版），中国旅游出版社，2004。
② 干春晖：《产业经济学：教程与案例》，机械工业出版社，2006。
③ 张广瑞：《旅游真是产业吗?》，《旅游学刊》1996 年第 1 期。

观光旅游是以参观名胜古迹、浏览自然风光为基本活动内容的最基本的一种旅游形式，具有停留时间短、体验性低、走马观花等特点。观光旅游主要依托遗址遗迹、文物保护单位、文化遗产等存量旅游物业以及以优美的自然生态环境为代表的自在自然而开展。在观光旅游主导地区旅游业的发展阶段，旅游开发层次相对较低，旅游开发建设主要体现在道路、停车场等基础设施以及以门区、厕所、游客服务中心等为代表的服务设施建设方面。

休闲和旅游的关系以及休闲旅游是相对比较难界定的概念，特别是对休闲与旅游的关系，学术界也存有争议。杰弗瑞·戈比（Geoffrey Godbey）认为休闲是指人们以自身的生活方式愉快地、自愿地去做事情。[1] 于光远认为，休闲是人们对可以不劳动的时间的一种利用，人们可以选择这种或那种休闲方式，不同的休闲方式需要不同的休闲产品和服务。[2] 旅游属于休闲生活方式这个范畴。[3] 杰弗瑞·戈比和于光远都认为旅游是从属于休闲的，但也有人有不同意见，认为旅游只是构成休闲的重要组成部分，因为商务旅游就不属于休闲的范畴，[4] 试图用"休闲"来包容或者替代"旅游"是不可取的。[5]

本书并不纠结于休闲与旅游的严格区别。从旅游房地产开发的角度来看，休闲旅游是人们利用闲暇时间开展的以追求愉悦、娱乐、消遣、体验为主要目的的旅游形式。休闲旅游具有日常性、频率高，讲究享受、体验，追求舒适、愉悦等方面的特点，相对于观光旅游，休闲旅游是更

---

① 〔美〕杰弗瑞·戈比：《21 世纪的休闲与休闲服务》，张春波、陈定家等译，云南人民出版社，2000。

② 于光远：《论普遍有闲的社会》，中国经济出版社，2004。

③ 于光远、马惠娣：《于光远马惠娣十年对话——关于休闲学研究的基本问题》，重庆大学出版社，2008。

④ Hall C. M. and Page S. J. ，"The Geography of Tourism and Recreation：Environment，Place，and Space，" *Routledge*，2006，pp. 3 – 7.

⑤ 刘德谦：《不要混淆了"休闲"与"旅游"》，《旅游学刊》2006 年第 9 期。

高的旅游需求层次。休闲旅游的开发强度一般要比观光旅游大,除了要求完善的基础设施和服务设施之外,还要求一些旅游房地产产品类型与之相对应,比如温泉度假村、滑雪度假村、运动拓展基地、主题公园等。

度假旅游是相对于观光旅游而言的旅游活动,随着带薪休假制度的普及,以健康、疗养以及短期居住为目的的旅游活动日益增多。与观光旅游相比,度假旅游是更高层次的旅游活动,具有时间长、距离远、花费高、频率低、讲究享受以及深度体验等特点。度假旅游的发展是推动旅游房地产实现产业化的基本动力。在观光旅游阶段,旅游房地产局限于基础设施和服务设施的范畴,而在度假旅游阶段,完善的基础设施和服务设施是基本的要求,除此之外还提出了度假村、度假酒店、第二居所、度假别墅、时权酒店、产权酒店等旅游房地产开发或经营形式的发展要求。三大基本旅游形式的特点及其与旅游房地产开发的相互关系如表 2-1 所示。

表 2-1　三大基本旅游形式的特点及其与旅游房地产开发的关系

旅游形式	基本特点	旅游房地产开发特点
观光旅游	停留时间短、体验性低、走马观花	侧重基础设施（比如道路）、服务设施（门区、厕所、游客服务中心等）层面的开发建设
休闲旅游	日常性、频率高、讲究享受、体验,追求舒适、愉悦	完善的基础设施和服务设施,体验型、愉悦型的旅游房地产类型,比如温泉度假村、滑雪度假村、运动拓展基地、主题公园等
度假旅游	时间长、距离远、花费高、频率低,讲究享受、深度体验	完善的基础设施和服务设施,度假型,能够满足较长时间停留的度假村、度假酒店、第二居所、度假别墅、时权酒店、产权酒店等

伴随着经济增长和收入水平的不断提高以及闲暇时间的增多,人们的旅游需求结构不断高级化,不断从观光旅游需求向休闲度假旅游需求跃升。在观光旅游占主导的旅游业起步发展阶段,旅游房地产的开发范畴局限于基础设施和服务设施层面,旅游需求结构的不断升级推动了旅

游房地产范畴的迅速扩展，推动了旅游房地产向产品化、产业化的方向发展。休闲旅游、度假旅游的兴起是推动旅游房地产发展的基本力量。

第二节　旅游房地产研究综述及评析

中国最早出现了旅游房地产的提法，旅游房地产是一个充满中国特色的概念。因此，本节重点对国内的相关研究成果进行综述。借助中国知网数据库（http：//www.cnki.net/），以"旅游房地产"为关键字进行跨库检索，可以检索到各类关于旅游房地产研究的期刊文章103篇，硕士论文31篇，博士论文1篇，各类报纸文献5篇；以"旅游房地产"为关键词进行检索，可以检索到各类期刊文章100篇，硕士论文8篇，各类报纸文献46篇。① 综合来看，当前学术界对旅游房地产的研究已经取得较多成果。虽然相关研究成果已经较多，但是研究不深入、不系统，发表于核心期刊的成果少，研究的边缘化特征明显。实际上，已有研究成果存在的最大问题是普遍没有重视旅游房地产概念为什么最早产生于中国这一基本的前提性问题，这也是旅游房地产概念混乱的重要原因，导致研究目标不明确，进而导致大量研究成为无谓研究。

一　关于旅游房地产概念的综述

为了清晰厘定旅游房地产的概念，首先需要对房地产或旅游的相关概念进行界定，否则就难以将旅游房地产纳入房地产或旅游已有的相对成熟的研究框架体系，进而导致旅游房地产研究的偏颇，抓不住旅游房地产问题的实质。旅游房地产属于非住宅房地产的范畴，即使从房地产的概念出发认识旅游房地产，但由于非住宅房地产内涵复杂，种类多样，在物质形态、使用目的、生产流通等环节与住宅房地产存在很大差异，非住宅房

---

① 具体检索时间为2011年1月1日23：20。

地产的性质往往与行业性质密切相关，又由于旅游业综合型产业的性质，本身产业构成就非常复杂，进而加剧了对旅游房地产认识的困难。

旅游房地产概念的产生以及被热炒，集中体现了在住房体制改革进程中成长壮大起来的房地产开发企业力图介入旅游开发的热情和冲动。从房地产开发商的角度来看，介入旅游开发就属于旅游房地产开发的范畴，旅游房地产的概念在很大程度上是从房地产开发商的角度来说的。根据房地产的一般定义，传统旅游企业长期进行的旅游开发实际上也属于房地产开发的范畴，只是长期以来从旅游业的角度看待旅游开发，自然无所谓旅游房地产的概念。纵观已有的对旅游房地产的相关界定，大致可以分为单层次界定与多层次界定两大类。单层次界定是指侧重某方面的特征对旅游房地产进行界定，而多层次的界定一般是指从狭义、广义或者多层次的角度对旅游房地产进行界定。

（一）单层次的界定

1. 侧重于"开发或营销模式"

从可以检索到的文献来看，沈飞（2001）最早对旅游房地产进行了定义，认为旅游房地产是指以旅游度假为目的的房地产开发、营销模式，开发项目全部或部分实现了旅游功能。[①] 该定义是最为流行的一个定义，王赞强（2001），[②] 余艳琴、赵峰（2003），[③] 李长坡（2003），[④] 胡浩、汪宇明（2004），[⑤] 张雪晶（2005）[⑥] 等人一般采用或认同该定义。将旅游房地产界定为具备旅游功能的房地产开发、营销模式显然偏离了房地

---

① 沈飞：《旅游房地产悄然起步》，《中国经营报》2001 年 6 月 29 日。

② 王赞强：《旅游房地产初探》，《闽西职业大学学报》2001 年第 4 期。

③ 余艳琴、赵峰：《我国旅游房地产发展的可行性和制约因素分析》，《旅游学刊》2003 年第 5 期。

④ 李长坡：《当前我国旅游房地产的问题及对策》，《许昌学院学报》2003 年第 2 期。

⑤ 胡浩、汪宇明：《中国旅游目的地房地产开发模式研究》，《桂林旅游高等专科学校学报》2004 年第 4 期。

⑥ 张雪晶：《旅游房地产开发模式研究》，《商场现代化》2005 年第 8 期。

产的原意，房地产概念强调的是土地、建筑物以及附带权益的集合，旅游房地产是房地产的一种类型，本质特征显然不是某种开发、营销模式。认同该定义的作者，一般认为分时度假酒店、时权酒店是最主要的旅游房地产类型。实际上分时度假或者产权酒店只是旅游房地产的一些独特经营管理模式，与旅游房地产多样化的表现形式之间存在很大差别。

2. 强调对"旅游资源的依托"

张静、徐小卫（2002），[①] 丁名申、钱平雷（2004），[②] 钟栎娜（2006），[③] 梁志敏（2007）[④] 等人都强调旅游房地产对旅游资源、旅游项目的依托。比如丁名申、钱平雷（2004）认为，旅游房地产就是以多种旅游项目为依托和基础，以优美的景观和良好的配套为主要特征的具有一定主题的房地产项目，它和旅游项目互为依托，相辅相成，共同构成一个旅居结合的，融旅游、休闲、度假、居住等诸多功能于一体的大型旅游休闲社区。实际上，从房地产的一般定义出发，从房地产开发商介入旅游开发的角度出发，旅游资源开发、旅游项目建设都属于旅游房地产开发的范畴。旅游房地产概念的产生，很大程度上是房地产业与旅游业产业融合的结果，旅游业政府管制的不断放松是房地产开发企业能够逐渐介入旅游开发的基本原因，随着旅游业市场化改革的推进，房地产开发企业介入旅游开发的范围必然进一步扩展，房地产开发商视野中的旅游房地产开发空间也将进一步扩展。

3. 等同于"景观房地产"

巨鹏、王学峰、崔风军（2002）[⑤] 认为伴随旅游区的开发而出现的旅

---

① 张静、徐小卫：《打造网络时代的杭州旅游休闲房产》，《商业经济与管理》2002 年第 11 期。

② 丁名申、钱平雷：《旅游房地产学》，复旦大学出版社，2004。

③ 钟栎娜：《旅游业与房地产业结构模式研究》，《金融经济》2006 年第 4 期。

④ 梁志敏：《我国都市区旅游房地产开发模式研究》，北京交通大学硕士学位论文，2007 年 12 月。

⑤ 巨鹏、王学峰、崔风军：《景观房产研究——背景、现状与未来》，《旅游学刊》2002 年第 1 期。

游房产即为景观房地产。宋丁（2003）、① 文彤（2006）② 等人还使用了
"旅游住宅地产"的概念。旅游住宅地产等同于景观房地产，主要是指与
旅游区高度关联的各类住宅建筑物及关联空间，是在旅游区附近开发的
住宅项目。判断一项房地产项目是否属于旅游房地产的范畴，关键在于
开发商的开发定位或者使用目的，如果定位为旅游者服务的，那么自然
就属于旅游房地产的范畴。当前众多的与旅游景区紧密相关的景观房地
产或者旅游住宅地产项目，实际上是通过摄取旅游区良好的生态或人文
环境外部性以实现升值销售的住宅房地产项目，可以看作住宅房地产的
一种高档类型，而不是旅游房地产项目。

4. 定义为"休闲房地产"

在首届中国旅游房地产发展高峰论坛上，魏小安（2001）提出使用
"休闲房地产"的概念代替"旅游房地产"的概念。他认为，旅游的基本
要素是人的流动，而房地产的基本概念是固定的住所，流动的需求和固
定的住所两者之间既有相容的一面也有相悖的一面，存在着客观矛盾，
如果继续强化旅游房地产这个概念，将不利于这个产业的健康发展。如
果使用休闲房地产的概念，将不仅仅是给旅游者使用，而且对应于休闲
市场。休闲房地产的概念更符合这个产业发展的现状，也更契合发展的
需要。③ 在通常的语境中，房地产一般是指固定的住所，然而住宅房地产
只是房地产的一种类型，而不是全部。旅游房地产属于非住宅房地产的
范畴，从满足人类居住需求的角度来讲，旅游房地产满足的是异地非惯
常环境的停驻或居住需求，与住宅房地产的界限还是非常明确的。休闲
房地产或许也可以成为一个概念，但与旅游房地产之间并不是非此即彼

① 宋丁：《关于旅游住宅地产的十点提示》，《特区经济》2003 年第 3 期。

② 文彤：《城市旅游住宅地产发展研究》，《城市问题》2006 年第 9 期。

③ 国研网：《魏小安：旅游房地产名不副实》，http：//www. drcnet. com. cn/DRCNet. Common.
Web/DocView. aspx？docId = 248233&leafId = 50&chnId = &version = Integrated&viewMode =
content。

的关系。

5. 定义为"旅游地产"

旅游地产也是一个非常流行的概念，宋丁（2006）、[1] 丁少华（2010）、[2] 何里文（2010）[3] 等人以旅游地产为主题进行了研究，从事旅游房地产开发的中坤集团董事长黄怒波也使用旅游地产的说法，[4] 旅游卫视还有专门以旅游地产为主题的栏目，在网络上还有中国旅游地产网（http：//www.lydcw.com/）。实际上，旅游地产只是旅游房地产的另一种说法，关于旅游地产的定义一般都没有跳出侧重于"开发或营销模式"、强调对"旅游资源的依托"的范畴。按照本书的定义，旅游地产与旅游房地产是有明确区分的。旅游地产是从地产的概念出发进行的定义，是指以自然生态型旅游景区为代表的土地利用形式，为了与旅游房地产依托的承载用地相区分，旅游地产的土地一般为非承载用地。特别是从房地产的一般概念出发，旅游地产更是一个非常不严谨的说法。从学术研究的角度来看，严格地说，旅游地产的概念是难以与已有的房地产概念体系相对接的。

（二）多层次的界定

徐翠蓉（2005）、[5] 王静（2007）[6]、吴金梅（2008）[7] 等人分别从狭义和广义的角度对旅游房地产进行了定义。胡浩（2005）[8] 从实践出发，

---

[1] 宋丁：《大城市外围旅游地产发展动向分析》，《特区经济》2006年第9期。

[2] 丁少华：《旅游地产发展问题研究：以云南大理、安徽黄山为例》，《云南财经大学学报》（社会科学版）2010年第4期。

[3] 何里文：《在国家严厉调控下发展旅游地产的战略性思考》，《中国城市经济》2010年第12期。

[4] 张媛媛：《中坤拟重组旗下旅游地产》，《中国房地产报》2011年1月2日。

[5] 徐翠蓉：《青岛市旅游房地产发展研究》，青岛大学硕士学位论文，2005年4月。

[6] 王静：《中国旅游房地产发展模式比较研究》，云南大学硕士学位论文，2007年5月。

[7] 吴金梅：《中国旅游房地产发展基本状况与未来展望》，载张广瑞、刘德谦主编《2008年中国旅游发展分析与预测》，社会科学文献出版社，2008。

[8] 胡浩：《大都市旅游房地产发展与布局——以上海为例》，华东师范大学博士学位论文，2005年5月。

将旅游房地产定位为三个层次。刘艳红（2002）[1] 从曹振良教授有关房地产的内涵出发，依据旅游功能性、房地产属性、定义层次性三个原则将旅游房地产定义为：旅游房地产是承载用地和承载用地上实现全部或部分旅游功能的以房屋为主的永久性建筑物及其衍生权利。同时根据房屋建筑的不同，将旅游房地产划分为狭义、中义和广义三个层次。鉴于旅游房地产内涵的复杂性，赞同从多层次的角度对旅游房地产进行定义。从这些多层次的定义来看，由于进行分层界定的角度不同，所以对各层次包含的内容存有很大争议。

从房地产的概念体系出发来界定旅游房地产的概念是应有的出发点，笔者本人比较赞同刘艳红有关旅游房地产（简称 TR）的定义以及层次划分。刘艳红有关旅游房地产的层次划分及相互关系如表 2 - 2所示。

表 2 - 2　不同层次的旅游房地产及相互关系

	建筑物			土　地		
	与房屋有关的基础设施	非住宿型旅游建筑	住宿型旅游建筑	承载用地	养力用地	富源用地
狭义 TR1	×	×	√	√	×	×
中义 TR2	×	√	√	√	×	×
广义 TR3	√	√	√	√	×	×

资料来源：刘艳红：《中国分时度假发展研究——旅游房地产创新》，经济科学出版社，2002。

以自然保护区、风景名胜区、森林公园、地质公园等形式存在的土地的开发受到严格的限制，基本上以自然形态存在，以保护和涵养为主，属于养力用地和富源用地的范畴，可以看作具有旅游功能的地产，是否完全划归旅游房地产范畴之外值得探讨。旅游房地产概念最早产生于中国，有着独特的政治、经济、社会背景，比如从房地产开发企业的角度

---

① 刘艳红：《中国分时度假发展研究——旅游房地产创新》，经济科学出版社，2002。

来看，介入旅游开发就属于旅游房地产的开发范畴。随着自然生态型景区政府管制的放松，传统房地产开发企业开始参与景区的经营与管理，景区开发自然成了旅游房地产开发的重要内容。因此，对旅游房地产的界定问题，不只局限于与房地产已有概念体系相对接的问题。

二 旅游房地产相关研究综述

（一）关于旅游房地产形成发展的理论综述

刘艳红（2004）[①] 最早对旅游房地产能否发展成为一个独立的产业，或者成为一个独立产业的理论依据是什么的问题，借助产业分蘖理论进行了分析。刘艳红认为旅游房地产的形成如同植物的分蘖一样，是经济的快速增长以及经济全球化的发展，分别从内部和外部推动了旅游房地产的形成与发展。江贤卿（2008）[②] 认为旅游房地产从本质上说是旅游业与房地产业相互融合的产物，两者在融合中相互促进，相互提升，形成了产业结构更趋合理的新业态。江贤卿还对旅游房地产形成的产业融合基础、产业融合的驱动因素、产业融合的过程以及产业融合模式等问题进行了探讨。

鉴于旅游房地产形成、发展的特殊性以及复杂性，单一理论的解释力是苍白的，旅游房地产迫切需要系统化的理论解释。产业分蘖理论非常形象地阐释了旅游房地产的形成与发展，但旅游房地产的形成与发展不仅仅是房地产业分蘖的问题。产业融合理论较好地从供给的角度解释了旅游房地产的形成，然而供给只是旅游房地产形成、发展的推动力量。当前，有关旅游房地产形成、发展的理论分析严重缺乏，旅游房地产的概念为什么最早在中国产生、旅游房地产的概念和外延、旅游房地

[①] 刘艳红：《旅游房地产业形成的分蘖理论分析》，《生产力研究》2004 年第 3 期。

[②] 江贤卿：《我国旅游房地产的产业融合模式研究》，厦门大学硕士学位论文，2008 年 4 月。

产是否可以实现产业化发展等基本问题均缺乏基本的理论阐释。理论解释的不足使得旅游房地产是否成为一个概念、旅游房地产是否成为值得研究的问题，或者哪些问题应该成为旅游房地产研究的问题都成为问题。

（二）关于旅游房地产开发模式综述

陈卫东（1996）[①] 根据旅游房地产开发组织方式的不同将旅游房地产的基本开发模式划分为随意型、规划型和混合型三种。陈劲松等（2003）[②] 将旅游房地产开发划分为旅游地产第一居所开发模型、旅游地产第二居所开发模型、产权酒店开发模型、商务度假开发时机模型、商务度假开发模型、旅游地产空间分布模型六大开发模型。胡浩、汪宇明（2004）[③] 认为目前中国旅游房地产开发大致有四种模式：一是娱乐类旅游房地产开发，二是观光类旅游房地产开发，三是接待类旅游房地产开发，四是景观型住宅区开发且其相应的区位具有明显的空间分异特征。王静（2007）[④] 依据我国现阶段开发主题以及目的的不同，将旅游房地产概括为旅游景区房地产模式、旅游商务地产模式、旅游度假地产模式、景观住宅地产模式和以大盘形式出现的综合性旅游房地产等五种基本模式。吴金梅（2008）[⑤] 总结了五种旅游房地产开发的基本模式，分别为以旅游区域开发带动旅游房地产开发、以产权式酒店等旅游住宿设施为主体的房地产开发、以度假地第二居所为主体的旅游房地产开发、经营服务类的旅游房地产开发以及酒店式公寓的开发。

以上关于旅游房地产开发模式的研究或总结，既存在相同的部分，

---

① 陈卫东：《区域旅游房地产开发研究》，《社会科学家》1996 年第 5 期。

② 陈劲松：《城界消失·旅游地产》，机械工业出版社，2003。

③ 胡浩、汪宇明：《中国旅游目的地房地产开发模式研究》，《桂林旅游高等专科学校学报》2004 年第 4 期。

④ 王静：《中国旅游房地产发展模式比较研究》，云南大学硕士学位论文，2007 年 5 月。

⑤ 吴金梅：《中国旅游房地产发展基本状况与未来展望》，载张广瑞、刘德谦主编《2008 年中国旅游发展分析与预测》，社会科学文献出版社，2008。

也存有很多差异。不同的研究者总结的旅游房地产开发模式之所以存在差异，重要的原因在于对旅游房地产内涵的认识不同。实际上，旅游房地产开发模式的问题，就是旅游房地产分类的问题。不同的研究者从不同的视角进行研究，再加上旅游房地产表现形式的多样性，自然导致对开发模式的总结的不同。在对旅游房地产概念进行有效界定的基础上，科学的分类以及有针对性的开发模式的总结将有助于推动旅游房地产的发展。

（三）关于大都市区旅游房地产的综述

胡浩（2005）、[①] 梁志敏（2007）[②] 等人重点研究了大都市区的旅游房地产发展或者开发问题。胡浩重点从城市经营与政府管治的角度出发，以大都市旅游房地产为研究对象，以上海为例，重点研究了大都市旅游房地产开发与布局类型、管治模式以及旅游业与房地产业之间的互动与整合关系等方面的问题。而梁志敏在对各类旅游房地产开发模式从容积率、土地获得难易程度以及受约束条件这三个方面进行对比分析的基础上，分析了影响旅游房地产开发模式选取的主要因素，并且还运用因子分析法建立了都市区旅游房地产开发模式评价模型。胡浩关注了旅游房地产开发存在的很多问题，提出需要加强对旅游房地产开发进行政府管治，这是非常必要的，但是管治的原因或理论基础及如何进行有效管治需要进一步的探讨。

综合来看，当前以大都市区为地域范围对旅游房地产进行的研究还非常匮乏，由于大都市区向来是旅游活动的密集区域，也是旅游房地产开发的密集区域，因此应该成为旅游房地产开发研究的重点区域范围。城市化、大都市区化、城市群一体化的快速发展，将对未来旅游房地产

---

① 胡浩：《大都市旅游房地产发展与布局——以上海为例》，华东师范大学博士学位论文，2005 年 5 月。

② 梁志敏：《我国都市区旅游房地产开发模式研究》，北京交通大学硕士学位论文，2007 年 12 月。

开发产生什么样的影响，或者是旅游房地产开发与大都市区化之间会产生什么样的作用等问题值得进行深入的探讨。

第三节　旅游房地产概念体系的厘定及建构

张红（2005）从房地产的用途出发，将房地产划分为居住物业、商业物业、工业物业、旅游房地产、农业房地产、特殊用途物业等类型。[①] 根据房屋建筑的不同，曹振良（2003）将房地产划分为住宅房地产、非住宅房地产和其他房地产，其中非住宅房地产是指与地产和住宅房地产相对应的工业房地产、商业房地产、服务业房地产，文、教、科、卫、体等社会公共事业房地产，党政国防房地产，还包括城市公共品类建筑物和构筑物及与之相对应的权利集合。[②] 根据有关房地产的分类，可见旅游房地产是房地产的一种类型，曹振良将旅游房地产划为非住宅房地产的范畴。

一　旅游房地产的界定

（一）旅游房地产的概念

虽然根据房地产的用途和形式的不同，房地产可以划分为很多类型，但是实际上，长期以来，房地产一般被默认为住宅房地产。因此，住宅房地产可以看作是狭义房地产的范畴，而工业房地产、商业房地产、旅游房地产等非住宅房地产和其他房地产可以划归广义房地产的范畴。广义房地产的范畴非常复杂，非住宅房地产与住宅房地产相比，在使用目的、物质形态以及生产、流通、分配、消费领域与住宅房地产存在显著差别。广义房地产长期以来由建筑企业建设完工之后便交付业主使用，而现代意义上的房地产开发企业是伴随着住宅建设以及金融市场的发展

---

① 张红：《房地产经济学》，清华大学出版社，2005。
② 曹振良等：《房地产经济学通论》，北京大学出版社，2003。

而成长起来的，是社会分工不断深化的结果。当长期以住宅房地产开发为主营业务的房地产开发企业成长壮大之后，往往会产生开发非住宅房地产的冲动，进而推动了系列非住宅房地产业的产生和发展。这也是旅游房地产概念之所以在中国产生的首要原因。

非住宅房地产经济理论不论是作为房地产经济学中的一个组成部分，还是作为一个独立的课程或学科门类，在国内外教科书或学术专著中均未出现过。[①] 因此，也就不难理解国外为什么没有旅游房地产的概念，但是旅游房地产的确是房地产的一种重要类型。从房地产的一般定义出发，所谓旅游房地产就是主要以满足旅游者需求而开发建设或经营管理的土地、建筑物及其他地上定着物（附着物），包括物质实体和依托于物质实体的权益。

根据旅游业的依托资源或相关范畴，旅游房地产可以分为旅游地产和旅游房产两部分。所谓旅游地产主要是指以自然保护区、风景名胜区、森林公园、地质公园等自然生态型景区为代表的地产或土地形式。自然生态型景区的开发受到《自然保护区条例》、《风景名胜区条例》、《森林法》等法规条例的严格限制，很大程度上是作为旅游地产的形式存在。所谓旅游房产是指以旅游基础设施、旅游服务设施、房屋建筑、旅游建设项目等形式存在的建筑物、定着物以及相关权益的综合。由于旅游房产与其对应的承载用地是不可分的，因此，旅游房产的概念与旅游房地产的概念是可以相互通用的。通过对旅游地产与旅游房产的划分可以看出，严格说来，并不是所有存在旅游活动的"地"都属于旅游房产的"地"。

只有从房地产已经公认的一般定义出发，在房地产已经相对成熟的研究框架内界定旅游房地产的概念，再结合旅游业的自身行业特点，我们才能够有效地认识旅游房地产的范畴和性质。实际上，在旅游房地产概念出现之前，旅游开发很大程度上就已经属于房地产开发的范畴，当

---

① 曹振良等：《房地产经济学通论》，北京大学出版社，2003。

旅游房地产概念出现之后，通过旅游房地产的概念来整合已有的旅游产品形态，通过旅游房地产的概念来理解传统房地产业与旅游业的产业融合衍生的新型旅游产品类型，这是一个新瓶装旧酒并且还不断混入新酒的问题。再加上旅游业是综合性产业，旅游产品类型非常庞杂，使得对旅游房地产的认识变得异常复杂，因此特别需要进行多层次、多角度的阐释。

（二） 旅游房地产的层次

长期以来旅游发展总是与房地产建设紧密相关，房地产投资向来是旅游相关产业投资的最大头。[①] 根据旅游房地产的存在形态以及开发建设强度的不同，旅游房地产可以划分为自在自然层、基础设施层、服务设施层、产品消费层四类表现形式。旅游房地产表现形式层次结构如图 2-4 所示。

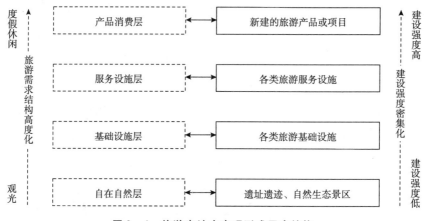

图 2-4　旅游房地产表现形式层次结构

自在自然层旅游房地产主要是指以遗址遗迹或自然形态表现的旅游房地产形式，主要以文物保护单位、遗址遗迹景区等文化遗产或以自然保护区、风景名胜区、森林公园、地质公园、湿地公园等自然生态型景

---

① Bardhan A., Begley J., Kroll C. A. etc, "Global Tourism and Real Estate," Working Draft of Fisher Center for Real Estate and Urban Economics, Haas School of Business University of California Berkeley, May 2, 2008.

区为代表，该类旅游房地产人为开发建设少，以保护、涵养为主。基础设施层旅游房地产主要是指为了发展旅游业而专门建设的各类基础设施，以道路、停车场、能源供应、给排水、环卫设施等为代表的房地产形式。服务设施层旅游房地产是指服务于旅游者公共需求，以门区、游客服务中心、旅游集散中心、星级厕所为代表的房地产形式。产品消费层旅游房地产是指服务于旅游者私人消费需求，主要由企业主体投资建设的以满足旅游者休闲度假需求的产品或项目，主要是以度假村（温泉度假村、滑雪度假村、山地度假村、乡野度假村等）、星级酒店（度假酒店）、度假别墅、第二居所、产权酒店、时权酒店、养老型公寓、主题公园、拓展训练基地等为代表的旅游房地产形式。

自在自然层旅游房地产大致对应于旅游地产的范畴，而基础设施层、服务设施层，特别是产品消费层旅游房地产对应于旅游房产的范畴。由于旅游房地产已经是非常流行的概念，因此本书除了在理论层面上开展探讨时会对旅游地产和旅游房产的概念进行严格区分之外，一般还是使用旅游房地产的概念。本书研究大都市区旅游房地产的开发问题，重点是研究大都市区范围内产品消费层旅游房地产的开发问题。本书如无特殊说明，当提到旅游房地产，一般指产品消费层旅游房地产。

（三）旅游房地产的分类

从可以检索到的正式发表的文献来看，陈卫东（1996）[①]最早对旅游房地产进行了研究。陈卫东认为，旅游业的发展带动了旅游房地产的发展，大批房地产建设项目本身就是旅游观光和度假用的，如宾馆、酒店、度假村、度假别墅、招待所、娱乐设施等。由此可见，最初有关旅游房地产的研究认为旅游建设项目就是属于旅游房地产范畴的，这还是有关旅游房地产比较中肯的定义。沈飞（2001）[②]将旅游房地产的范畴界定为

---

① 陈卫东：《区域旅游房地产开发研究》，《社会科学家》1996 年第 5 期。

② 沈飞：《旅游地产悄然起步》，《中国经营报》2001 年 6 月 29 日。

依托景区开发的住宅项目、时权酒店、产权酒店、养老型酒店、滑雪运动度假村等，此后有关旅游房地产的研究普遍引用了沈飞的研究成果，将分时度假酒店、产权酒店等独特的旅游物业经营管理形式看作是旅游房地产的核心范畴，甚至提到旅游房地产，就等同于分时度假，这是错误的。实际上，分时度假的概念更重要的是从某类旅游房地产经营管理的角度来说的。

刘艳红（2002）[①] 从产权角度出发，将旅游房地产划分为统一产权型和分散产权型两大类型。胡浩（2005）[②] 根据科学性原则、实用性原则、简明易行性原则，认为旅游房地产分类系统可由类、亚类和基本类型三个层次组成。按照旅游房地产的旅游功能属性和空间集聚形态，把旅游房地产分为景区（点）类旅游房地产和城市休闲游憩类旅游房地产两大类和八个亚类。周鹏飞（2008）[③] 也采用了该分类方式。黄小芳（2010）[④] 将旅游房地产划分为旅游休闲型房地产、旅游居住型房地产、旅游观赏型房地产和旅游商业型房地产四大类型。还有人（2006）[⑤] 认为旅游景点地产、旅游商务地产、旅游度假地产和旅游住宅地产是出现频率较高的旅游房地产类型。由于旅游房地产的表现形式非常复杂，不同的研究者从不同的研究角度出发，必然导致对旅游房地产类型理解或分类的多样性。

旅游房地产概念的产生以及被热炒充分反映了拥有雄厚的资金实力、长期专注于住宅房地产开发的旅游房地产开发企业介入旅游开发的热情

---

① 刘艳红：《中国分时度假发展研究——旅游房地产创新》，经济科学出版社，2002。

② 胡浩：《大都市旅游房地产发展与布局——以上海为例》，华东师范大学博士学位论文，2005 年 5 月。

③ 周鹏飞：《旅游房地产与城市旅游发展互动研究》，华中师范大学硕士学位论文，2008年 5 月。

④ 黄小芳：《我国旅游房地产投融资模式比较研究》，北京交通大学硕士学位论文，2010年 6 月。

⑤ 新浪博客：《国内外关于旅游房地产概念的文献研究》，http：//blog. sina. com. cn/s/blog_4a2c920b0100058n. html。

和冲动，而产品消费层旅游房地产很大程度上属于私人物品（Private Goods）① 的范畴，是房地产开发企业进军旅游业的切入点和重点开发方向。因此，产品消费层旅游房地产是本书的重点研究对象，可以说对大都市区旅游房地产开发的研究，重点就是对大都市区产品消费层旅游房地产开发的研究。实际上，判断一项房地产开发项目是否属于旅游房地产的一个简单的标准，就是相关房地产开发是否以发展旅游为主要目的，以满足旅游者需求而开发的房地产项目就属于旅游房地产的范畴。

结合本书的研究角度、研究区域和目的，依据某类旅游房地产表现出的突出特征，可以将大都市区的产品消费层旅游房地产大致划分为历史文化街区休憩型旅游房地产、主题体育娱乐型旅游房地产、郊野休闲度假型旅游房地产和特殊经营型旅游房地产四大类型。所谓历史文化街区休憩型旅游房地产主要是指以依托城市旧城、历史文化街区等资源改造而发展的，以都市休闲游憩为主要功能的综合性房地产类型。比如北京前门大栅栏地区、什刹海地区的开发建设就属于这种类型。所谓主题体育娱乐型旅游房地产主要是指以满足游客体育运动、休闲娱乐、康体健身为主要目的的房地产开发类型，以主题公园、汽车营地、运动拓展训练基地、滑雪场、高尔夫球场等为主要代表形式。所谓郊野休闲度假型旅游房地产主要是指建设于大都市区建成区之外城乡一体化发展区范围之内，以满足旅游者休闲度假旅游需求，能够实现较长时间停驻的房地产开发类型，主要以各类度假村（温泉度假村、山地度假村、乡村度假村等）、农业采摘休闲园、度假酒店、度假别墅、第二居所等为代表形式。所谓特殊经营型旅游房地产是指适应度假市场旅游需求，采用了某

---

① 在西方经济学中，私人物品（Private Goods）是与公共物品（Public Goods）相对应的概念，私人物品是具有竞争性和排他性的物品。所谓竞争性，意指增加一个消费者，需要减少任何其他消费者对这种产品的消费；所谓排他性，意指产品一旦生产出来，付费才可以使用。

种特殊经营管理形式的旅游房地产开发类型，主要以时权酒店、产权酒店、养老型公寓为主要代表形式。

（四） 旅游房地产的特征

郑静（2008）[①] 认为旅游房地产具有旅游和房地产两种属性。祝晔（2005）[②] 认为对旅游资源和旅游环境的依托、以房地产开发为主要经营手段、功能上具有住宅业和休闲度假的双重特征为旅游房地产的基本特征。梁志敏（2007）[③] 分别从与旅游业相比以及与房地产业相比的角度来总结旅游房地产的特征，认为与旅游业相比，旅游房地产具有投资回收率高、消费档次高、消费的可存储性和期权消费的特征；与房地产业相比，旅游房地产具有幽雅的环境资源和符合旅游度假的设计方案、专业的物业管理与酒店管理方面的特征。徐翠蓉（2007）[④] 总结了旅游房地产的优势特征和经济特征。江贤卿（2008）[⑤] 认为从旅游业和房地产产业融合的角度出发，通过与传统房地产开发相比，旅游房地产具有特有的经济特征、人性化内涵和多功能属性以及投资特征。以上有关旅游房地产特征的总结，重点是针对产品消费层旅游房地产的特征进行的，其中有些总结仅仅是针对某类旅游房地产的特征进行的，由于旅游房地产从供给的角度来看，是传统房地产开发与旅游开发相融合的新型房地产形式，因而兼具房地产与旅游业的双重特征，通过与住宅房地产以及与传统旅游物业的比较，更能够准确地把握旅游房地产的自身特征。

---

① 郑静：《我国旅游房地产业市场发展现状分析》，《商场现代化》2008 年 9 月（上旬刊）。

② 祝晔：《旅游房地产的绿色开发和评价模型研究》，南京师范大学硕士学位论文，2005 年 5 月。

③ 梁志敏：《我国都市区旅游房地产开发模式研究》，北京交通大学硕士学位论文，2007 年 12 月。

④ 徐翠蓉：《关于旅游房地产基本问题的研究》，《科技信息》2007 年第 12 期。

⑤ 江贤卿：《我国旅游房地产的产业融合模式研究》，厦门大学硕士学位论文，2008 年 4 月。

1. 与住宅房地产相比

传统房地产一般指住宅房地产，与住宅房地产相比，旅游房地产具有以下四个方面的突出特征。

第一，消费购买的异地性和暂时性。住宅房地产是满足人们在惯常环境生活居住需求的房屋建筑，因此，除了房地产的投资、投机之外，住宅的购买和消费一般具备典型的本地性特征。而异地性和暂时性是旅游的两大基本特征，实际上，旅游的两大基本特征就是相对于人们惯常生活和工作环境而讲的，因此，满足旅游需求的旅游房地产与住宅房地产相比，具有消费购买的异地性和暂时性特征。随着度假旅游的兴起和流行，暂时性的概念不断延长，但是与住宅居住的长期性相比，暂时性特点还是非常明显的。

第二，地理环境的特殊性。住宅房地产一般位于城市建成区，一般作为基本生活资料的形式存在，环境嘈杂、居住拥挤。随着大都市区化的发展以及居住需求的不断高级化，住宅房地产开始出现郊区化的趋势，人们对居住环境的要求不断提高，但是即使周边生态环境非常优异的住宅房地产，也是局限于住宅的范畴，并非旅游房地产的概念。而以度假村、度假酒店等为代表的旅游房地产形式，一般需要依托自然生态环境优良区、旅游风景名胜区、旅游型城市开发建设，对自然生态环境和历史人文环境有很高的要求，同时也受到优异脆弱的生态环境的严格限制。

第三，经营管理的季节性。普通住宅房地产的居住及管理与季节性无关，而旅游房地产的经营管理却具有明显的季节性特征。因为季节性是很多旅游目的地的突出特征，在旅游旺季，旅游房地产的入住率和使用率大大提高，经营管理的任务加重；而当进入旅游淡季，入住率和使用率迅速降低，经营管理的任务减轻，甚至很多旅游房地产产品会进入歇业状态。

第四，购买使用的期权性。虽然当前中国实行商品房预售制度，住宅具有期权销售的特征，然而与旅游房地产采用特殊经营形式的时权酒店、产权酒店以及养老型公寓相比，期权购买消费的特征更加突出和明显。比如时权酒店（分时度假酒店）是指消费者或个人投资者买断了该酒店在每年某一特定时间里的若干年使用权的酒店经营管理形式，消费者将拥有一定年限内在该酒店每年一定时间的居住权。时权酒店、产权酒店以及养老型公寓等创新型旅游房地产经营管理形式，都具有期权购买使用的特点，这与住宅房地产的购买使用有着明显的差别。

2. 与传统旅游物业相比

传统旅游物业以文物保护单位、遗址遗迹、庙宇、宫殿等旅游资源为代表，与传统旅游物业相比，旅游房地产具有以下三个方面的突出特征。

第一，满足旅游者的休闲度假需求为主。以文物保护单位、遗址遗迹为代表的旅游资源一般属于存量旅游房地产的范畴，以满足游客的观光需求为主，旅游功能相对单一。而许多新开发的旅游房地产项目，是伴随着休闲度假旅游的兴起而开发建设的，功能完善、活动内容丰富，以满足旅游者的休闲度假需求为主要功能。

第二，停留居住的相对长期性。传统旅游物业主要满足游客的观光旅游需求，游客的停留时间一般较短，而产品消费层旅游房地产项目以满足游客的休闲度假、娱乐体育需求为主，游客停留时间相对较长，活动内容丰富多彩，体验性强。还有以第二居所、养老型公寓为代表的旅游房地产形式，已经成为异地居住的概念，旅游者的停留时间进一步延长。

第三，投资消费的双重性。以时权酒店、产权酒店以及养老型公寓为代表的创新型旅游房地产经营管理形式，还具有投资和消费的双重特征。以产权酒店为例，产权酒店是指将酒店的每一个单位分别出售给投资人，同时投资人委托酒店管理公司或分时度假网络管理，获取一定的投资回报。一般情况下，投资人拥有该酒店每年一定时间段的免费居住权。需要注意的是，投资和消费的双重性并不是旅游房地产的普遍特征。

二 旅游房地产开发

所谓旅游房地产开发是指以满足旅游者需求或发展旅游业而进行的土地开发、基础设施、游乐设施以及各类房屋建设的行为。旅游房地产开发企业是旅游房地产开发的主体，当前，旅游业的市场化程度不足，除了以旅游集团、旅游上市公司、旅游投资开发企业为代表的企业化开发主体之外，地方政府、旅游资源的管理部门（建设、水利、文物、旅游、农业、林业等）、景区管委会也是重要的旅游房地产开发主体。特别是随着旅游业政府管制的不断放松、地方旅游开发招商引资工作的开展，房地产开发企业纷纷进入旅游开发领域，不断成为旅游房地产开发的重要力量，这对解决很多地区旅游开发资金缺乏、促进区域旅游开发建设、推动中国旅游从观光向休闲度假转型具有重要意义。

从旅游房地产开发的角度来看，可以将旅游房地产划分为存量旅游房地产和新增旅游房地产两大部分。所谓存量旅游房地产，主要是指已经存在的旅游业赖以发展的物质基础，主要以历史人文类旅游资源和自然生态类旅游资源为代表。所谓新增旅游房地产，主要是指新近开发的旅游房地产项目，类型非常多，从大都市区的角度来看，主要体现为历史文化街区休憩型旅游房地产、主题体育娱乐型旅游房地产、郊野休闲度假型旅游房地产和特殊经营型旅游房地产四大类型。

依据实现旅游价值及开发建设程度，还可以将旅游房地产划分为纯旅游房地产和准旅游房地产两大类。所谓纯旅游房地产主要是指以旅游者为主要服务对象或以发展旅游业为主要目的的旅游房地产类型，这类旅游房地产一般属于新增旅游房地产的范畴。基础设施层、服务设施层及产品消费层旅游房地产一般属于纯旅游房地产的范畴。而准旅游房地产是指以自然生态型旅游资源和历史人文型旅游资源为代表的旅游房地产类型，对于这类旅游房地产来说，因其巨大的生态环境价值以及历史文物价值而衍生旅游价值，旅游价值只是附加价值。这类旅游房地产一般属于存量旅游房地产的范畴，开发建设规模不大，以保护、维护、涵养为主。自在自然层旅游房地产一般属于准旅游房地产的范畴。旅游房地产的分类框架体系如图 2 - 5 所示。

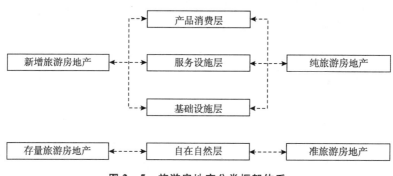

图 2 - 5　旅游房地产分类框架体系

三　旅游房地产产品

所谓旅游房地产产品就是能够在市场上提供，以满足旅游者需求为主要价值的产品。可以说旅游房地产与其他类型房地产类型相比，具有两大特征。其一，旅游房地产是最具有产品化、商品化特征的房地产类型。住宅房地产、工业房地产、商业房地产等房地产类型在开发建设完成之后，一经销售、出租或移交，一般将作为生活生产资料的形式而长期存在，将构成经济社会发展的物质基础。而旅游房地产长期以产品的形式存在，具有持续经营管理、长期销售获利的性质。其二，旅游房地产是典型的体验型产品。约瑟夫·派恩和詹姆斯·吉尔摩的体验经济理论认为，体验经济是服务经济的延伸，是继农业经济、工业经济和服务经济阶段之后的第四个人类经济生活发展阶段，① 由于旅游房地产是典型的体验型产品，因此旅游房地产产品是代表未来经济发展方向的产品，

---

① 〔美〕约瑟夫·派恩、詹姆斯·吉尔摩:《体验经济》，夏业良、鲁炜等译，机械工业出版社，2002。

市场前景非常广阔。

四　旅游房地产业

旅游房地产业是指专门从事旅游房地产开发、经营、管理和服务的行业，隶属第三产业的范畴。根据产业兴衰演化理论的分析，[①] 旅游房地产将会逐渐向产业化的方向发展。随着专门从事旅游房地产产品投资开发的旅游房地产开发企业的形成以及旅游房地产产品的丰富化，旅游房地产业也将逐渐演化形成，并成为房地产业的重要组成部分。旅游房地产业的演化形成，也是社会分工不断深化的结果，具体来说是房地产业产业细分的结果。随着旅游领域政府管制的不断放松，旅游开发主体也将进一步增多，并且会不断向市场化、专业化、虚拟化的方向发展。与住宅房地产开发企业虚拟化特征相类似，旅游房地产开发企业的核心业务能力在于对规划设计、建设、资金供给、物业管理等各类资源的整合，以生产出旅游房地产产品。由于旅游房地产产品的多样性，旅游房地产业也不是单一产业，也具有明显的综合性产业特征。

---

① 有关旅游房地产产业化发展趋势的分析详见第四章。

第三章　旅游房地产的形成与发展

第一节　旅游房地产的起源与发展

一　世界旅游房地产的起源与发展

旅游开发一般会伴随房地产的建设，房地产向来是旅游相关产业投资最大的一部分，房地产相关产品和服务作为中间投入广泛遍及旅游相关部门。[①] 产品消费层旅游房地产很大程度上是度假旅游发展的产物，度假旅游发展对旅游开发建设提出了广泛的要求，特别是对旅游房地产产品提出大量需求。在国外，虽然没有与旅游房地产严格对应的概念，却存在诸如休憩不动产（Recreational Properties）、[②] 分时度假不动产（Time-share Resort Property）、[③] 分时度假房地产（Time‑share Estate）、[④] 旅游相

---

① Bardhan, A., Begley, J., Kroll, C. A. etc, "Global Tourism and Real Estate", WORKING DRAFT of Fisher Center for Real Estate and Urban Economics, Haas School of Business University of California Berkeley, May 2, 2008, p. 19.

② Upchurch, R. S., "A Glimpse at US Consumers' Interest in Timesharing," *International Journal of Hospitality Management*, 2000, 19 (4), p. 435.

③ Ziobrowski, A. J. and Ziobrowski, B. J., "Resort Timeshares as an Investment," *The Appraisal Journal*, 1997 (10), p. 371.

④ Burekt, A. S., "Uniform Real Estate Time‑Share Act," *Real Property*, *Probate and Trust Journal*, 1979 (14), p. 683.

关房地产（Tourism – related Real Estate）[①] 等比较接近的概念。由国外的相关概念可以看出，房地产的概念一般和分时度假联系在一起，这可能是国内很多研究者将旅游房地产等同于分时度假的重要原因。以二战后度假旅游快速发展以及分时度假开始流行为标志，可以将度假旅游发展和旅游房地产开发大致划分为三大阶段。

（一）二战以前大众度假旅游开始发展，旅游房地产随之起步

度假是相对于日常工作的概念，大众度假旅游产生于最早开始工业革命的西方发达国家。早在 20 世纪初，随着工业化带来的经济增长以及铁路、水路交通的发展，度假旅游就已成为许多欧洲人闲暇时的重要消费形式。1935 年国际劳工组织确认每天 8 小时、每周 40 小时的工作制，1936 年约 12 个欧洲国家有关带薪休假权利的立法，进一步为大众度假旅游提供了时间上的保障。[②] 20 世纪初，地中海沿岸开发了大量海滨别墅，欧洲、北美的政府要员、贵族、富商蜂拥而至，一时间地中海成为世界乃至欧洲的休闲度假中心。[③] 可以说，上规模的旅游房地产开发最初发源于地中海沿岸。但是在此阶段，旅游开发建设非常薄弱，主要以简单的接待设施为主。

（二）二战之后度假旅游快速发展，旅游房地产开始快速涌现

二战后，西方国家经济迅速增长带动了度假旅游的迅猛发展，度假旅游逐渐成为富裕国家人们闲暇时间的生活方式。公路和铁路成为人们出游的大众交通方式，喷气式飞机的民用化则进一步促进了长距离特别是洲际远程度假的发展。[④] 收入水平的增加和交通条件的改善，大大推动

---

① Bardhan, A., Begley, J., Kroll, C. A. etc, "Global Tourism and Real Estate," Working Draft of Fisher Center for Real Estate and Urban Economics, Haas School of Business University of California Berkeley, May 2, 2008.

② 〔法〕罗贝尔·朗卡尔：《旅游和旅行社会学》，陈立春译，商务印书馆，1997。

③ 沈飞：《旅游房地产悄然起步》，《中国经营报》2001 年 6 月 29 日。

④ 邵祎、程玉申：《国外度假旅游的双轨现象及其对我国的启示》，《旅游学刊》2006 年第 3 期。

了度假旅游的发展，扩大了度假旅游的时空范围。地中海沿岸、加勒比海沿岸和东南亚地区的度假旅游快速发展，成为世界知名的度假旅游胜地，以度假村、度假酒店等为代表的旅游房地产形式快速涌现。1950年，杰勒德·布利茨（Gérard Blitz）在西班牙巴里亚利群岛（Balearic Island）成立了地中海俱乐部（Club Med），将室内生活与水上运动结合起来，推出了一种全新的旅游房地产产品形式，并迅速在全球推广。地中海俱乐部作为全球唯一的连锁度假村逐渐发展成为国际上最为知名的度假集团。

（三）20世纪80年代中期分时度假开始流行，推动旅游房地产创新发展

20世纪60年代初，亚历山大·奈特（Alexander Nette）将其管理酒店的股份出售给他的朋友，每个购买者享有在该酒店一段时间内住宿的权利，这种权利还可以出售和转让，分时度假由此产生。60年代末，分时度假的概念传入美国，经历了70年代和80年代初的徘徊萎缩。从80年代中期开始，国际酒店集团纷纷开始参与分时度假酒店的开发和建设，分时度假成为酒店业和度假村业务增长最快的部分，从1984年至2001年，每年以14%～17%的速度递增。[①] 可以说，分时度假的概念极大地改变了传统度假酒店的经营管理模式，契合了人们外出度假旅游增多、渴望在更多地区旅行的需求。当前，分时度假已经成为全球最为流行的度假村经营管理模式，并且迅速从发达国家向新兴市场经济国家扩展。分时度假的流行极大地促进了旅游房地产的开发建设。

纵观世界范围内度假旅游和旅游房地产的发展历程，可以梳理一条大致的脉络或规律。从度假旅游的区域范围来看，最初度假旅游以郊区

---

① Woods, R. H., "Important Issues for a Growing Timeshare Industry," *Cornell Hotel and Restaurant Administration Quarterly*, 2001, 42 (71), pp. 71–73.

短途旅游为主，随着经济不断发展和交通条件的不断改善，度假旅游开始向长途旅游转变并向全世界范围扩展，从发达国家或地区向不发达国家或地区拓展（最初兴起于欧洲地中海沿岸以及阿尔卑斯山地，随后向佛罗里达、夏威夷，之后又向加勒比海、中南美洲、东南亚地区拓展）。当长线旅游发展到一定阶段，大城市郊区的短线度假旅游开始迅速升温，到 20 世纪 90 年代已经成为欧美一些重要城市广受欢迎的消费热点。与度假旅游需求的区域范围相对应，旅游房地产开发的热点区域也发生相应的演变。根据度假旅游和旅游房地产开发的脉络或规律，可以预测，中国一些大城市郊区的休闲度假旅游需求将不断上升，并呈现出旅游消费不断平民化、日常化的基本发展趋势。

二　国内旅游房地产的起源与发展

旅游房地产是为旅游者服务的房地产类型。清朝末期，由于外国资本的入侵，近代旅馆业开始发展。最初的旅馆以西式旅馆、中西式旅馆以及招商客栈为代表，但最初建设的这些旅馆很大程度上并不是为旅游者服务的。1886～1929 年，英国传教士李德立强租庐山牯岭地区大量土地，进行房地产开发，建设避暑别墅进行销售，其运作手法同今日之房地产公司进行旅游房地产开发的方式有许多相同之处，可认为其系我国旅游房地产开发的肇始。[①] 1898 年，清政府宣布北戴河为避暑区，传教士、中外名流、富商大贾纷纷在北戴河购地筑屋，开发建设了大批海滨度假村。新中国成立以后，北戴河成为中央暑期办公地，中直机关开发建设了大量休养所、疗养院，专门供中央领导、劳模、中外专家和外国驻华使节使用，青岛、杭州、济南、大连也建设了类似的疗养院。可以说，庐山的避暑别墅、北戴河等地的休养所、疗养院成为最初的具备现

[①]　黄羊山、贾鸿雁、马民华：《我国旅游房地产的肇始——李德立及其牯岭公司》，《东南大学学报》（哲学社会科学版）2006 年第 2 期。

代意义的度假类旅游房地产形式。

旅游房地产开发在很大程度上是伴随着旅游开发建设而发展的。旅游作为一种社会活动，在中国有悠久的历史，但是把旅游列为一项国家重要事业进行规划部署、经营管理和开发建设，则始于中华人民共和国。从新中国成立到 1978 年，旅游业只是作为中国外交事业的延伸和补充，承担的是民间外事接待的功能，不具备现代产业的特征。1978 年 12 月，党的十一届三中全会确定工作重点向社会主义现代化建设转移，中国旅游业随之进入了新的历史时期。在改革开放之前，旅游开发建设活动稀少，改革开放之后，随着旅游者的迅速增加，旅游开发建设规模不断扩大，旅游房地产开始得以发展。有关中国旅游业发展历程的系统梳理以及旅游开发特点可以参考何光暐主编的《中国旅游业 50 年》、[①] 李玉莺为纪念新中国成立 60 周年撰写的《新中国成立 60 年旅游业发展历程回顾》[②] 以及国家旅游局为纪念旅游业改革开放 30 周年而作的《中国旅游业改革开放 30 年发展报告》[③]。根据旅游业发展的阶段性特征可以将改革开放以来的旅游开发重点划分为三个阶段。

（一）1978～1990 年，以旅游创汇为主要目的、以宾馆饭店建设为主导的阶段

改革开放之初，中国外汇短缺，大力发展入境旅游，赚取外汇成为旅游发展的主要目的。随着入境游客的增多，旅游接待设施严重不足，资金缺乏的问题凸显出来。邓小平曾经明确指示，"搞旅游要把旅馆盖起来。下决心要快，第一批可以找侨资、外资，然后自己发展。"根据邓小平的指示精神，以宾馆饭店为代表的旅游房地产建设也成为最早向外资开放的领域。为了进一步解决旅游开发资金匮乏的问题，1984 年 7 月，

---

① 何光暐：《中国旅游业 50 年》，中国旅游出版社，1999。
② 李玉莺：《新中国成立 60 年旅游业发展历程回顾》，《旅游·客车》2009 年第 6 期。
③ 国家旅游局课题组：《中国旅游业改革开放 30 年发展报告》，《中国旅游报》2009 年 1 月 4 日。

国务院批准国家旅游局《关于开创旅游工作新局面几个问题的报告》，提出了加快旅游基础设施的建设要采取国家、地方、部门、集体和个人一起上，自力更生和利用外资一起上的方针。据统计，到1985年底，全国拥有旅游涉外饭店325座，共约12万张床位，比1980年翻了两番（其中利用外资兴建的饭店45座，约2.4万张床位），旅游综合接待能力显著提高。在改革开放之初的十多年间，旅游开发以宾馆饭店建设为主，且开发主体非常多元化。

（二）1991~1997年，扩大内需开始成为重要目标，以度假区建设为主要特征的阶段

进入90年代，随着国民经济的迅速发展，城镇居民收入逐年增加，人均消费水平逐步提高，加之可自由支配时间的增多以及旅游交通设施的完善，国内旅游业呈现出快速发展的势头。为了应对1993年开始出现的经济过热和1997年的亚洲金融危机，扩大内需开始成为旅游发展的重要目标。为了促进中国旅游从观光型向观光度假型转变，提高旅游消费能力，从1992年开始，国家陆续批复12处国家级旅游度假区，一些省市也纷纷开始设立各类旅游度假区，极大地推动了旅游地开发建设以及度假村的建设。在此期间，海南经济特区建设迅速展开，海南房地产投资建设活跃，其中包括大量以海滨别墅、度假酒店、度假村等为代表的旅游房地产形式，可以说，海南是度假类旅游房地产最早开始上规模开发的地区。由于旅游房地产迅速累积了大量泡沫，国家随之进行宏观调控，海南旅游业因此遭受重大挫折，大量旅游房地产项目成为烂尾楼。

（三）1998年至今，旅游产业地位大大提升，旅游开发不断多元化的阶段

在1998年12月召开的中央经济工作会议上，旅游业与房地产业、信息业一道被确定为国民经济新的增长点。2006年，中国旅游业发展"十一五"规划纲要明确提出，要把旅游业培育成为国民经济的重要产业。

2009 年 11 月 25 日，国务院通过的《关于加快发展旅游业的意见》首次提出把旅游业培育成为国民经济的战略性支柱产业和人民更加满意的现代服务业。旅游业的产业地位不断提升，旅游业对扩内需、调结构的作用受到越来越高的重视。随着旅游业产业地位的不断提升，旅游新产品如生态旅游、乡村旅游、工业旅游、红色旅游、军事旅游、温泉旅游、冰雪旅游、健康旅游、科技旅游等不断出现，促使旅游开发建设不断向多元化的方向发展。

纵观改革开放以来中国旅游的发展历程及旅游开发特点，可以说旅游开发主要以基础设施、旅游接待设施、旅游景区建设为主，建设的大量宾馆饭店大多位于城市建成区，以满足短期住宿为主要目的。当前，休闲类或度假类旅游房地产不论是类型还是数量，都非常有限，作为旅游房地产创新经营管理形式的分时度假一度遭遇诚信危机，水土严重不服。随着中国从旅游大国迈向旅游强国，旅游需求从观光需求向休闲度假需求不断升级，旅游房地产开发建设将会迎来更迅速的发展。

第二节　旅游房地产概念产生的背景及原因分析

旅游开发建设活动将形成旅游房地产，旅游房地产概念的出现是中国旅游业与房地产业发展到一定阶段的产物，旅游房地产能够在中国最早出现有着独特的经济、社会背景。旅游房地产能够成为房地产界与旅游界共同关注的热点，特别是房地产业对此热情高涨，深层次的原因是中国在从计划经济体制向市场经济体制转轨的特定背景下，运行机制逐渐实现市场化的房地产开发与经营管理机制市场化水平长期滞后的旅游开发在 21 世纪初不期而遇，是长期致力于住宅房地产开发的企业成长壮大之后力图介入旅游开发的结果。

一　旅游房地产概念产生的背景分析

(一) 房地产业与旅游业走在两条互不相交的平行线上

从房地产业的发展情况来看，改革开放之前，土地无偿使用、无限期使用以及不准转让是国有土地使用制度的基本特征，中国还没有房地产的概念，也没有房地产业，房屋建设由建筑行业承担。城镇住房由国家统一建设之后由职工所在单位进行统一分配，近乎无偿使用。改革开放之后，中国开始了以结束福利分房、实现住房商品化为主要特征的住房制度改革，房地产市场逐渐形成。与住房制度改革齐头并进，相辅相成是中国房地产业发展的基本特征。住房制度改革是中国房地产市场经济复苏和发展的重要契机与强大推动力，而房地产业的迅速发展又有力地支持了住房制度改革。这也可以说是中国特色的房地产业发展道路。[①]当提到房地产开发，一般就是指住宅开发，住宅投资向来是房地产投资的最大头。2008 年，房地产开发企业完成投资 31203.19 亿元，其中住宅投资 22440.87 亿元，占完成投资额的 71%。以度假村、宾馆、饭店为代表的旅游房地产投资完成额统计在商业营业用房之内，所占比例非常小。2008 年全国房地产开发企业完成投资情况如图 3-1 所示。

从旅游业的发展情况来看，改革开放之前，旅游业仅仅承担外事接待的功能，在很大程度上是中国外交事业的延伸和补充，国内旅游尚未起步，旅游业尚没有开始产业化发展。改革开放之后，基于旅游创汇的目的，中国旅游业开始迅速发展，走出了一条先发展入境旅游，后入境旅游与国内旅游均快速发展，之后国内旅游、出境旅游迅猛发展，三大市场全面形成的基本轨迹。改革开放对国民经济在制度层面上的松绑，形成了有利于旅游业长期增长的基本社会经济结构，盘活了沉淀在民间

---

① 张元端：《改革开放 30 年中国房地产业发展的历程》，http://xm.china-house.com/news/view/88896.html。

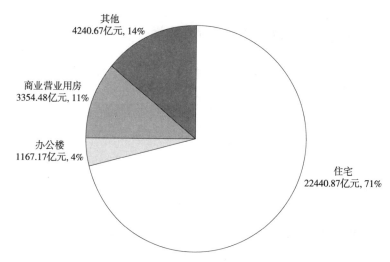

图 3 - 1　2008 年全国房地产开发企业完成投资情况

的丰厚资源，提升了我国旅游业的国际竞争力，从观念、收入、资金、体制等诸多方面形成了大众旅游由无到有、从有到大、自大而强的基本发展路径。从 1978 年改革开放直至 21 世纪，改革开放仍在制度层面对我国旅游业发展起着最基础性的作用。①

改革开放是房地产业与旅游业发展的基本动力，虽然房地产开发与旅游开发都以建筑业为前提或基础，虽然也出现很多以住宅为主营业务的房地产开发企业投资旅游项目或者是旅游企业集团投资住宅项目的情况，但从整体来看，房地产开发与旅游开发基本走在两条互不相交的平行线上。

（二）房地产开发与旅游开发的市场化主体发育程度存在差异

改革开放以来，由计划经济体制向市场经济体制过渡的制度变迁是促使房地产开发和旅游开发快速发展的基本动力，但房地产开发和旅游开发的市场化主体发育程度却存在很大差异。

---

① 王诚庆、金准：《中国旅游业 30 年：发展历程、经验总结与改革趋势》，载何德旭主编《中国服务业发展报告 NO.7——中国服务业 30 年：1978～2008》，社会科学文献出版社，2008。

从房地产的发展情况来看，有关房地产的市场化程度一度存在争议。现国家发改委宏观经济研究院社会发展研究所所长杨宜勇认为，中国房地产市场化确实有点过了。清华大学房地产研究所所长刘洪玉认为，房地产确实有过度市场化的趋势。① 中国社会科学院金融研究所原研究员易宪容认为，房地产价格飞涨的问题，就是因为房地产市场根本没有市场化，市场化的不足，会引起行业垄断，从而引起不公平的竞争。② 中国城市房地产市场化已初步实现，但离理想的市场化还有很大差距。③ 实际上，有关房地产市场化程度的观点，不同的学者是从不同的角度来阐述的。当前中国的房地产市场，土地、资金、劳动力等要素供给环节市场化程度很低，而住房开发、住房供给、房地产消费、商品房销售等产品或消费环节却过度市场化。

改革开放以来，在结束福利分房，实现住房商品化的改革过程中，产生了大量的市场化开发主体，即房地产开发企业。1981 年，刚开始组建房地产开发试点企业时，全国仅有 10 余家，之后房地产开发企业快速成长。1992 年邓小平同志南方讲话后掀起了全国的房地产开发热潮，房地产开发企业猛增至 12400 多家。④ 经历了 90 年代房地产泡沫破裂和房地产市场的低迷，进入 21 世纪随着房地产市场的快速回暖，房地产开发企业又开始快速成长。截至 2008 年，全国已经有大大小小的各类房地产开发企业 87562 家（房地产开发企业数量增长情况如图 3-2 所示）。⑤ 由于政府严格限制居民个人和集体自主建房，只允许房地产开发商进行房屋开发，因此，房地产开发企业成为住房投资开发的基本力量。

---

① 搜房网：《刘洪玉：房地产过度市场化应切断政府对土地的过度依赖》，http://www.soufun.com/news/2010 - 03 - 13/3153987.htm。
② 孙冰：《房地产市场化过头了吗？》，《中国经济周刊》2006 年第 30 期。
③ 倪鹏飞、白雨石：《中国城市房地产市场化测度研究》，《财贸经济》2007 年第 6 期。
④ 张海清：《中国知名房地产开发企业发展趋势》，上海交通大学硕士学位论文，2009 年 1 月。
⑤ 《中国房地产统计年鉴》（2008）。

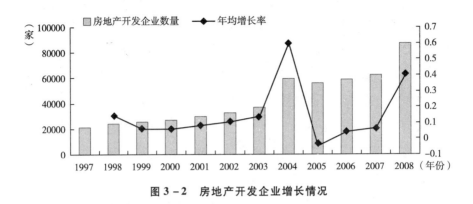

图 3 - 2 房地产开发企业增长情况

与房地产开发不同，经过改革开放 30 年的摸索，中国旅游开发走出了一条政府主导型的发展之路。具体概括为：在以市场为基础配置资源的前提下，全面实行政府主导型的旅游发展战略，以进一步加大旅游发展的力度，加快旅游发展的速度，使旅游业为国民经济增长做出更大的贡献。[①] 一方面，政府主导型发展战略是符合中国国情的发展战略，对促进旅游业的起步和快速发展做出很大的贡献；而另一方面，政府主导了旅游资源开发和建设，政府对旅游开发长期进行管制，使得企业化主体在旅游开发方面作为很小，特别是景区开发建设领域的市场化程度非常低，致力于旅游房地产投资开发的市场化主体发育严重不足。

根据旅游企业提供产品的差异，法国学者罗贝尔·朗卡尔（Robert Lanquar）将旅游企业划归为旅馆业集团、餐馆（包括传统餐馆、快餐馆或集体餐馆）、生产与旅馆业和餐饮业有关的专门物资和设备的制造商、旅游规划和工程方面的咨询企业、专门从事重大旅游建筑群开发的企业等，国外专门从事重大旅游建筑群开发的企业就是主要从事产品消费层旅游房地产开发的企业。[②] 而根据《中国旅游统计年鉴》，一般将旅游企

---

① 王诚庆、金准：《中国旅游业 30 年：发展历程、经验总结与改革趋势》，载何德旭主编《中国服务业发展报告 NO.7——中国服务业 30 年：1978～2008》，社会科学文献出版社，2008。

② 王俊鸿、季哲文：《旅游企业投资与管理》，四川大学出版社，2003。

业划分为旅行社、星级饭店、旅游景区和其他旅游企业四大类。根据旅游房地产开发的实际情况，当前已经存在的少部分以度假村、度假酒店等产品消费层旅游房地产形式主要是由星级饭店或者旅游景区负责开发，已经存在的产品消费层旅游房地产的开发主体非常多元化，很多开发主体并非以旅游开发为主业。与房地产开发企业庞大的市场规模相比，虽然旅游投资开发主体非常多元化，但是长期以来，缺乏旅游专业投资、融资的机构，[①] 专门从事旅游房地产开发并且能在全国范围内开展投资的旅游投资开发企业数量非常少，旅游投资开发企业的市场化发育程度非常滞后。

（三）房地产开发企业与旅游企业的盈利能力存在差异

进入 21 世纪以来，房地产市场迅速回暖，房价不断高涨，房地产开发企业的盈利能力快速提高。房地产行业成为中国盈利能力最强的行业，甚至超过金融业和 IT 业。而旅游业虽然发展预期不断看好，也经历了快速增长，而盈利能力增长却较为缓慢，特别是与房地产开发企业相比，差距非常明显。

从营业收入来看，房地产开发企业的营业收入由 1998 年的 2951.2 亿元迅速增长到 2008 年的 26696.8 亿元，而旅游企业的营业收入由 1998 年的 1441.4 亿元增长到 2008 年的 4334.5 亿元。在 1998 年，房地产开发企业的营业收入只为旅游企业的 2 倍，而到 2008 年增长为旅游企业的 6.2 倍，经营收入差距迅速拉大。[②] 房地产开发企业与旅游企业经营收入对照情况如图 3-3 所示。

从房地产开发企业和旅游企业的营业利润情况来看，房地产开发企业的营业利润由 1998 年的亏损 10.7 亿元，到 2008 年盈利 3432.2 亿元，增长非常迅速。而旅游企业的营业利润由 1998 年的亏损 18.9 亿元，到

---

① 钟海生：《旅游业的投资需求与对策研究》，《旅游学刊》2001 年第 3 期。
② 《中国统计年鉴》（2009）以及 1999～2009 年历年《中国旅游统计年鉴》（副本）。

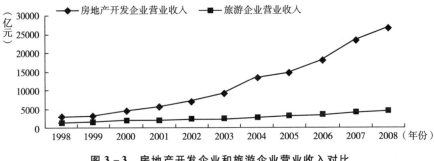

图 3 - 3　房地产开发企业和旅游企业营业收入对比

2008 年盈利 136.9 亿元。房地产开发企业和旅游企业虽然都快速走出了亏损的阴影，但房地产开发企业的营业利润额增长更为迅猛，在 2006 年，房地产开发企业的营业利润一度是旅游企业营业利润的 54 倍，由此可见房地产开发企业迅猛增长的现状。① 房地产开发企业与旅游企业经营利润对照情况如图 3 - 4 所示。

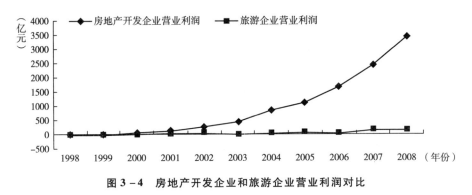

图 3 - 4　房地产开发企业和旅游企业营业利润对比

从房地产开发企业和旅游企业的利润率情况来看，从 1998 年至 2008 年，房地产开发企业的利润率不断攀升，迅速由 1998 年的 - 0.36% 攀升到 2008 年的 12.85%，② 尽管遭受金融危机的冲击，但房地产行业仍大受其益。2009 年，房地产行业的平均毛利润率竟高达 55.72%。③ 而旅游企

---

① 《中国统计年鉴》（2009）以及 1999 ~ 2009 年历年《中国旅游统计年鉴》（副本）。

② 《中国统计年鉴》（2009）。

③ 倪鹏飞编《中国住房发展报告（2010 ~ 2011）》，社会科学文献出版社，2011。

业的利润率虽然也呈现不断提高的趋势，但是由于受瘟疫、灾害、经济危机等因素的冲击，波动非常明显，[①] 这与房地产开发企业稳步提高的盈利能力形成强烈反差。房地产开发企业与旅游企业利润率对照情况如图 3－5 所示。

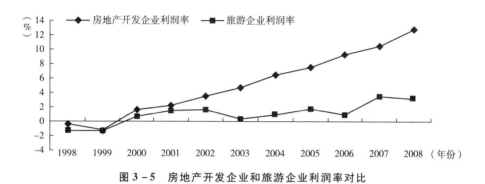

图 3－5　房地产开发企业和旅游企业利润率对比

（四）房地产业调控频繁与旅游业产业地位的不断提升

为了应对亚洲金融危机，在 1998 年底召开的中央经济工作会议上，房地产业与旅游业都被列为国民经济新的增长点。而在其后十多年的共同发展过程中，房地产业陷入非理性发展，争议不断，国家频繁对其进行宏观调控，时而鼓励，时而打压；而旅游产业作为朝阳产业，对于扩大内需、调整结构的作用不断显现，产业地位不断提升。

1. 商品房价格快速上涨，宏观调控频繁出击

1998 年 7 月，国务院发布《关于进一步深化城镇住房制度改革加快住房建设的通知》，宣布全面停止住房实物分配，实行住房分配货币化。这是城镇住房制度的根本性变革，标志着我国"房改"按既定目标——向商品化、社会化全面推进，向纵深发展。2003 年 8 月 12 日，国务院发布《关于促进房地产市场持续健康发展的通知》，将房地产业视为"国民经济的支柱产业"。在亚洲金融危机和"非典"的背景下，国家不断鼓励

———————————

① 1999～2009 年历年《中国旅游统计年鉴》（副本）。

房地产业的发展。在多种刺激因素的作用下，2003 年以来，我国各地区房价出现了不同程度的上涨，2005 年全国房价平均上涨 16.7%，其中 19 个地区房价涨幅超过全国平均水平，26 个省市的房价涨幅达到两位数，全国房地产市场呈现一片繁荣的景象。① 房地产业在新一轮的快速发展过程中，也暴露出房价过高、结构不合理的问题，引发了一些社会矛盾，房地产业成为社会关注的焦点。2004 年以来，国家开始加大对房地产市场的调控力度，先后颁布 "前国八条"②、"后国八条"③ 和 "国六条"④等一系列文件，抑制过快上涨的住房价格。在宏观调控的作用下，房价涨幅略微下降，但政策效果并不明显。

2008 年，在金融危机的背景下，房地产一路上涨的风向突变。开发商对于土地的态度，从以往不顾一切地疯抢，变成望而却步，土地流拍现象在全国频现。房地产市场观望情绪浓厚，交易量迅速萎缩。为了避免金融危机对中国经济可能造成的严重冲击，国家抛出了扩大内需促进经济平稳发展的 4 万亿元投资计划。针对陷入低迷的楼市，国务院又决定降低住房交易税费，刺激消费。房地产市场经历短暂的低迷后，2009 年新年伊始开始迅速回暖，量价齐升。从 2009 年到 2010 年，房价犹如脱缰野马，涨幅令人瞠目结舌。2009 年 12 月 14 日，国务院召开常务会议，明确表示 "遏制部分城市房价过快上涨的势头"，拉开了 "抑制性政策"大幕，这标志着中国房地产政策从刺激消费转向抑制房价。从 2010 年开

---

① 梁云芳、高铁梅：《中国房地产价格波动区域差异的实证分析》，《经济研究》2007 年第 8 期。

② "前国八条"是指 2005 年 3 月 26 日国务院办公厅发布的《关于切实稳定住房价格的通知》。

③ "后国八条"是指 2005 年 5 月 11 日国务院办公厅转发的《关于做好稳定住房价格工作的意见》。

④ "国六条"是指 2006 年 5 月 17 日温家宝主持召开国务院常务会议时提出的促进房地产业健康发展的六项措施。随后在 5 月 29 日，国务院办公厅发布《关于调整住房供应结构稳定住房价格的意见》——"九部委十五条"，对 "国六条"进一步细化。

始，国家又先后发布"国十条"①、"国五条"②，被称为有史以来最严厉的调控政策。与此同时，一线城市纷纷制定限购政策以及保障性住房建设规划，调控力度、调控密度均创新高。在调控政策的打压之下，疯狂的楼市暂时得以降温。

2. 旅游业持续向好，旅游业产业地位不断提升

在1998年12月召开的中央经济工作会议上，旅游业被确定为新的经济增长点，这标志着旅游业在国家整体产业格局中有了明确的定位。2001年1月，国务院制定了《国务院关于进一步加快旅游业发展的通知》，指出到2020年要把我国建设成为世界旅游强国。2006年，中国旅游业发展"十一五"规划纲要明确提出，要把旅游业培育成为国民经济的重要产业。特别是最近几年来，国家充分认识到旅游业具有的资源消耗低、带动系数大、就业机会多、综合效益好的综合性特征，2009年11月25日，国务院通过了《关于加快发展旅游业的意见》，首次提出把旅游业培育成为国民经济的战略性支柱产业和人民更加满意的现代服务业，以充分发挥旅游业在保增长、扩内需、调结构等方面的积极作用。

近十年来，国家对旅游业的重视程度不断提高，旅游业在国民经济中的地位和作用不断提升，中国旅游业开始步入大发展阶段。当前中国正处于工业化、城镇化快速发展以及全面建设小康社会的时期，日益增长的大众化、多样化消费需求将为旅游业发展提供新的动力。2009年，国内出游人数达19亿人次，国内旅游收入10184亿元；入境旅游人数12648万人次，旅游外汇收入397亿美元；中国已经是全球最大的国内旅游市场之一，国内居民出境人数达4766万人次、全球第四大入境旅游目的地、亚洲最大的客源输出国。世界旅游组织曾预测：到2020年，中国

---

① "国十条"是指2010年4月17日国务院办公厅发布的《关于坚决遏制部分城市房价过快上涨的通知》。

② "国五条"是指2010年9月29日财政部、国家税务总局、住房和城乡建设部联合发布的《关于调整房地产交易环节契税个人所得税优惠政策的通知》。

将成为世界第一大旅游目的地国和第四大客源输出国。最近，根据中国旅游业的强劲增势，世界旅游组织再次预测将中国实现两项指标的时间提前至 2015 年。届时，中国入境旅游人数可达 2 亿人次，国内旅游达 26 亿人次，出境旅游达 1 亿人次。各方面的判断认为，目前中国旅游消费正处于爆发性增长的前夜，中国正加速从旅游大国向旅游强国迈进。

二 旅游房地产概念产生的原因分析

理解房地产业与旅游业经历或面临的独特经济、社会背景，是理解旅游房地产之所以最早产生于中国的前提性问题。把握好这一前提性问题，是深刻理解旅游房地产概念或内涵的关键，也是明确有关旅游房地产的哪些问题应该成为值得研究的问题的关键。

在中国经济从计划经济体制向市场经济体制转轨的过程中，房地产业和旅游业经历了不同的发展轨迹，两者之间存在多角度的隔阂与差距。在住房体制向商品化、货币化转变的过程中，产生了大量以房地产开发企业为代表的市场化主体，它们迅速发展壮大。进入 21 世纪，房地产开发企业已经具备对外产业扩张的雄厚实力。由于住房开发与旅游开发有着以建筑业为代表的共同产业基础，房地产开发企业从事旅游开发具备天然的优势；当旅游业的市场化开发主体发育非常微弱的情形下，大大减少了一部分房地产开发企业介入旅游开发可能面临的行业壁垒或摩擦。

从房地产开发企业的角度来说，一方面，它们积累了雄厚的资金实力，必然产生向外扩张的冲动。另一方面，国家对非理性发展的房地产业的频繁调控使得房地产开发企业对未来发展产生不确定性预期，[①] 和对房地产泡沫破灭的担心，房地产开发企业迫切需要培育有前景的盈利点。

---

① 从 2010 年最新公布的数字来看，房价依旧呈上涨态势。由于 2004 年以来的房地产密集调控沦为"空调"，2010 年在有史以来最为严厉的调控政策的打压下，房价上涨冲动依旧强烈。房地产调控考验中央政府的宏观调控能力，当前有关房地产调控的问题已经上升为政治性问题，因此，可以预期政府将会继续出台进一步加码的调控政策。

当前，房价已经远超普通老百姓的承受能力，商品房市场成为严重投机的市场，泡沫化严重，而世界上从来没有只涨不落的房地产市场。[①] 从旅游业的角度来看，旅游业产业地位的不断提升和持续向好为房地产开发企业所侧目。由于上述因素的综合作用，长期以商品房开发为主营业务的房地产开发企业自然将培育新盈利点的热情投注到旅游开发上来，而旅游房地产的概念恰好成为房地产开发企业进军旅游业的聚焦点，成为备受热捧的概念。旅游房地产概念产生的机理如图 3-6 所示。

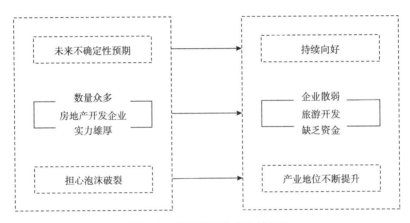

图 3-6　房地产概念产生的机理

从旅游房地产的概念来看，旅游开发在很大程度上属于房地产开发的范畴，只是长期以来的旅游开发主体非常多元化，能够长期致力于旅游开发的企业主体发育非常微弱。由旅游房地产概念产生的背景和原因来看，对房地产开发企业来说，介入旅游开发就属于旅游房地产开发的范畴，而产品消费层旅游房地产自然成为房地产开发企业首先关注的重点，这也成为本书研究的重点。同时，研究房地产的问题，很重要的就是要研究房地产开发企业向旅游业的产业扩张问题以及由于旅游开发与住宅开发相比的天然脆弱性因而需要进行管治的问题。

---

① 曹建海：《向高房价宣战》，中信出版社，2010。

第四章　旅游房地产形成与发展的
理论基础

旅游房地产是一个具有中国特色的概念。旅游房地产的概念出现之后，旅游房地产只是一种概念或提法，还是具有一般产业演化发展的规律或特征，也就是说，旅游房地产是否能够实现产业化发展，或者旅游房地产业又将呈现怎样的发展规律，需要进行进一步的探讨，特别是理论层面的探讨。当前，有关旅游房地产形成与发展的理论解释严重缺失，由于旅游房地产表现形态的多样性，理论基础的缺失自然导致对旅游房地产理解的模棱两可、莫衷一是。综合来看，旅游房地产的产生和发展有着复杂的背景和原因，单一理论往往只能解释旅游房地产产生发展的部分原因，因此需要多元理论的综合性解释。

第一节　基于产业兴衰演化理论的分析

产业作为一个经济概念，其产生和发展是一个历史的过程。从产业的形成过程来看，产业是社会生产力和社会分工不断发展的产物，并随着社会分工的深化和生产力的发展而逐渐地形成和演变。① 马克思的经济周期理论、斯密的市场分工理论、马歇尔的企业成长理论、施蒂格勒的

---

① 史忠良、何维达等：《产业兴衰与转化规律》，经济管理出版社，2004；干春晖：《产业经济学：教程与案例》，机械工业出版社，2006。

产业生命周期理论是国外关于产业兴衰与转化的一般理论。产业兴衰与转化的一般性规律认为，任何一个产业都有一个兴衰的过程，即要经历形成期、成长期、成熟期和衰退期四个阶段。在产业的形成时期，某类产品由于各种原因，其原来的潜在需求逐渐被市场所认可，转化为现实需求。产业形成过程可分为产业萌芽和产业形成两个阶段。产业的萌芽状态可以表现为一项新产品的出现、一项新技术的出现、一个或多个新型企业的出现。①

从产业兴衰演化的角度来看旅游房地产的形成与发展，其中施蒂格勒的产业生命周期理论具有重要参考价值。根据施蒂格勒的产业生命周期理论，在一个产业的新生期，市场狭小，再生产过程的各个环节规模较小，不足以一一分化出来由独立的专业化企业承担，所以这个时期该产业的企业大多是"全能"企业，分工主要表现为企业内部分工——企业从事从材料生产到产品销售的全过程；随着产业的发展和市场的扩大，各再生产环节的规模大到足以独立进行时，企业内部分工便转化为社会分工，各专业化企业会出来承担各个再生产环节；在产业的衰落期，随着市场和生产规模的缩小，各再生产环节只能重返"娘家"，社会分工又转化为企业内部分工。施蒂格勒的产业生命周期理论如图4-1所示。②

从产业萌芽产生的判定标准来看，当前，以星级酒店、景区景点等为代表的传统旅游房地产类型已经拥有一定规模，以度假村、主题公园、分时度假酒店、产权酒店等为代表的新型旅游房地产类型开始陆续出现，并且已经出现了一些专注于旅游房地产开发与经营的企业（比如旅游企业集团、旅游上市公司、区域旅游投资开发企业等）。从房地产业和旅游业内部的产业成长发育情况来看，正在不断积蓄将旅游房地产业分化脱离的力量。旅游房地产业不是单一产业，整体来看旅游房地产业已经处

①　史忠良、何维达等：《产业兴衰与转化规律》，经济管理出版社，2004。
②　史忠良、何维达等：《产业兴衰与转化规律》，经济管理出版社，2004。

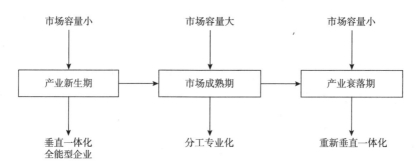

图4-1　施蒂格勒的产业生命周期理论

于形成期，部分传统旅游房地产类型已经处于成长期。

从产业兴衰与演化的一般规律判断，旅游房地产业已经开始起步发展。旅游房地产是房地产业与旅游业相互融合而产生的产业形态，而房地产业和区域旅游业又具备自身的产业演化规律和特征，因此有必要分别从房地产和旅游业的角度分别进行分析。

一　基于房地产发展倒U曲线理论的分析

曹振良（2007）认为由于二元社会经济结构迅速向工业化社会结构转化，城市化进程加快，产业结构调整加速，城镇居民住房迅速由生存需求型向改善需求型过渡等带有必然性和规律性因素的影响，中国房地产长期高位增长并呈现倒U形发展曲线。从1978年至2007年，我国GDP年均增长9.6%，而房地产又以高出其约1倍的速度快速增长，无论是投资、开工面积和竣工面积的增幅均超过20%。房地产发展倒U曲线是指一个国家在经济起飞时期，随着GDP的增长，房地产以高于GDP的增长速度快速增长；随着GDP的进一步增长，房地产的增长速度逐渐放慢，直至与GDP同速，甚至低于GDP的增长速度，其发展轨迹呈倒U曲线（如图4-2所示）。①

当前，中国的房地产发展仍处在倒U曲线的左侧向上发展阶段，尚

① 曹振良：《论中国房地产长期高位增长与安全运行》，《经济评论》2007年第1期。

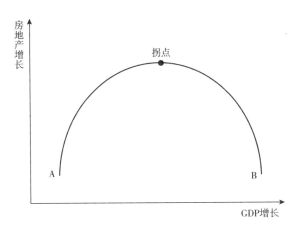

图 4 - 2　房地产发展轨迹

未进入"拐点"。不论是个别城市还是全国，即使冲过倒 U 曲线拐点，房地产增幅有所下降，也仍将高于国民经济增幅，持续 20 ~ 30 年。[1] 有关房地产发展倒 U 曲线重点描述的是在经济起飞阶段，房地产业与国民经济增长之间的规律性关系。发达国家经历经济起飞阶段之后，房地产业发展的实践表明，房地产业发展规模及其在国民经济总量中所占的比重，在相当长的一段时间是逐步增加和提高的。[2]

当前，中国经济正由成长期走向成熟期，中国经济总量占世界经济的份额已经从 1978 年的 1.8% 提高到 2009 年的 8.5% 左右，人均 GDP 正向 4000 美元迈进。2010 年，中国财富增长进入了一个新的历史节点，中国能否通过动力结构、需求结构、产业结构、要素结构、对外经济结构等增长格局的调整和结构转换，跨越难以逾越的"中等收入陷阱"，将是中国真正迈向经济发展更高阶段的关键。[3] 结合房地产与经济发展相互关

①　曹振良：《论中国房地产长期高位增长与安全运行》，《经济评论》2007 年第 1 期。

②　梁荣：《中国房地产业发展规模与国民经济总量关系研究：基于我国房地产发展"倒 U 曲线"时期》，经济科学出版社，2005。

③　20 世纪六七十年代，欧美发达国家与拉美、东亚国家在相近的时期实现了人均 GDP 4000 美元的突破，日本、韩国和欧美发达国家成功跨越这道"分水岭"，大力调整产业结构，发展重工业，实施出口替代战略，成功实现了劳动密集型向技术密（转下页注）

系的倒 U 曲线，将来只要中国能够成功迈过"中等收入陷阱"的障碍，预计房地产业还将获得持续快速的发展。特别是由于旅游房地产是房地产业不断分蘖的结果，而经济发展、收入水平提高、旅游需求上涨是推动房地产分蘖出旅游房地产的基本动力，因此在将来房地产业继续快速发展的过程中，旅游房地产有望成为房地产业整体快速发展的亮点组成部分。

二　基于旅游地生命周期理论的分析

旅游地是旅游活动发生的密集地区，也是旅游房地产开发的密集地区。巴特勒（Butler，1980）的旅游地生命周期理论是与旅游房地产开发紧密相关的理论，也是影响最为广泛的旅游地生命周期理论。巴特勒提出的 S 形旅游地生命周期演化模型认为，旅游地生命周期一般经历探索阶段、参与阶段、发展阶段、巩固阶段、停滞阶段、衰落阶段或复苏阶段（如图 4 - 3 所示）。[1] 虽然有人对巴特勒的旅游地生命周期理论提出多方面的质疑，比如 Haywood（1986）认为旅游地生命周期模型没有考虑渐进的、持续的变化，也不能反映目的地间的竞争、社团或当地社区的战略以及导致经济轻微衰退的条件、境况性因素的影响；[2] Pearce、Moscardo（1991）认为巴特勒模型无法区分各个阶段；[3] Cooper、Jackson

---

(接上页注③)集型转变，经济普遍保持了十年以上的高速增长，并很快实现人均 GDP 5000 美元甚至10000 美元的突破。而处于大致相同起跑线上的拉美国家，到人均 GDP 3000 美元附近，快速发展中积聚的矛盾集中爆发，自身体制与机制的更新进入临界，很多发展中国家在这一阶段由于经济发展自身矛盾难以克服，经济增长回落或长期停滞，陷入所谓"中等收入陷阱"阶段。参见张茉楠《中国如何才能避免中等收入陷阱》，《证券时报》2010 年 12 月 23 日。

[1] Butler, R. W., "The Concept of a Tourist Area Cycle of Evolution: Implications for Management of Resources," *Canadian Geographer*, 1980, 24 (1), pp. 5 - 12.

[2] Haywood, K. M., "Can the Tourist Area - Life Cycle Be Made Operational?" *Tourism Management*, 1986, 7 (3), pp. 154 - 167.

[3] Pearce, P. and Moscardo, G., "Tourism Impact and Community Perception: An Equity - Social Representational Perspective," *Australian Psychologist*, 1991, 26 (3), pp. 147 - 152.

（1989）认为对这些阶段的事后认定远比预测更容易。① 但是总体看来，巴特勒的旅游地生命周期演化模型较好地总结了旅游地的演化特点，特别是能够较为充分地说明旅游地旅游房地产开发的演化规律或特点。

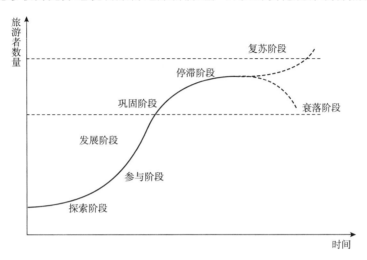

图4-3 巴特勒旅游地生命周期模型

结合对巴特勒旅游地生命周期演化模型的理解，笔者总结出旅游地生命周期演化各阶段旅游房地产开发特征如表4-1所示。

表4-1 旅游地生命周期演化各阶段旅游房地产开发特征一览表

演化阶段	旅游房地产开发特征
探索阶段	冒险型旅游者被自然、文化或历史等自然因素吸引，更喜贴近自然和原始风味。旅游尚未开发，仅有零星的设施
参与阶段	具有一定冒险精神的旅游者开始进入，希望保持自然同时享受好的饭店等设施，饭店、餐馆、娱乐设施等开始出现，政府开始改善交通等基础设施
发展阶段	大众旅游者开始进入，对旅游服务及相关设施提出了多样性的需求。旅游基础设施不断完善，以饭店、餐馆、娱乐设施大量出现，开始出现度假村等大型旅游房地产开发项目

---

① Cooper, C. and Jackson, S., "Destination Life - Cycle: the Isle of Man Case Study," *Annuals of Tourism Research*, 1989, 16 (3), pp. 377 - 398.

续表

演化阶段	旅游房地产开发特征
巩固阶段	旅游者增长速度下降但仍在增长，旅游开发增速下降，旅游开发重点表现为对存量旅游物业的更新及维护
停滞阶段	到访者多为低阶层旅游者，停留时间短，花费少，目的地成本压力很大，几乎无新商机，新的旅游开发几乎停止，旅游物业维护乏力
复苏阶段/衰落阶段	在该阶段，如果把握新的市场需求，加大对新产品的开发，有可能出现新型的旅游房地产开发项目；如果没有新的开发，旅游地萧条衰退，存量旅游物业衰落破败

　　旅游地生命周期理论，有时也称为旅游产品生命周期理论，基本上是从区域或产品的角度解释其生命周期演化规律。如果从某个旅游地或某项旅游房地产产品的角度来看，有些旅游地或旅游房地产产品正处于探索阶段，而有些旅游地或旅游房地产产品已经处于发展或巩固阶段，个别旅游地或旅游房地产产品已经处于停滞或衰落阶段。本书重点从宏观或大都市区的角度探讨旅游房地产的开发问题，当前，中国经济发展正处于是否能够迈过"中等收入陷阱"的关键环节，正处于大都市区化的快速发展阶段，不论是成功迈过"中等收入陷阱"，还是保障城镇化的快速推进，关键需要通过扩大内需以转变长期以来扭曲的经济发展方式。2009 年 11 月 25 日，国务院颁布的《关于加快发展旅游业的意见》之所以提出要将旅游业培育成为国民经济的战略性支柱产业，主要看重旅游业在保增长、扩内需、调结构等方面的积极作用。旅游房地产是房地产业和旅游业发展到一定阶段的产业类型，大力发展旅游房地产对于推动中国从观光旅游向休闲度假旅游转型，对于促进旅游业更好地发挥在扩内需、调结构方面的积极作用具有重要意义。因此，从这个角度来说，旅游房地产业的发展应该获得政策层面的大力支持。

第二节　基于产业分蘖理论的分析

以上是从产业兴衰演化的一般规律来阐释旅游房地产业的形成与发展，而曹振良[①]、刘艳红[②]曾分别利用产业分蘖理论[③]来解释住宅产业以及旅游房地产业的形成。产业分蘖理论可以看作是产业兴衰演化理论体系的某种表现形式，较为形象地阐释了一种新兴产业从施蒂格勒产业生命周期理论所说的"全能"企业中发育、分化、脱离的机理或过程。

一　产业分蘖理论简介

分蘖是植物学中的一个术语，具体指稻、麦、甘蔗等植物生长发育的一种机理，即从植物的基部或从植物的低处叶腋发出新枝。产业分蘖是指原来附着在某类产业的活动，随着社会经济的发展和人们对其需求的扩大，逐渐从母体中分离出来发展成为相对独立的产业。产业分蘖的过程实际上是产业树成长的过程，即一个母体产业分蘖出若干分支，每个分支可能还会分蘖出更小的分支，从而构成网状的产业树。房地产经济活动成长为相对独立的房地产产业就属于这种机制，它在成长为独立的产业之前依附于建筑业，独立后又分蘖出以住宅产业、非住宅产业、

---

① 曹振良、周京奎：《产业分蘖理论与住宅产业化》，《河南师范大学学报》（哲学社会科学版）2003 年第 3 期。

② 刘艳红：《旅游房地产业形成的分蘖理论分析》，《生产力研究》2004 年第 3 期。

③ 从产业兴衰发展演变的角度来看，产业分蘖理论是产业细分的形象化说法。迈克尔·波特认为，产业是市场，相似的或紧密相关的产品在此被卖给买方。在某些产业中，单一种类的产品被卖给所有的买方。不过更典型的情况是，在产业的产品系列中有着多种现有的或潜在的品种，它们按照大小、性能和功能之类的特征被加以区分。经济活动并不是静止不变的，随着产业的发展，新的产业细分也会不断涌现。实际上旅游房地产开发长期以来就是属于房地产开发的范畴，旅游房地产与住宅房地产等房地产类型相比，就在于满足人类需要方面性能、功能方面的不同。详细参见〔美〕迈克尔·波特：《竞争优势》，陈小悦译，华夏出版社，1997。

物业管理业为代表的三个产业（产业分蘖阐释如图4-4所示）。非住宅产业包括工业房地产、商业房地产、农业房地产、旅游房地产等产业类型。

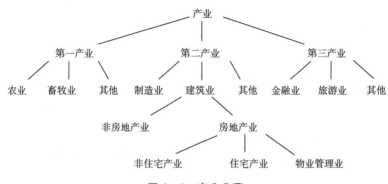

图 4 - 4　产业分蘖

资料来源：刘艳红：《旅游房地产业形成的分蘖理论分析》，《生产力研究》2004 年第 3 期。

二　旅游房地产分蘖形成的机理分析

经济增长是产业分蘖的内在动力，环境变化是产业分蘖的外部推力。经济增长从内部推动旅游房地产业的形成，经济的增长和人均收入水平的提高引发了需求结构的变化，导致了旅游度假消费的增加，为旅游房地产的有效需求奠定了一定的经济基础。经济的增长和人均收入水平的提高促进了房地产业的迅猛发展，加剧了产业内部的竞争，推动了产业内部产品的多样化和市场的细分化。住房制度改革以来，房地产业取得了飞速发展，其作为国民经济的一个重要支柱产业已日趋成熟。大量传统的房地产资金开始投向新的领域，推动了房地产边缘市场的发展，其中的旅游房地产发展迅速。

产业分蘖理论属于产业细分理论的范畴，产业分蘖是形象化阐释旅游房地产发育形成的理论，需要注意的是图4-4的产业分蘖树有些内容是属于产业分类的范畴，有些是属于产业分蘖的范畴，房地产业从建筑业分蘖出来之后，是划归为第三产业的。从中国旅游房地产发展的实际情况来看，旅游房地产是从房地产业中分蘖出来的，准确地说是从首先发展壮大的住宅产业中分蘖出来的。旅游房地产开发以及热炒，在很大程度上是长期致力于住宅开发的房地产企业力图介入旅游开发的结果，以住宅开发为主营业务的房地产开发企业正在不断寻求新的市场发展空间。根据迈克尔·波特竞争优势理论，比竞争对手更早地辨识新的细分产业，意味着企业比竞争对手多了一个获得竞争优势的机会。房地产开发企业寻求新的市场盈利机会是推动旅游房地产形成发展的直接动力，而旅游房地产的形成，从微观层面来看，不仅仅是分蘖于房地产业，还在于房地产业与旅游业的融合互动。

第三节　基于产业融合理论的分析

产业总是不断变化的，产业的边界并不是一成不变的。随着技术革命和需求变化的加速发展，产业之间的界限越来越模糊，在一些衰退产业解体并演化出新兴产业的同时，又出现了不同产业的汇聚或融合现象。这些产业大多数集过去所定义的多种产业于一体，企业可以重新设定产业边界，从中找到新的生存空间。[①] 自 20 世纪七八十年代以来，随着高新技术特别是现代信息技术的发展，随着产业结构的"软化"和经济体系的"服务化"的加深，出现了所谓的"产业融合"现象，表现为产业之间原有的固定边界逐渐模糊甚至消失，原来处于分立状态的两个或多个产业之间大量地互相渗透、业务交叉和并购重组。

一　产业融合理论简介

格林斯坦和卡恩纳（Greenstein & Khanna，1997）认为产业融合是指为了适应产业增长而发生的产业边界的收缩或消失，并且以阿勒格尼河

[①]　史忠良、何维达等：《产业兴衰与转化规律》，经济管理出版社，2004。

和莫农加希拉河两河汇流的例子生动地阐述产业融合现象。① 马健（2002）将产业融合定义为：由于技术进步和放松管制，发生在产业边界和交叉处的技术融合，改变了原有产业产品的特征和市场需求，导致产业的企业之间竞争合作关系发生改变，从而导致产业界限的模糊化甚至重划产业界限。② 植草益（2001）认为产业融合就是通过技术革新和放宽限制来降低行业间的壁垒，加强行业企业间的竞争合作关系。③

产业融合发生的前提条件是产业之间具有共同的技术基础，④ 而技术革新和放宽管制是产业融合的主要原因。⑤ 随着技术变革与产业管制放松等因素的变化，企业之间竞争与协作方式发生了根本的变化。⑥ 一旦由于技术革新开发出了替代性的产品或服务，或是由于放宽限制积极地展开了相互介入，各产业的企业群就会处于相互竞争的状态之中，⑦ 原来分属不同产业的企业在相互竞争、协作的过程中将会演化出新兴的产业。新兴产业的产生是企业追求自身利益的结果，是由企业的互动行为所导致的。⑧ 产业融合过程如图 4 - 5 所示。

---

① 阿勒格尼河发源于宾夕法尼亚州，绕过纽约西部之后向南流。莫农加希拉河发源于西弗吉尼亚州，向北流入宾夕法尼亚州。在匹兹堡的中心，两河交汇成为俄亥俄河。在它们汇流之前，任何提到这两条河的人，都会认为两者有明确的区分。一旦两者汇合在一起，就不再有阿勒格尼河与莫农加希拉河的区分，而只有俄亥俄河。详见 Greenstein，S. and Khanna，T.，"What Does Industry Convergence Mean," in Yofee，D. B. ed. Competing in the Age of Digital Convergence，The President and Fellows of Harvard Press，1997，pp. 201 - 226。

② 马健：《产业融合理论研究述评》，《经济学动态》2002 年第 5 期。

③ 〔日〕植草益：《信息通讯业的产业融合》，《中国工业经济》2001 年第 2 期。

④ Lei，D. T.，"Industry Evolution and Competence Development：the imperatives of technological convergence," *International Journal of Technology Management*，2000，19（7 - 8），pp. 699 - 738.

⑤ 马健：《产业融合理论研究述评》，《经济学动态》2002 年第 5 期。

⑥ 芮明杰、胡金星：《产业融合的识别方法研究——基于系统论的研究视角》，《上海管理科学》2008 年第 3 期。

⑦ 〔日〕植草益：《信息通讯业的产业融合》，《中国工业经济》2001 年第 2 期。

⑧ 胡金星：《产业融合的内在机制研究——基于自组织理论的视角》，复旦大学博士学位论文，2005。

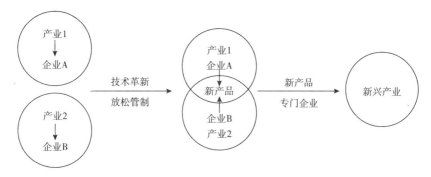

图 4 – 5　产业融合过程

二　房地产业与旅游业相互融合的机理分析

产业融合理论可以较为全面地解释中国旅游房地产产品的出现以及旅游房地产业的产生。自从改革开放以来，中国的房地产业和旅游业均快速发展，然而房地产业和旅游业的发展基本走在两条互不相交的平行线上，正如格林斯坦和卡恩纳（1997）提到的尚未交汇、各自流淌的阿勒格尼河与莫农加希拉河。长期以来两者之间并不存在竞争关系，然而房地产开发与旅游开发都拥有以建筑业为前提的共同的技术基础。

从房地产的发展路径来看，住房制度改革在逐渐实现住房市场化、商品化的同时，培育出大量的以房地产开发公司为主体的市场化主体。它们长期致力于住宅房地产开发，积累了雄厚的资金实力，具备多元化经营的冲动。面对政府频繁的房地产调控以及对住房价格的打压，它们对未来住宅产业的发展充满不确定性预期，开始不断寻求新的投资机会。

从旅游业的发展路径来看，地区旅游发展长期由地方政府主导，导致旅游业管理体制和投资机制的市场化程度至今都较低。旅游业的三大支柱产业住宿业（酒店业）、旅行社业和景区景点业，除了住宿业的市场化程度相对较高之外，旅行社业长期以来形成的寡头垄断市场结构至今没有打破，三大国有旅行社与众多中小旅行社并存，旅行社业整体小、散、弱，恶性竞争严重。景区景点业的市场化程度最低，基本由各级政府垄断经营，国有企业性质严重。伴随着改革开放不断向纵深发展，旅游业改革开放也不断破冰和深化，政府主导的旅游经营管理体制不断寻求与市场接轨，旅游业内部正不断探索市场化的资源开发投资机制、积极培育市场化的投资开发主体。整体来看旅游产业的政府管制不断放松，这就为房地产开发主体介入旅游开发创造了条件。

技术革新和放松管制是产业融合的两大主要原因，而与电信、广播电视、出版发行、计算机网络等产业在信息化技术基础上基于技术革新的融合不同，房地产业与旅游业相互融合的原因一方面在于旅游行业政府管制的不断放松为房地产企业的介入创造了机会。另一方面随着政府不断放松旅游管制或者积极谋求市场化发展，旅游开发企业与房地产开发企业将产生竞争或协作关系，在相互竞争与协作的过程中开发出旅游房地产产品，随后产生专门致力于旅游房地产产品开发的企业，旅游房地产产品开发企业的集合将构成旅游房地产业。根据产业融合理论并结

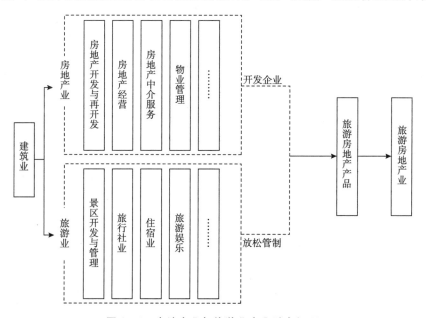

图 4 - 6　房地产业与旅游业产业融合机理

合中国实际可以看出，旅游房地产业的发育成长，在很大程度上是房地产开发企业介入旅游开发的过程。房地产业与旅游业的产业融合，更准确地说是住宅产业与旅游开发的融合，对市场上已经存在的旅游开发企业来说，不仅是机遇，而且也是挑战，甚至是狼来了的问题。房地产业与旅游业相互融合衍生出旅游房地产的机理如图4-6所示。

第四节　基于需求结构高级化理论的分析

经济发展规律表明，经济增长往往伴随着产业结构的高级化，由第一产业占主导逐步向第二、第三产业占主导转变。[①] 经济增长是收入的源泉，收入水平影响需求结构。实际上，伴随着经济增长和收入水平的提高，人类的需求结构也会出现不断高级化的现象。说明消费结构变动的恩格尔定律（Engel's Law）认为：一个家庭收入越少，家庭收入中（或总支出中）用来购买食物的支出所占的比例就越大；随着家庭收入的增加，家庭收入中（或总支出中）用来购买食物的支出比例则会下降。随着收入的增加，在食物需求基本满足的情况下，消费的重心将会开始向穿、用等其他方面转移。马斯洛需求层次理论（Maslow's Hierarchy of Needs）将人类需求分为生理需求、安全需求、社交需求、尊重需求和自我实现需求五类，依次由较低层次到较高层次排列。马斯洛认为，需要的产生由低级向高级的发展是波浪形地推进的，在低一级需要没有完全满足时，高一级的需要就产生了。[②] 经济发展水平和收入水平是决定一个国家多数人的需求结构最主要的两大因素。借用产业结构高级化的概念，需求结构高级化就是指随着经济增长和收入水平的提高，人们的需求水

---

① 刘伟、李绍荣：《产业结构与经济增长》，《中国工业经济》2002年第5期；付凌晖：《我国产业结构高级化与经济增长关系的实证研究》，《统计研究》2010年第8期。

② Maslow, A. H., "A Theory of Human Motivation," *Psychological Review*, 1943, 50 (4), pp. 370 – 396.

平不断从低级到高级提升的过程。

产业融合理论较好地从供给的角度解释了旅游房地产的形成，实际上，供给角度是旅游房地产形成发展的推动力量，旅游房地产产品的出现，更主要的是来自于人们需求结构高级化的拉动力量。需求结构的不断升级是人们消费的基本规律，对需求结构高级化的分析存在两个层次，一个层次是总体趋势的分析，恩格尔系数以及马斯洛的需求层次理论就是总体趋势的分析；另一个层次是个体层次的分析，主要是指在某类产品的消费需求上，也会发生从低档向高档提升的现象。旅游房地产是房地产业与旅游业相互融合形成的产品类型，是房地产业与旅游业发展到一定阶段的产物，人们对住房消费与旅游消费分别不断升级的过程可以较好地体现旅游房地产由于需求高级化拉动而产生的规律性。

一 基于居住需求高级化的分析

随着我国人民生活水平的不断提高和住房分配制度改革的进一步深化，城市居民日常生活需求得到满足之后，住房需求便从潜在需求上升为显性需求。从"需求理论"的角度而言，居住需求可以说跨越了人类的基本生理需要到最高层次的自我实现需要的所有阶段。人们对于居住的需求总是在基本需求满足之后才会提出更高的要求，形成不同的需求层次，如同马斯洛提出的需求层次理论一样，形成由低到高的层次。[①] 刘芳（2007）从区位的角度，根据马斯洛的需求层次理论，将居住的需求层次由低到高划分为生存需求层次、一般需求层次、小康需求层次、享受需求层次和自我实现需求层次五个层次阶段。居住需求层次结构如图 4-7 所示。

在生存需求、一般需求、小康需求层次阶段，人们的居住需求一

---

① 刘芳：《区位决定成败：城市住区空间区位决策与选择》，中国电力出版社，2007。

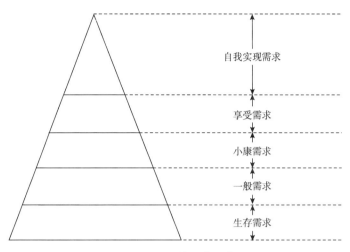

图 4 – 7 居住需求层次

般局限于住宅需求的层次，住宅仅仅是作为生存资料的形式存在。随着人们生活水平以及文化素质的不断提高，居住需求将不断升级，开始向享受需求和自我实现需求的方向跃升，对住区的自然环境、人文环境等方面不断提出新的要求，不断出现居住郊区化的现象，推动了大都市区郊区化的发展。居住郊区化的发展是旅游房地产发展的重要背景，旅游房地产将构成居住郊区化的重要内容，实际上，旅游房地产的产生很大程度上就是居住需求不断高级化的结果，[①] 因为旅游的过程就是异地短暂停留与居住的过程。伴随着旅游需求不断从观光需求向度假需求转变，旅游短暂停留的概念也将不断发生改变，异地停留的时间不断延长，不断催生度假村、第二居所等度假型旅游房地产的发展，推动旅游业的依托基础不断从自然、遗址遗迹类资源向与开发建设类资源的结合转变，而开发建设类资源增加的过程实际上也是旅游房地产不断发展的过程。

---

① 虽然旅游的概念与在惯常地居住的概念是相对的，但是外地停留、旅游住宿从更广泛的角度来看，都是属于人类居住的范畴，两者之间差异的关键就在于一个是惯常地居住，一个是异地居住。

二 基于旅游需求高级化的分析

改革开放以来，旅游活动的大量出现是人们需求结构不断高级化的产物。于光远认为旅游是人的物质生活发展起来之后的一种休闲生活需要。[①] 马惠娣认为休闲与旅游是人的一种精神文化生活，体现一种新的生活方式，是人性的一大进步。旅游—旅游休闲—休闲旅游—体闲是旅游业发展的必然规律，是旅游者成熟和理性选择的法则。[②] 于光远和马惠娣主要是从旅游与休闲相互关系的角度阐述旅游业的发展规律。从改革开放算起，中国旅游业已经历 30 多年的快速发展，旅游业产业结构不断高级化，不断从观光型向休闲度假型、娱乐体验型转变，旅游房地产开发从自在自然层、基础设施层、服务设施层到产品消费层的升级也体现了旅游需求结构的不断升级。旅游业产业结构的高级化，源于旅游者需求结构的高级化。旅游者需求结构的不断升级主要表现在以下两个方面。

（一）旅游市场需求不断升级，休闲度假需求将构成旅游房地产的市场基础

当前，中国经济持续向前发展，人民收入水平不断提高。在经济不断增长的同时，恩格尔系数迅速降低。根据中国商业联合会和中华全国商业信息中心披露的数据，城镇居民恩格尔系数由 1978 年的 57.5% 下降到 2008 年的 37.9%，下降了 19.6 个百分点；农村居民恩格尔系数由 1978 年的 67.7% 下降到 2008 年的 43.7%，下降了 24 个百分点。[③] 随着

---

① 于光远、马惠娣：《于光远马惠娣十年对话——关于休闲学研究的基本问题》，重庆大学出版社，2008。

② 于光远、马惠娣：《于光远马惠娣十年对话——关于休闲学研究的基本问题》，重庆大学出版社，2008。

③ 中国新闻网：《中国城镇和农村恩格尔系数 60 年分别降 19.6% 和 24%》，http://www.chinanews.com.cn/cj/cj-gncj/news/2009/09-14/1865837.shtml。

经济不断增长和收入水平的持续提高，人们对富有收入弹性的商品的需求不断增加，其中也包括对旅游消费需求的不断增加。

中国旅游业经历了30多年的快速发展，随着旅游者出游次数的增多和频率的增加，旅游边际消费倾向递减。旅游者已经不再满足走走看看的观光旅游形式，旅游需求结构正在不断发生转变，逐渐开始从简单的观光需求向更高级的休闲度假需求转变，休闲度假旅游的不断兴起，将对旅游房地产开发产生深刻影响。在传统的观光旅游模式下，旅游房地产开发集中于基础设施、服务设施等层面。旅游需求结构的高级化，将推动旅游房地产开发不断向产品消费层跃升，吸引以房地产开发商为主的外来投资者不断介入，进而开发出旅游房地产产品，推动了旅游房地产的产业化发展。

（二）大众旅游市场需求不断分化，对旅游房地产产品的消费需求不断提高

传统的大众观光旅游形式，经过多年的发展不断出现分化，并逐渐细分。传统的观光型旅游产品结构已经难以满足旅游者的需求，因为大众旅游市场需求不断产生分化，逐渐向诸多细分旅游市场需求演化，逐渐向个性化、特色化的方向发展。大众旅游市场逐渐细分化为众多利基旅游市场，这些不断分化出的利基旅游市场构成更加庞大的市场规模。传统大众观光旅游市场需求的细分及演化也是旅游市场需求结构高级化的重要表现。旅游房地产产品的市场基础实际上就在于已经初露端倪的以度假村、度假酒店、主题公园、时权酒店等为代表的细分市场需求。

克里斯·安德森提出的长尾理论（The Long Tail）认为商业和文化的未来不在热门产品，不在传统需求曲线的头部，而在于过去被看作"失败者"的那些产品——也就是需求曲线中那个无穷长的尾巴。[①] 以分时度

---

① 〔美〕克里斯·安德森：《长尾理论》，乔江涛译，中信出版社，2006。

假为代表的旅游房地产产品经营形式引入中国后虽然一度水土不服，但并不代表缺乏市场前景。蓝海战略（Blue Ocean Strategy）认为，企业要赢得明天的关键不是与对手在竞争激烈的红海市场展开竞争，而是进入尚未开发的蓝海市场空间，寻找潜在的市场需求机会。而开创蓝海往往是在产业边界进行创新。① 大众旅游市场需求的不断细分化，提高了对旅游房地产的消费需求，旅游房地产需求是潜在市场，需求广阔，是一片值得开发的蓝海市场。

第五节　对未来旅游房地产业发展演化趋势的判断

在实现经济结构战略性调整、保障中国经济平稳健康发展的前提下，从房地产业未来的发展趋势来看，在城镇化成为未来中国经济发展主要引擎的背景下，② 推动房地产业继续快速发展的基本动力依旧强劲。当中国经历城镇化主导的经济增长阶段之后，房地产开发的放缓是一种必然的趋势。从旅游业的未来发展趋势来看，美国未来学家约翰·奈斯比特早在 20 世纪 80 年代就预测，电子通信、信息技术和旅游业是 21 世纪服务行业中经济发展的原动力。③ 约瑟夫·派恩和詹姆斯·吉尔摩认为，人类的体验可分成娱乐、教育、逃避现实和审美四个部分，基于满足人类体验需求的体验经济（The Experience Economy）将成为继产品经济、服务经济之后引领经济社会发展的一种新的经济形态。④ 而旅游业是与生俱

---

① 〔韩〕钱·金、〔美〕勒妮·莫博涅：《蓝海战略：超越产业竞争开创全新市场》，吉宓译，商务印书馆，2005。

② 《李扬：城镇化将成为未来中国经济发展的主要引擎》，http://finance.jrj.com.cn/people/2010/11/1114148541134 - 2. shtml。

③ 〔美〕约翰·奈斯比特：《大趋势——改变我们生活的十个新趋向》，孙道章等译，新华出版社，1984。

④ 〔美〕约瑟夫·派恩、詹姆斯·吉尔摩：《体验经济》，夏业良、鲁炜等译，机械工业出版社，2002。

来的体验经济，是天然的、名副其实的体验经济行业。[1] 除了自然灾害、瘟疫等因素可能对旅游业构成短期冲击之外，从长期来看，旅游业将经历持续的增长。综合房地产业与旅游业未来发展的判断，将来旅游房地产业的发展预测趋势如图 4 - 8 所示。

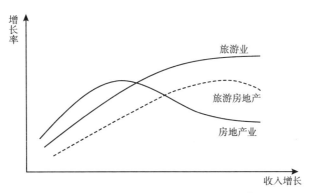

图 4 - 8 旅游房地产业未来发展走势[2]

城镇化和经济增长是影响房地产业发展的首要因素，收入水平增长是影响旅游业和旅游房地产业发展的最主要因素。结合对中国未来经济发展的判断，从房地产业与旅游业的发展趋势来看，房地产开发在经历城镇化发展的牵引，经历发展的拐点之后，增长率将下降。而旅游业随着收入水平的增长，将一直保持增长的发展势头，只是将来增长率有放缓的趋势。从房地产业与旅游房地产的发展趋势来看，旅游房地产与房地产业相比，在旅游需求结构不断高级化的过程中，将会经历更长时间的增长；当房地产业出现下降趋势之后，旅游房地产

---

① 杜江、张凌云：《解构与重构：旅游学学科发展的新思维》，《旅游学刊》2004 年第 3 期。

② 本书对旅游房地产业与房地产业以及旅游业相互关系走势的预测是基于理论层面的判断，是一种长期趋势预测。虽然当前中国房地产业已经累积了泡沫化因素，特别是一线城市的住宅房地产投机严重、泡沫化严重，当前存在泡沫破裂进而对房地产业造成严重冲击的风险，但从更长期的发展趋势来看，中国城镇化的任务尚未完成，二元经济特征依旧明显，在未来依靠城镇化拉动经济增长的进程中，不论是住宅房地产还是非住宅房地产依旧能获得很长一段时间的增长。

有望成为房地产开发的亮点。根据旅游地生命周期理论，旅游房地产经历长时期的增长之后，也会出现下降的趋势，但下降幅度与房地产业的下降幅度相比要更加平缓。从旅游业与旅游房地产的发展趋势来看，在旅游业长期增长的拉动下，旅游房地产也将经历长期的增长；当旅游业的增长趋势变缓之后，旅游房地产将会出现适当下滑的发展趋势。

第五章 大都市区化对旅游房地产
开发的影响

第一节 大都市区概述

一 大都市区的概念及界定

大都市区（Metropolitan Area/Metropolitan District，部分学者译为"大城市区""大城市密集区""都市圈"），是国外最常用的城市功能地域概念，是指一个大的人口核心以及与这个核心具有较高的社会经济一体化的邻接社区的组合，包括与建成区有密切社会经济联系但不一定连续的城乡一体化区域。[①] 大都市区是国际上进行城市统计和研究的基本地域单元，是城市化发展到较高阶段产生的城市空间组织形式。[②] 大都市区本质上是非农业化过程中形成的与中心城市具有密切联系的连续区域，它由两部分组成，一是有一定规模的中心城市，二是与之联系密切的外围区域。[③] 都市区和城市化地区之间的不同和联系就在于，有城市化的地区才

---

① 许学强、周一星、宁越敏：《城市地理学》，高等教育出版社，2005。

② 孙胤社：《大都市区的形成机制及其定界——以北京为例》，《地理学报》1992年第6期。

③ 孙胤社：《大都市区的形成机制及其定界——以北京为例》，《地理学报》1992年第6期。

可能有都市区，都市区一定包括一个或几个城市化地区。中心市和城市化地区构成都市区的核心，都市区一般比它们的核心要大，包括了连续建成区外缘以外的不连续的城镇、城郊发展区甚至一部分乡村地域，而城市化地区是不包括乡村地域的。城市化地区不一定和城镇的行政边界一致，随时间而有变化。①

美国早在1910年就提出都市区的概念，1949年正式建立具体的统计标准用于国情普查，命名为标准都市区（简称SMA），1959年改称标准都市统计区（SMSA），一直沿用到1980年，以后又改称都市统计区（MSA），② 并规定每个MSA应有一个人口在5万人以上的核心城市化地区，围绕它的为中心县和外围县，中心县是该城市化地区的中心市所在的县；外围县则是与中心县邻接并满足以下三个条件：①从事非农业活动的劳动力至少占全县劳动力总量的75%以上；②人口密度大于50人／平方英里（19.3人／km²），且每10年人口增长率在15%以上；③至少15%的非农业劳动力向中心县以内范围通勤或双向通勤率达到20%以上。③ 从城市的实体地域出发，美国全国可以划分为城镇和乡村；从城市的功能地域出发，全美国分为都市区和非都市区。④

在美国城市化过程中，大城市一直呈优先发展的局面，并在空间结构方面有相应的变化。20世纪以前，主要是大城市的市区本身不断扩大，但尚未形成大都市区。进入20世纪20年代，美国城市人口超过农村人口，大城市人口开始逐渐向郊区迁移，形成了功能相当集中的中心商业区和以居民为主的郊区，构成美国大都市区的两个基本要素。大都市区的郊区不断横向扩展。每当其外延地区达到大都市区规定的标准时，便

---

① 许学强、周一星、宁越敏：《城市地理学（第二版）》，高等教育出版社，2009。

② 许学强、周一星、宁越敏：《城市地理学（第二版）》，高等教育出版社，2009。

③ 许学强、林先扬、周春山：《国外大都市区研究历程回顾及其启示》，《城市规划学刊》2007年第2期。

④ 许学强、周一星、宁越敏：《城市地理学》，高等教育出版社，2005。

被划入大都市区。此后直至今日，美国城市的发展主要是在大都市区范围内。[①] 大都市区化并非美国所独有，而是在发达国家已经发生或正在发生的带有规律性的现象。[②] 改革开放以来，我国城市化发展迅速，城市化水平不断提高，大城市和特大城市有了长足发展，城市经济实力和辐射影响力大大增强，地域范围不断扩张，与周围地区的社会经济联系日益密切，出现了类似西方国家大都市区的新的城市空间形式，标志着我国城市化进入了一个新的发展阶段。[③]

为了把中国城市的功能地域与国际通用概念接轨，周一星（2000）建议我国都市区的界定方案为：（1）都市区由中心市和外围非农化水平较高、与中心市存在密切社会经济联系的邻接县（市）两部分组成。（2）凡城市实体地域内非农业人口在 20 万人以上的地级市可视为中心市，有资格设立都市区。（3）都市区的外围地域以县级区域为基本单元，外围地区原则上须同时满足以下条件：①全县（或县级市）的 GDP 中来自非农产业的部分在 75% 以上；②全县社会劳动力总量中从事非农业经济活动的占 60% 以上；③与中心市直接毗邻或与已划入都市区的县（市）相毗邻；④当中心市为小郊区市时（一般为"切块设市"的市），中心市的非农化水平能满足第③条规定的非农化水平指标，当中心市为大郊区城市时（一般为"整县设市"的市），整个市域还须满足第③条规定的非农化水平指标；⑤如果一县（市）能同时划入两个都市区则确定其归属的主要依据是行政原则，在行政原则存在明显不合理现象时（如舍近求远），则采用联系强度原则（即依据到各个中心市的客流量取最大者而定）。[④]

虽然周一星有关都市区界定的标准产生了很大影响，但也有人持不

---

①　王旭：《大都市区化：本世纪美国城市发展的主导趋势》，《美国研究》1998 年第 4 期。

②　王旭：《大都市区化：本世纪美国城市发展的主导趋势》，《美国研究》1998 年第 4 期。

③　谢守红：《大都市区的概念及其对我国城市发展的启示》，《城市》2004 年第 2 期。

④　许学强、周一星、宁越敏：《城市地理学》（第二版），高等教育出版社，2009。

同看法。谢守红、宁越敏（2005）认为非农劳动力比重指标值得商榷，可以考虑以城镇人口比重指标来代替非农业劳动力比重指标，建议以城镇人口比重在40%以上作为都市区外围县（市）的界定标准之一。[1] 中国人口在20万以上的城市已经达到300多个，甚至拥有50万人口以上的城市也有将近100个，显然中国大都市区的数量还相差甚远。因此，中国大都市区的中心城市门槛必定要高于20万以上人口。[2] 由于我国人口众多，人口密度大，大中城市数量多，关于都市区中心市的人口规模，以市区非农业人口在50万以上为宜。如果再进一步细分，可将中心城市人口在50万～100万的称为都市区，中心城市人口在100万以上的称大都市区，由两个或两个以上相邻的大城市构成的都市区称为联合都市区。[3]

二　大都市区的演化及规律

美国的城市化道路体现了世界城市化发展的一般规律特征，人口不断向城市地区汇集是美国城市化的主线，在城市化过程中，大城市处于优先发展的地位。大城市的优先发展，并不是大城市本身规模的无限扩展，而是大城市作为中心发挥辐射作用、带动周边地区的发展，使一定范围的地域变成城市化的地区，此即所谓"大都市区化"。[4] 概括来说，大都市区化是指以大城市为轴心横向扩展，从而使其市区和郊区规模不断扩大，城市化水平不断提高的过程。[5] 诸多研究认为城市化是不断演变的过程，有一定的规律可循，而大都市区是城市化发展到一定阶段的

---

① 谢守红、宁越敏：《中国大城市发展和都市区的形成》，《城市问题》2005年第1期。
② 洪世键、黄晓芬：《大都市区概念及其界定问题探讨》，《国际城市规划》2007年第5期。
③ 谢守红、宁越敏：《中国大城市发展和都市区的形成》，《城市问题》2005年第1期。
④ 王旭：《美国城市化的历史解读》，岳麓书社，2003。
⑤ 杨重光：《城市区概念有利于促进中国城市化》，《城市化与区域经济》2004年第7期。

结果。20 世纪 70 年代中期，奥地利学者克拉森（L. H. Klaassen）提出了城市人口—经济分布的"空间循环假设"，即城市人口、经济要素的空间分布遵循集聚—分散—集聚的规律循环，城市发展表现为城市化（Urbanization）—郊区化（Suburbanization）—逆城市化（Desurbanization）—再城市化（Reurbanization）的循环规律。[①] 有的学者将城市化过程分为城市化、城市化—郊区化、郊区化、逆城市化四个阶段。[②] 彼得·霍尔（P. Hall, 1984）的城市演变模型将城市演变归纳为流失中的集中、绝对集中、相对集中、相对分散、绝对分散、流失中的分散六个阶段，在世界范围内获得高度认可。可以说，从城市化、郊区化、逆城市化再到再城市化的连续演变是西方学者研究城市化总结出的基本规律。[③]

霍尔把一个国家分为都市区和非都市区两部分，又把都市区分为首位城市体系和其他一般城市体系两部分，都市区由中心市和郊区组成，而非都市区则为传统的农村地区。霍尔的城市演变过程可以归纳为五个时期六个阶段，分别如表 5 - 1 和图 5 - 1 所示。按照彼得·霍尔的城市化发展阶段理论，在前三阶段，中心市人口高速增长，城市发展以向心集聚为主；第四阶段中心市人口增长速度低于郊区，是离心扩散的初始阶段，出现了郊区化的前兆；第五阶段中心市人口出现负增长，人口向郊区迁移，为典型的郊区化阶段。[④] 在城市向心集聚发展阶段，主要表现为农业人口的非农化，此时中心市与外围地区的联系是相对单向、单调的，而当城市化发展到郊区化阶段，中心市与外围县之间的联系开始向着双向、多重的方向发展，进而形成高度一体化、网络化而又存在分工协作

①　黄荣清：《是"郊区化"还是"城市化"？——关于北京城市发展阶段的讨论》，《人口研究》2008 年第 1 期。

②　Matthiessen, C. W., "Trends in the Urbanization Process: The Copenhagen Case," *Geografisk Tidsskrift*, 1980（80），pp. 98 - 101.

③　许学强、周一星、宁越敏：《城市地理学》（第二版），高等教育出版社，2009。

④　许学强、周一星、宁越敏：《城市地理学》（第二版），高等教育出版社，2009。

的地域空间，这也标志着大都市区的逐渐演变形成。

表5-1　霍尔城市演变过程一览表

演变阶段	阶段特征
1. 流失中的集中	大城市体系开始发展，郊区和农村地区部分人口开始迁入；中小城市人口吸引能力弱，发展缓慢。
2. 绝对集中	工业化快速扩展，吸引乡村劳动力的大量迁入，城市化水平迅速提高，各都市区的人口规模都在绝对增加，人口主要向中心市集中。
3. 相对集中	城市化高速发展阶段，都市区人口增长迅速，但中心市人口的增长速度高于郊区人口的增长，仍是向心集聚的过程。
4. 相对分散	城市化增长模式发生重要变化，即都市区人口在继续膨胀的过程中，中心市人口尽管仍有增长，但郊区人口的增长速度已经超过了中心市，中心市人口在整个都市区人口中的比重开始下降。
5. 绝对分散	都市区人口流动的主要方向发生逆转，即在都市区人口继续增长的过程中，中心市的离心分散力量超过了向心集聚力量，人口从中心市向郊区迁移，绝对量下降，郊区人口低速增长。
6. 流失中的分散	大都市区的中心市人口大量外迁，除一部分被周围郊区吸收，另一部分则向非都市区扩散。大都市区人口总量下降，城市开始进入逆城市化阶段

资料来源：许学强、周一星、宁越敏：《城市地理学》（第二版），高等教育出版社，2009。

　　一个城市的发展受到向心力和离心力的推动，这两种力量的互相消长，导致城市发展呈现阶段性。[①] 大都市区是城市发展到一定阶段的产物，在城市化过程中，当扩散作用强于集聚作用并占主导地位时，城市要素和职能开始由城市中心向外围移动和扩散。[②] 实际上，与一般的城市概念相比较，都市区是特指那些集聚发展达到一定程度、扩散发展具有相当规模，并开始由集聚为主的阶段转向扩散为主的阶段的大的城市区域。[③] 而郊区化是城市发展由向心集聚走向离心扩散的特定阶段，当城

①　周一星、曹广忠：《改革开放20年来中国城市化进程》，《城市规划》1999年第12期。
②　谢守红：《中国大都市区的形成及动力机制》，《衡阳师范学院学报》2005年第1期。
③　谢守红、宁越敏：《中国大城市发展和都市区的形成》，《城市问题》2005年第1期。

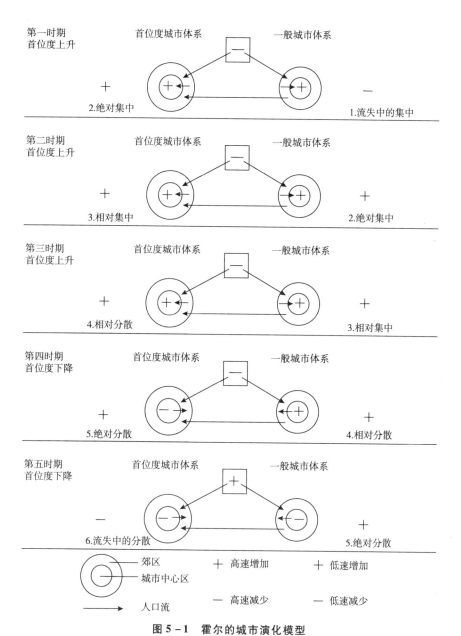

图 5 - 1　霍尔的城市演化模型

资料来源：许学强、周一星、宁越敏：《城市地理学》（第二版），高等教育出版社，2009。

市发展进入郊区化阶段，城市中心区人口增速开始变缓，占城市总人口的比重开始出现下降的态势。可以说，郊区化是大都市区开始演化形成的重要标志，伴随着郊区化的快速发展，中心市与邻接县之间在人员、物质、资金、信息等要素方面的双向多重流动大大加快了。

第二节　大都市区化对旅游房地产开发的影响
——以北京大都市区为例

一　北京大都市区概述

北京拥有 3000 多年的建城史和 850 多年的建都史，有着悠久的城市化发展史。北京城起源于西周的蓟国，初建于隋唐，兴盛于辽金元，大兴于明清，民国变得衰微。新中国成立后，北京的城市化开始迅速发展，特别是改革开放以来，北京城市化进入高速发展阶段。[①] 北京在地域上可分为城区、近郊区和远郊区县三个圈层，东城、西城、宣武、崇文四区面积 87km², [②] 是城市的中心区，相当于西方的中心市。朝阳、丰台、海淀、石景山四个近郊区相当于西方的城市外缘。城区和近郊区 83 个相互连接的街道办事处代表了北京城市实体地域的主体。远郊有 8 个区县，围绕近郊区的门头沟、房山、大兴、通州、顺义、昌平 6 个区非农化水平较高，与中心市有紧密的社会经济联系，可以看作目前北京都市区的范围。[③] 以上是周一星（1996）有关北京大都市区范围的界定，基本上将远郊区县排除在外。

---

① 北京科学学研究中心：《北京城市化进程评价研究》，http：//www.bjkw.gov.cn/n1143/n1240/n1465/n2216/n3710709/3711264.html。

② 2010 年 7 月，国务院正式批复了北京市政府关于调整首都功能核心区行政区划的请示，同意撤销北京市东城区、崇文区，设立新的北京市东城区，以原东城区、崇文区的行政区域为东城区的行政区域；撤销北京市西城区、宣武区，设立新的北京市西城区，以原西城区、宣武区的行政区域为西城区的行政区域。在本书中，如无特殊说明，一般还会沿用原行政区名称，或者使用新东城代表原东城区与崇文，使用新西城代表原西城区与宣武区。

③ 周一星：《北京的郊区化及引发的思考》，《地理科学》1996 年第 3 期。

从 80 年代初开始，北京开始出现郊区化现象，进入 90 年代，北京的郊区化快速发展，北京大都市区不断发展演变。针对北京大都市区的已有相关研究较多关注北京郊区化的发展，实际上，特别是从 90 年代末以来，推动北京大都市区发展的因素迅速复杂化，北京大都市区开始加速演化。

谢守红（2005）研究①认为，城市社会经济迅速发展、城市用地不断扩张、郊区化、乡村城市化、行政区划调整以及企业的空间行为是促进中国城市大都市区化的动力机制，而城乡社会经济的快速发展是大都市区形成的根本动力。自 20 世纪 90 年代末开始，根据北京的具体情况，从制度层面来看，受土地使用制度改革的不断深化、住房制度改革快速市场化的影响；从城市发展建设层面来看，受新一轮城市规划的编制实施、城市轨道交通建设快速推进、居住郊区化的快速演进、城乡一体化快速发展的影响；从社会层面来看，受居民收入水平差距快速拉大、私家车快速普及等因素的影响，北京的区域空间结构快速演变，郊区化快速发展，中心市与周边县的一体化发展程度以及相互之间的联系大大加强（北京大都市区化动力机制如图 5-2 所示）。进入 21 世纪以来，北京大都市区的范围不论是广度上还是深度上都有了新的拓展。促进北京大都市区化的动力机制，也是影响旅游房地产开发的重要因素，研究北京大都市区化对旅游房地产开发的影响，实际上就是研究大都市区化的系列动力机制对旅游房地产开发构成的影响。

二　制度层面的分析

（一）土地使用制度与旅游房地产开发

任何旅游房地产开发都必须以一定的土地存在为前提，土地是旅游房地产最基本的生产要素。因此，土地使用制度对旅游房地产开发的影响是前提性的、基础性的、根本性的。当前，中国土地使用制度非常复

---

① 谢守红：《中国大都市区的形成及动力机制》，《衡阳师范学院学报》2005 年第 1 期。

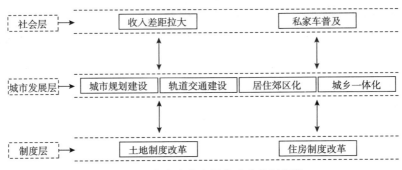

图 5 - 2　北京大都市区化动力机制阐释

杂,大致包括城市土地使用制度和农村集体土地使用制度两大部分。改革开放以来,伴随着市场经济体制的建立和完善,城市土地使用制度经历了从无偿、无期、无流动到有偿、有期、可流动的变化,[①] 初步建立了土地市场的基本制度和政府调控管理体系,招标、拍卖、挂牌（即"招拍挂"）以及协议出让成为城市土地出让的主导方式,而与此同时,农村集体土地使用制度变化不大,农村土地市场化程度很低,当前城乡土地使用制度的二元结构特征非常明显。由于旅游活动波及所有的土地用途类型,旅游房地产开发涉及的土地类型又非常多样化,因此,中国土地使用制度对旅游房地产开发将构成非常复杂的影响。

1. 旅游用地[②]是旅游房地产开发建设的基本依托

《中华人民共和国土地管理法》根据土地用途,将土地分为农用地、建设用地和未利用地三大类型,其中建设用地是指建造建筑物、构筑物的土地,包括城乡住宅和公共设施用地、工矿用地、交通水利设施用地、旅游用地、军事设施用地等。由此可见,旅游用地属于建设用地的范畴,而建设用地又分为国有建设用地和农村集体建设用地。2002 年 5 月,国土资源部发布《招标拍卖挂牌出让国有土地使用权规定》要求,商业、

---

① 刘维新:《中国土地使用制度改革的回顾与展望》,《北京房地产》2009 年第 1 期;周一星、曹广忠:《改革开放 20 年来中国城市化进程》,《城市规划》1999 年第 12 期。

② 这里的旅游用地专指《土地管理法》建设用地中提到的旅游用地。

旅游、娱乐和商品住宅等各类经营性用地，必须以招标、拍卖或者挂牌方式出让。因此，在建设用地上进行旅游房地产开发，必须通过"招拍挂"获取土地，曾经通过协议出让获取土地的方式已经被全面叫停。

《土地管理法》第六十三条规定，"农民集体所有的土地的使用权不得出让、转让或者出租用于非农业建设。但是，符合土地利用总体规划并依法取得建设用地的企业，因破产、兼并等情形致使土地使用权依法发生转移的除外。"根据现有的法律规定，旅游房地产开发的用地类型限定于国有建设土地以及城市和乡镇土地利用总体规划在农村集体土地上划定的旅游用地，被划定为旅游用地之外的农村集体所有土地不能用于以主题公园、滑雪场、高尔夫球场、旅游度假村、度假酒店等产品消费层旅游房地产开发。实际上，在城市郊区农村集体土地上已经开发的很多旅游房地产项目是涉嫌违法的。因此，在现有的土地制度下，旅游用地是旅游房地产开发建设的基本依托。

以北京为例，根据《北京城市总体规划（2004～2020年）》提出的将北京建设成为国际著名旅游地、古都文化旅游，国际旅游门户与服务基地的职能定位，北京市总体规划以及相关新城规划明确规划了旅游用地或者旅游度假设施用地等用地类型，以增加旅游用地供给。规划的旅游用地主要分布在各级风景名胜区、旅游度假区及其周边地区，还包括村庄民俗旅游点等，用地类型主要包括度假村、国家或北京市机关企事业单位的培训中心、民俗旅游村庄等。2006年北京规划各类旅游用地汇总为2588.78公顷，截至2020年，北京各新城规划的旅游用地不完全合计有3954.66公顷（北京市各新城旅游用地规划情况如表5－2所示）。①北京城市规划中划定的旅游用地是与《土地管理法》中旅游建设用地相对接的用地类型，构成了北京大都市区未来旅游房地产开发建设的用地

---

① 徐勤政、刘鲁、彭珂：《城乡规划视角的旅游用地分类体系研究》，《旅游学刊》2010年第7期。

基础，除此之外在农村集体土地上进行的经营性旅游房地产开发建设很难获得法律保护，除非农村集体土地使用制度或有关农村土地流转的问题出现新的改革试点或突破。

表 5 - 2　北京市各新城规划旅游用地规划面积

区　域	图例名称	规划面积（公顷）
密云（新城）	度假休闲设施用地	94.33
怀柔	旅游用地	600
昌平	旅游度假用地	1236
顺义	旅游用地	400
延庆	旅游用地	357.59
平谷	旅游设施用地	270
大兴	旅游用地	750
通州（新城）	旅游度假用地	22.43
丰台河西	旅游用地	15.17
海淀山后	旅游用地	209.14
合计（不完全）	—	3954.66

资料来源：根据《北京市新城规划》（11 个新城，规划期末均为 2020 年）整理。转引自徐勤政、刘鲁、彭珂《城乡规划视角的旅游用地分类体系研究》，《旅游学刊》2010 年第 7 期。

旅游度假区是政府划定的旅游用地的集中区，区内的土地都属于旅游用地，[①] 旅游度假区是旅游房地产的集中开发区域。1992 年，为了促使中国旅游从观光型向休闲度假型升级，国务院陆续批复设置了 12 处国家级旅游度假区。可以说，国家级旅游度假区是以旅游房地产开发为主要内容的国家级开发区。借鉴国家设置国家级旅游度假区的做法，1996 年 4 月，北京市政府批准在怀柔红螺山、昌平小汤山、密云白河、平谷金海湖、丰台花乡和海淀稻香湖建设六个市级旅游度假区，北京以度假村、滑雪场、高尔夫球场、主题公园等为代表的旅游房地产形式的

---

① 胡千慧、陆林：《旅游用地研究进展及启示》，《经济地理》2009 年第 2 期。

开发建设明显加快。有的研究者将旅游度假区的旅游用地按功能划分为旅游服务用地、基础设施用地和生产管理用地三种类型,[①] 刘家明(2000）将旅游度假区的用地类型按性质分为直接为旅游者服务的用地,公用事业、交通服务设施等用地以及间接为旅游度假者服务的用地三大类,[②] 旅游度假区用地类型细分化将为旅游房地产开发提供进一步的规范。

以森林公园、地质公园、自然保护区、湿地保护区等为代表的自然生态型景区,以文物保护单位、世界文化遗产等为代表的遗址遗迹类景区,以风景名胜区为代表的自然生态以及历史人文兼备的景区也可以成为旅游房地产开发建设的重要区域。总体来看,这些景区类型属于准旅游房地产的范畴,与旅游度假区相比,主要以保护、涵养为主要目的,在这些景区进行纯旅游房地产的开发建设一般面临非常严格的限制,这些类型的景区开发建设受一系列法律规章制度的约束。[③] 自然生态型景区规划一般会划定核心区、缓冲区和实验区以及外围保护地带,遗址遗迹类景区一般会划定保护范围和建设控制地带,旅游房地产的开发需要严格按照相关法律规章制度以及相关保护区划的要求进行符合条件的建设。

2. 旅游房地产开发的土地依托关键在于与其他土地类型的功能复合

虽然《土地管理法》第四条提出了旅游用地这种建设用地类型,但是对旅游用地并没有进行明确的界定。2007 年 8 月国家发布的《土地利用现状分类》（GB/T 21010 - 2007） 也没有专门划分旅游用地类

---

① 董恒年、张妙弟、刘运伟:《北京郊区休闲度假旅游用地现状及未来趋势研究》,《旅游学刊》2007 年第 4 期。

② 刘家明:《旅游度假区土地利用规划》,《国外城市规划》2000 年第 3 期。

③ 比如国内层面针对自然保护区的《自然保护区条例》、针对森林公园的《森林法》、针对文物保护单位的《文物保护法》、针对地质公园的《地质遗迹保护管理规定》等,国际层面针对世界文化和自然遗产的《世界遗产公约》等。

型，其中提到的住宿餐饮用地、① 风景名胜设施用地②以及风景名胜及特殊用地③可以称得上是能够与旅游用地比较吻合的用地形式。当前的城乡规划或土地利用规划一般是在旅游度假区、风景名胜区内部或者周边地区规划旅游用地类型，旅游用地的划定范围非常狭窄。由于旅游业综合性产业的性质，旅游功能经常表现出附属性，映射在用于旅游房地产开发建设的用地类型上，就使旅游用地涉及的土地性质非常多样化。从土地利用角度来看，旅游用地既含有城市建设用地的特征，又含有农业用地的特征，是一种复合型的土地利用类型。④ 从广义上来说，凡具有游憩功能、能被旅游业利用的各类土地资源都可归结为旅游用地。⑤ 从旅游业的产业性质的角度来看，可以用于旅游房地产开发的用地类型就不能局限于城乡规划或土地利用规划划定的旅游用地的范围，旅游房地产开发可以具有更加广泛的视角，旅游房地产开发的土地依托关键在于与其他土地类型的功能复合。在北京大都市区的范围内，旧城历史文化街区、城乡接合部、农用地、农村宅基地以及未利用地等地区或土地类型可以成为重点的功能复合区域。

（1）旧城历史文化街区与旅游功能的复合

旧城历史文化街区可以改造成为城市休憩型旅游房地产形式。历史文化街区和历史文化保护区基本是同一概念，历史文化保护区是历史文

---

① 在《土地利用现状分类》中是指主要用于提供住宿、餐饮服务的用地，包括宾馆、酒店、饭店、旅馆、招待所、度假村、餐厅、酒吧等。

② 在《土地利用现状分类》中是指风景名胜（包括名胜古迹、旅游景点、革命遗址等）景点及管理机构的建筑用地。景区内的其他用地按现状归入相应地类。

③ 在《土地利用现状分类》中是指城镇村用地以外用于军事设施、涉外、宗教、监教、殡葬等的土地，以及风景名胜（包括名胜古迹、旅游景点、革命遗址等）景点及管理机构的建筑用地。

④ 徐勤政、刘鲁、彭珂：《城乡规划视角的旅游用地分类体系研究》，《旅游学刊》2010年第7期。

⑤ 胡千慧、陆林：《旅游用地研究进展及启示》，《经济地理》2009年第2期。

化街区或者历史地段经政府认定后的法定名称。[1] 历史文化保护区是历史文化名城的重要组成部分，是历史文化名城的精华。[2] 历史文化街区的用地属于城市建设用地，由于历史文化底蕴厚重，开发建设受到严格的限制。比如北京历史文化街区的开发要受到《北京历史文化名城保护规划》、《北京旧城25片历史文化保护区规划》、《北京旧城历史文化保护区房屋保护和修缮工作若干规定》以及《北京历史文化名城保护条例》的严格限制。而保护与发展并不矛盾，两者要相辅相成，相得益彰，相互促进，协调发展，[3] 保护不是目的，发展才是目的。[4] 《马丘比丘宪章》认为城市中一切有价值的说明社会和民族特性的文物必须保护起来，但保护、恢复和重新使用现有历史遗址和古建筑必须同城市建设结合起来，以保证这些文物具有经济意义并继续具有生命力。历史文化街区拥有丰厚的旅游价值，在城市旧城和历史文化街区的改造过程中，以发展城市休憩型旅游房地产为目标指向，可以成为协调保护与发展的关系以及获取经济利益并焕发新的生命力的重要途径。

（2）城乡接合部与旅游功能的复合

城乡接合部是指兼具城市和乡村的土地利用性质的城市与乡村地区的过渡地带。改革开放以来，北京城市建设飞速发展，城市建设用地急剧膨胀，北京城市空间以"摊大饼"的方式不断向外扩展，城市和乡村之间的接合部位，成为土地利用、土地覆盖变化最快、最显著的地域之一。[5]《土地管理法》第四十三条规定："任何单位和个人进行建设，需

---

[1] 王奉慧：《北京历史文化保护区研究》，《北京联合大学学报》（人文社会科学版）2008年第1期。

[2] 汪光焘：《历史文化名城的保护与发展》，《建筑学报》2005年第2期。

[3] 罗哲文：《北京市的城市性质应改为政治、经济、文化中心并论历史名城保护、建设与社会经济的发展》，《北京联合大学学报》（人文社会科学版）2004年第1期。

[4] 汪光焘：《历史文化名城的保护与发展》，《建筑学报》2005年第2期。

[5] 方修琦、章文波、张兰生等：《近百年来北京城市空间扩展与城乡过渡带演变》，《城市规划》2002年第4期。

要使用土地的，必须依法申请使用国有土地。"北京城市的迅速扩张从土地开发利用的角度来说，就是不断征用城郊农村集体土地为国有土地进行开发建设的过程。《宪法》第十条规定："国家为了公共利益的需要，可以依照法律规定对土地实行征用。"《土地管理法》第二条规定："国家为了公共利益的需要，可以依法对土地实行征收或者征用并给予补偿。"根据法律规定，是否符合公共利益是土地征用权行使的依据。① 在城乡接合部征地开发建设以别墅、高尔夫球场、滑雪场、主题公园等营利性、奢侈型旅游房地产形式自然广受诟病，涉嫌违法。根据北京城市规划关于生态城市建设的定位，近些年来，在城乡接合部，北京加快了绿色隔离带的建设，因此，与绿化隔离带建设相复合，可以大力建设郊野森林公园、湿地公园、文化体育公园、农业采摘休闲园等自然生态型旅游房地产形式②，进而实现生态环境效益和经济效益的双赢。

（3）农用地与旅游功能的复合

农用地是指直接用于农业生产的土地，主要包括耕地、林地、草地、农田水利用地、养殖水面等用地类型。由于《土地管理法》严格限制了农用地的用途，禁止农用地用于非农业建设，因此在农用地上直接开发度假村、度假酒店、高尔夫球场、滑雪场、主题公园等产品消费层旅游房地产项目是不允许的。近些年来，以乡村风情为核心的大都市郊区乡村旅游形式发展迅速，农用地可以承载并附属旅游功能，从而大大提高了农用地的综合收益。截至 2007 年底，北京在郊区农用地上建设的各类观光休闲农业园有 285 个，可以划分为农业观光型、农园采摘型、渔场垂钓型、畜牧观

---

① 汪晖：《城乡接合部的土地征用：征用权与征地补偿》，《中国农村经济》2002 年第 2 期；在现实中，由于法律对公共利益界定不清，现行法律有关土地征用方面的规定甚至存在相互矛盾，地方政府和房地产开发商对经济诱惑相互勾结，违法征地，强制拆迁，补偿安置不公正使得城乡接合部成为引发社会矛盾的高发地带。

② 此处的自然生态型旅游房地产隶属旅游房地产的自在自然层次，是人工建设的自然生态型景区。

赏狩猎型、森林旅游型、生态科技观光型以及综合观光型七大类型。① 2008年10月,十七届三中全会通过的《关于推进农村改革发展若干重大问题的决定》提出"允许农民以转包、出租、互换、转让、股份合作等形式流转土地承包经营权,发展多种形式的适度规模经营",同时规定"土地承包经营权流转,不得改变土地集体所有性质,不得改变土地用途"。在土地承包经营权可以流转的制度框架下,可以大力发展各类农业观光休闲园区之类融合旅游活动的农用地适度规模经营形式,积极辅助餐饮、住宿、娱乐功能,实现农用地与旅游功能的相互复合,拓展旅游房地产的生存空间。

(4) 农村宅基地与旅游功能的复合

农村宅基地是农村最为重要的建设用地,但农村宅基地以及房屋的流转受到严格的限制。一宅两制,房地分离;无偿取得,长期使用;政府管制,不准流通;强调福利,漠视物权是当前农村宅基地制度的主要特征。宅基地"归生产队所有,不准出租和买卖",但"社员的房屋,永远归社员所有,社员有买卖或者租赁房屋的权利"。② 为了遏制农村小产权房的建设,国家多次重申严禁城镇居民购买农村宅基地建房以及严禁城镇居民购买农民住宅。2007年12月国务院办公厅《关于严格执行有关农村集体建设用地法律和政策的通知》再次申明:"农村住宅用地只能分配给本村村民,城镇居民不得到农村购买宅基地、农民住宅或'小产权房'。"近些年来,京郊民俗旅游迅速发展,北京市旅游局统计数据显示,截至2008年,全市民俗旅游村达到344个,其中市级民俗旅游村167个;民俗旅游户发展到2万余户,其中市级民俗旅游户9089户。③ 然而根据

① 郭焕成、孙艺惠、任国柱等:《北京休闲农业与乡村旅游发展研究》,《地球信息科学》2008年第4期。

② 赵树枫:《农村宅基地制度改革北京郊区应该先行》,载北京市社会科学院编《北京城乡发展报告(2008~2009)》,社会科学文献出版社,2009。

③ 北京市旅游局网站,http://www.bjta.gov.cn/。

现有法律，村民不论是利用自有房屋开展民俗接待活动，还是因发展民俗旅游涉及的宅基地买卖、租赁等流转形式并不在现行法律的允许范围之内。[①] 要实现农村宅基地与旅游功能的充分复合，保障农村宅基地及房屋向农家乐、家庭旅店、旅游商店、第二住宅等旅游房地产形式的转化，需要积极推进农村宅基地相关制度的变革。[②]

（5）未利用地与旅游功能的复合

未利用地是指农用地和建设用地以外的土地，包括未利用土地、其他未利用地两个二级地类。当前，北京未利用地面积占全市总面积的6.4%，[③] 未利用土地包括荒草地、盐碱地、沼泽地、沙地、裸土地、裸岩石砾地等类型；而其他未利用地包括其他水域地、[④] 河流水面、湖泊水面、苇地、滩涂类型。未利用地一般为距离人类活动中心较远或者是条件恶劣难以为农业生产或建设活动利用的土地。距离人类活动中心较

[①] 章波、唐健、黄贤金等：《经济发达地区农村宅基地流转问题研究——以北京市郊区为例》，《中国土地科学》2006年第1期。

[②] 章波、唐健、黄贤金等人（2006）的研究认为，北京农村宅基地流转方式主要有售卖、出租和征收等，并形成了以自发流转为特征的农村宅基地隐形市场。然而现有法律严格限制农村集体土地的使用和流转，实质上是对农村集体土地的歧视待遇。只有通过土地管理制度改革，依法准许宅基地入市，制定宅基地流转制度，建立合理健康的农村宅基地流转市场，彻底打破城乡二元分割的土地利用机制，才能有效保护农民利益（参见章波、唐健、黄贤金等《经济发达地区农村宅基地流转问题研究——以北京市郊区为例》，《中国土地科学》2006年第1期）。赵树枫（2009）认为，北京宅基地政策法规和管理与实际严重脱离，因而带来矛盾重重、官司激增。北京有必要率先改革，寻找新的出路（参见赵树枫《农村宅基地制度改革北京郊区应该先行》，载北京市社会科学院编《北京城乡发展报告（2008~2009）》，社会科学文献出版社，2009）。高圣平、刘守英（2007）认为，《土地管理法》禁止集体建设用地出租、转让的条款已完全滞后于农村土地市场的现实，这一滞后不仅减低了法律的权威性，也不利于保护集体建设用地所有者和使用者的权利，妨碍了正常的交易活动，删除这一禁止性条款已成必须（参见高圣平、刘守英《集体建设用地进入市场：现实与法律困境》，《管理世界》2007年第3期）。

[③] 北京市国土局北京土地地籍调查数据。

[④] 其他水域地指未列入农用地、建设用地的其他水域地。

远，恰好可以满足人们离开常住地求新、求异的旅游需求；难以为农业生产或建设活动利用，却可以为旅游开发所利用。《土地管理法》第三十八条规定："国家鼓励单位和个人按照土地利用总体规划，在保护和改善生态环境、防止水土流失和土地荒漠化的前提下，开发未利用的土地；适宜开发为农用地的，应当优先开发成农用地。"因此，对于那些难以开发为农用地的未利用地，可以开发建设郊野湿地公园、沙地公园、郊野运动拓展基地、森林公园、水上乐园、郊野度假村等旅游房地产形式，从而实现未利用地开发与生态环境保护的结合；对于那些适宜开发为农用地的未利用地，相关的农业利用也可以大力与旅游功能相互复合，发展现代农业观光休闲园、采摘垂钓园、特色种植养殖园等充分融合休闲度假功能的用地形式。当前，国家鼓励对未利用地的开发利用，大量未利用地拥有很高的旅游价值，同时发展旅游业也符合北京生态城市建设的目标，因此可以直接规划为旅游用地，从而大力发展度假村、度假酒店、主题公园等建设密度相对较高的旅游房地产形式。

（二）城市住房制度与旅游房地产开发

1. 城市住房制度改革催生旅游房地产的开发主体

改革开放以来的城市住房制度改革以结束福利分房、实现住房分配货币化为主要特征。伴随着城市住房制度改革，中国逐渐建立起有偿、有期、可流动的城市土地使用市场。1998 年 7 月，国务院发布《关于进一步深化城镇住房制度改革加快住房建设的通知》，宣布全面停止住房实物分配，实行住房分配货币化。截至 1998 年底，全国已经全面停止实物分房，中国城镇住房制度发生了根本性的转变。2002 年 5 月 9 日，国土资源部叫停沿用多年的土地协议出让方式，开始实行土地"招拍挂"制度，业内称之为"新一轮土地革命"。城市住房制度以及相伴随的土地使用制度改革成为中国房地产业快速发展的根本推动力。《城市房地产管理法》规定，房地产开发是指在依据本法取得国有土地使用权的土地上进行基础设施、房屋建设的行为。《城市房地产开发经营管理条例》规定，房地产开发经营是指房地产开发企业在城市规划区国有土地上进行基础设施建设、房屋建设，并转让房地产开发项目或者销售、出租商品房的行为。根据法律规定，只有房地产开发企业才有资格购买政府出让的土地并开发房地产项目。中国城市住房制度改革孵化出大量以房地产开发企业为代表的市场化开发主体，垄断了城市住房、商业地产的开发与经营。以北京为例，截至 2009 年底，北京各类房地产开发企业有 3172 家。① 当房地产开发企业积累了雄厚的资金实力，并且面临住宅市场不断受到国家宏观调控打压的时候，房地产开发企业纷纷将目光投向旅游业，成为旅游房地产的开发主体。

2001 年 6 月 1 日开始实施的《商品房销售管理办法》规定，"商品住宅按套销售，不得分割拆零销售"。有些研究者认为，② 时权酒店（分时度假酒店）、产权酒店、养老型公寓等特殊经营型旅游房地产属于分割拆零销售，因此不在当前法律的许可范围之内。北京市建委针对房屋买卖、租赁活动中存在的风险，曾经特别提醒购房人，以提供固定年回报、原价（或增值）回购、承诺无（低）风险投资等方式销售公寓式酒店、分时度假酒店、酒店式公寓、酒店式办公楼、产权式百货商场、产权商铺的行为，不符合《商品房销售管理办法》的规定，购房人应谨慎投资。③但是，关于"分割拆零销售"应该如何解释，却存在分歧。王丽萍、蒋素梅（2005）认为《商品房销售管理办法》明确了商品房销售空间上是一个整体，不能分割，但并没有明确时间上不能分割。④ 孟晓苏（2002）

① 《中国统计年鉴》（2010）。

② 邓仕敏：《关于发展旅游房地产的思考》，《市场经济研究》2003 年第 6 期；李薇：《我国旅游房地产开发的有利因素及制约因素分析》，《时代金融》2007 年第 10 期。

③ 余美英：《分割拆零销售商品房违法》，《北京青年报》2007 年 3 月 16 日。

④ 王丽萍、蒋素梅：《我国分时度假产品权益保障研究》，《北京第二外国语学院学报》2005 年第 1 期。

认为在现有法律法规下可以进行"分时"房屋使用权销售的。对于商品住宅应当"按套销售"、"不得分割拆零销售"的规定，是针对有的企业销售"平方米产权"的不规范行为而订立的，"不得分割销售"是指房屋从面积上不得分割，房屋产权不能分割，不允许"一房多卖"的欺诈行为。分时度假概念传入中国后，曾经出现多起借助分时度假概念进行非法集资、骗取消费者投资的情况，严重损害了分时度假的声誉。[①] 实际上，《商品房销售管理办法》是主要针对住宅房地产销售的管理规定，并没有充分考虑时权酒店、产权酒店、养老型公寓等特殊产权分割销售方式，分时度假等特殊经营型旅游房地产的健康发展呼唤法律法规的规范。

2. 新一轮房地产调控与旅游房地产开发

为了遏制金融危机以来特别是 2009 年房价疯狂上涨的态势，从 2009 年底开始，政府启动新一轮的房地产市场调控。12 月 14 日，国务院常务会议提出，要抑制投资投机性购房，遏制部分城市房价过快上涨的势头。2010 年，国家连续发布《关于坚决遏制部分城市房价过快上涨的通知》（"国十条"）、《关于调整房地产交易环节契税个人所得税优惠政策的通知》（"国五条"），提出实行更为严格的差别化住房信贷政策、严格限制各种名目的炒房和投机性购房、增加居住用地有效供应、加强市场监管、暂停发放第三套房贷等措施遏制房价的非理性上涨。面对有史以来最为严厉的房地产调控政策，2010 年北京市房屋销售价格比上一年上涨11.5%，增速有所回落；全年累计完成房地产开发投资 2901.1 亿元，比上一年增长 24.1%；全年商品房新开工面积 2974.2 万平方米，比上一年增长 32.4%；而全年商品房销售面积 1639.5 万平方米，比上一年下降

---

① 曾经出现的有些经营者，比如"康巴斯"、"格林巴拉迪斯"和"派克林"等销售公司，借用分时度假的概念，销售分时置业卡，并声称可以与 RCI 全球交换系统进行度假交换，给予诱人的承诺，在骗取消费者信任，获利数百万美元后销声匿迹（参见邓仕敏《关于发展旅游房地产的思考》，《市场经济研究》2003 年第 6 期）。

30.6%。① 2010 年的北京房价依旧上涨，只是商品房销售面积出现较为明显的下滑，曾经"量价齐升"的态势得到遏制，然而房地产投资、商品房开工数量依旧增长强劲。

新一轮房地产市场调控对商品房开发构成"挤出效应"，促使房地产开发企业纷纷转投旅游房地产，对旅游房地产开发形成明显的促进作用。2010 年 8 月、11 月，龙湖斥资 54 亿元，相继在烟台和云南共拿下 8000 多亩土地，方向齐指旅游房地产。同年 12 月，中化集团旗下方兴地产计划投资 26 亿元，在云南丽江启动金茂君悦酒店——金茂世家旅游综合体项目。自 2010 年下半年以来，众多房企纷纷进军旅游房地产，保利、万科、恒大、富力等众多地产大鳄争先恐后地拿下新的旅游项目。调查数据显示，截至 2010 年底，国内已有超过 50 家房地产企业涉足旅游房地产，涉及项目金额超过 3000 亿元人民币。2011 年开始，房地产企业进军旅游房地产的脚步丝毫没有放缓的迹象。

进入后金融危机时代，中国正面临非常严峻的国内外经济形势。从国际来看，美国不断推出量化宽松货币政策以及施压人民币升值，热钱涌入压力持续上涨。从国内来看，金融危机期间启动的 4 万亿元投资计划以及信贷的过度扩张，正转化为通货膨胀上涨的压力。热钱涌入以及流动性的扩散，使得通货膨胀压力空前严峻。房地产市场由于投机盛行导致的非理性繁荣已经对中国经济造成严重损害，任由房地产泡沫越吹越大，破裂后将会把中国经济拖入衰退的通道。转变经济发展方式，扩大内需，缩小贫富收入差距的努力也将化为泡影。结合曾经几轮针对房地产市场的宏观调控导致"报复性反弹"的教训可以判断，从 2009 年底以来启动的新一轮房地产调控考验着中央政府对宏观经济的把控能力，宏观调控已经从曾经基于产业调控、经济调控的考虑转化为更多地基于社会问题、民生问题、可持续发展问题的考虑，已经上升到政治的高度。

---

① 北京市统计局：《2010 年北京市经济运行情况》。

在市场观望情绪浓厚、房价没有得到有效遏制的情况下，政府再出重拳就在情理之中。2011 年 1 月 26 日，国务院办公厅发布了《关于进一步做好房地产市场调控工作有关问题的通知》（"国八条"），引入地方政府问责、普遍实施限购令等举措，调控力度继续加码，剑指投机性购房。同年 2 月 16 日，北京发布《关于贯彻落实国务院办公厅文件精神进一步加强本市房地产市场调控工作的通知》（"京十五条"），提出了非常苛刻的限购政策。① 面对愈发严厉的房地产调控形势，房地产开发企业将会对旅游房地产项目更加青睐，并进一步加大旅游房地产的开发力度，这将与地方政府发展旅游的渴望一拍即合，从而掀起一波旅游度假区的开发热潮，甚至有望催生专注于旅游房地产开发的企业。同时伴随限购令的普遍实施，曾经在住宅市场兴风作浪的投机资金开始转投以时权酒店、产权酒店、养老型公寓等具有投资属性的旅游房地产形式，特殊经营型旅游房地产有望迎来一波新的发展机遇，但是在以北京为代表的严厉限购的城市以第二居所为代表的旅游房地产将会受到抑制。然而物极必反，房地产开发企业强烈的投资冲动以及楼市投机资金的庞大，很可能导致部分旅游热点城市房地产价格的快速上涨，催生新的地产泡沫形式，外加旅游房地产开发伴生的生态环境问题，从而使得旅游房地产开发也将面临调控和限制。

三　城市发展建设层面的分析

（一）城市规划建设与旅游房地产开发

1933 年 8 月，国际现代建筑学会（CIAM）公布的《雅典宪章》（*Athens Charter*）提出城市规划要满足居住、工作、游憩、交通四大需求，城市规划应当处理好四者之间的功能关系。被称为现代城市规划大纲的

---

① "京十五条"规定，"对已拥有 2 套及以上住房的本市户籍居民家庭、拥有 1 套及以上住房的非本市户籍居民家庭、无法提供本市有效暂住证和连续 5 年（含）以上在本市缴纳社会保险或个人所得税缴纳证明的非本市户籍居民家庭，暂停在本市向其售房。"

《雅典宪章》将游憩功能视为城市的四大功能之一，并提出"在城市附近的河流、海滩、森林、湖泊等自然风景优美之区，我们应尽量利用它们作为广大群众假日游息①之用"。由于历史原因，中国的城市规划建设长期以来对游憩功能重视不足。中国的城市规划大致经历了以计划经济为主导的开创时期和以社会主义市场经济为主导的发展时期两大阶段。② 在旅游业尚未开始发展的计划经济年代，旅游功能在城市规划定位中基本未被考虑，特别是那些可以为旅游开发所利用，可以转化为旅游房地产的文物古迹、历史建筑在一系列政治运动中破坏非常严重。在旅游业开始快速发展的改革开放时期，旅游功能在城市规划中逐渐受到重视，然而在城市规划建设快速推进的过程中出现的城市特色消失、"千城一面"的问题备受批评。

新中国成立以来，北京的城市规划历经20世纪50年代初的初步探索阶段，50年代中期到80年代的反复、日趋完善阶段，③ 80年代恢复建设的探索阶段以及90年代以来快速发展转型阶段共四大阶段。④ 作为中国最重要的历史文化名城，被国外规划学者誉为"世界奇观之一"，被梁思成誉为"世界现存中古时代都市之最伟大者"的北京，⑤ 不论是在计划经济年代，还是在改革开放年代，在旧城改造过程中历史文化建筑遭受严重破坏的教训都非常惨痛，严重侵蚀了旅游房地产开发赖以存在的物质基础。进入21世纪，北京市政府又组织编制了新一轮城市规划——《北

---

① 清华大学营建学系1951年10月译，原名《都市计划大纲》，载《城市发展研究》2007年第5期。清华大学营建学系最初将"recreation"翻译为"游息"，现在更多的是翻译为"游憩"。

② 周干峙：《迎接城市规划的第三个春天》，《城市规划》2002年第1期。

③ 董光器：《五十七年光辉历程——建国以来北京城市规划的发展》，《北京规划建设》2006年第5期。

④ 章光日：《改革开放30年大北京地区规划建设主要特征分析》，《北京规划建设》2009年第1期。

⑤ 王军：《城记》，生活·读书·新知三联书店，2003。

京城市总体规划（2004～2020）》，开始大力扭转以旧城为中心并向外发展的城市布局模式，提出构建"两轴—两带—多中心"①的新城市空间格局，以实现"有机疏散旧城、市域战略转移、村镇重新整合、区域协调发展"。2007年11月，北京又发布了《十一个新城规划（2005～2020）》，通过在近郊、远郊建设系列新城，以承接中心区产业、人口转移以及吸纳本地人口城市化，以构建以城市中心与副中心相结合、市区与多个新城相联系的新的城市形态。②由此，旧城改造和新城建设共同成为新一轮北京城市规划建设的重点，新的城市空间发展战略极大地促进了北京大都市区的一体化发展进程，进而对旅游房地产开发产生诸多影响。

1. 旧城改造与旅游房地产开发

大都市区的旧城往往是历史文化积淀最为深厚、历史建筑最为密集以及历史风貌最为浓厚的地区。城市旧城的文物古迹、历史建筑以及历史文化街区是可以为旅游房地产开发所利用或者直接转化为旅游房地产的经营载体。北京旧城主要指的是有城墙围绕的城区，习惯上分为内城和外城，总面积合计约62平方公里。③新中国成立之初，当"梁陈方案"④被抛弃，"旧城之上建新城"，新中国的行政中心于旧城之上进行

---

① "两轴"是指沿长安街的东西轴和传统的南北轴，"两带"指包括怀柔、密云、顺义、通州、亦庄、平谷的"东部发展带"和包括延庆、昌平、门头沟、房山、大兴的"西部发展带"，而"多中心"是指在北京市域范围内建设多个服务全国、面向世界的城市职能中心。

② 白晨曦：《定位新北京——北京城市规划的修编与创新》，《城市开发》2004年第3期。

③ 侯仁之：《论北京旧城的改造》，《城市规划》1983年第1期。

④ 1950年2月，梁思成和陈占祥共同提出《关于中央人民政府行政中心区位置的建设》，史称"梁陈方案"。该方案的核心是：为疏散旧城压力，行政中心西移，在西面建立新城。具体建议是：展拓城外西面郊区公主坟以东、月坛以西的适中地点，有计划地为政府行政工作开辟行政机关所必需足用的地址，定为首都的行政中心区域。后来，陈占祥解释说，新市区主要在复兴门外，长安街西端延伸到公主坟，以西郊三里河作为新的行政中心，把钓鱼台、八一湖等组织成新的绿地和公园，同时把南面的莲花池组织到新行政中心的规划中来。该方案是一种有利于"保持有历史价值的北京文物秩序"，能够实现对北京旧城进行完整保护的方案（参见王军《城记》，生活·读书·新知三联书店，2003）。

建设的城市规划建设思路确定之后，北京旧城就很难实现有效保护。北京城的保护与发展是一对长期存在的矛盾，对仅占全北京 0.37% 面积的旧城来说，应以保护为主。① 然而在改革开放之前的城市规划建设过程中，北京旧城的历史文化建筑并未受到应有的重视（新中国成立以来北京城市规划以及有关旧城改造的思路演变如表 5-3 所示），同时受一系列政治运动的冲击，使得旧城文物古迹、历史建筑惨遭破坏。在 1958 年 "大跃进" 时期，外城城墙基本被拆除；在中苏关系恶化大挖防空工事运动以及修建地铁的过程中，残留的内城城墙以及一系列城门楼遭受彻底毁灭；在 "破四旧"、"文化大革命" 期间，旧城文化遗产、文物保护单位遭到肆意破坏。在计划经济时代，旅游业虽然尚未起步，但是以梁思成为代表的为旧城保护殚精竭虑、奔走呼号的专家学者，在很大程度上是强调旧城的游憩以及旅游价值。新中国成立之初，梁思成就提议将北京的城墙建设成为全世界独一无二的 "立体环城公园"。② 1979 年，面对德胜门城楼因为修建地铁面临拆毁的命运，郑孝燮专门致信陈云副主席，认为风景文物是重要的旅游资源，不宜轻易拆毁。

表 5-3　新中国成立以来北京城市规划及旧城改造思路一览表

时间	北京城市规划方案	有关旧城保护及改造
1953 年底	北京总体规划草案	将 "消费城市变成生产城市"，北京不仅是政治中心，还应是文化、科学、艺术的中心，也应是一个大工业城市。确定把行政中心放在旧城内，利用现有设施进行建设。对于古代遗留下来的建筑物，采取一概否定的态度显然是不对的；一概保留、束缚发展的观点也是极其错误的

---

① 吴良镛：《北京旧城要审慎保护——关于北京市旧城区控制性详细规划的几点意见》，《北京规划建设》1998 年第 2 期。

② 1951 年 2 月，梁思成在《人民日报》发表的《伟大祖国建筑传统与遗产》一文中写道："城墙上面积宽敞，可以布置花池，栽种花草，安设公园椅，每隔若干距离的地台上可建凉亭，供人游息。由城墙或城楼上俯视护城河与郊外平原，远望西山远景或禁城宫殿。它将是世界上最特殊的公园之一——一个全长达 39.75 公里的立体环城公园！"（参见王军《城记》，生活·读书·新知三联书店，2003。）

续表

时间	北京城市规划方案	有关旧城保护及改造
1958 年	经过重大修改的北京城市总体规划初步方案	一方面要保留和发展合乎人民需要的风格和优点；另一方面必须打破旧城市对我们的限制和束缚，以共产主义的思想与风格进行规划建设，要迅速改变城市面貌。该思路基本上否定了对旧城传统风貌的保护，忽视对传统建筑物的维修与保养，致使许多古建筑和居民平房成为破旧危房
1983 年	北京城市建设总体规划方案	旧北京在城市规划和建设上都有独特的风格和特点，要注意保留、继承和发扬这些独特的风格和特点，还要不断创新。要抓紧制定历史文化名城的保护规划和重点文物保护规划；对重点文物保护单位，不但要保护其本身，还要适当保护其周围环境风貌
1992 年	北京城市总体规划（1991~2010）	城市现代化建设、社会经济发展，特别是旧城的调整改造，要与历史文化名城保护相结合；北京的发展和建设，既要符合现代化生活和工作的需求，又要保持其历史文化特色。提出了历史文化保护区的概念和保护原则
2005 年	北京城市总体规划（2004~2020）	重点保护北京市域范围内各个历史时期珍贵的文物古迹、优秀近现代建筑、历史文化保护区、旧城整体和传统风貌特色、风景名胜及其环境，继承和发扬北京优秀的历史文化传统。坚持整体保护、以人为本、积极保护的原则，合理调整旧城功能，防止片面追求经济发展目标，强化文化职能，积极发展文化事业和文化、旅游产业，增强发展活力，促进文化复兴，推动旧城的可持续发展

资料来源：根据《北京城市总体规划（2004~2020）》以及《建国以来北京的旧城改造与历史文化名城保护》一文（平永泉：《建国以来北京的旧城改造与历史文化名城保护》，《北京规划建设》1999 年第 5 期）汇总整理。

由表 5-3 可以看出，改革开放之后，北京城市规划开始高度重视对文物古迹、历史文化街区的保护，并且开始强调保护的整体性。然而在实际的城市建设过程中，由于对旧城改造与历史文化名城改造相互关系认识不统一，城市规划缺乏实施保障，针对旧城保护的规划可操作性不强，特别是在以房地产开发为主导的巨大的利益诱惑面前，从 20 世纪 90 年代开始的危旧房改造沦为大规模的房地产开发和拆房运动。虽然北京旧城改造受到《北京市区中心地区控制性详细规划》《北京城市总体规划（2004～2020）》的严格限制，然而开发商为了追求高回报率，千方百计地突破规划对建筑高度和建筑容积率的限制，① 大量的四合院、胡同被拆毁，甚至有些文物保护单位也不能幸免，北京的旧城风貌不断被蚕食和侵蚀。当前，北京在旧城改造的过程中，依旧重蹈覆辙，破坏历史风貌的现象依旧没有得到有效遏制。历史文化街区休憩型旅游房地产以文物遗迹、历史建筑、历史文化街区为资源依托，以遗址遗迹保护为前提。因此，在城市旧城发展游憩型旅游房地产可以成为促进历史文物保护、改善居民居住条件、实现旧城有机更新的重要手段。

2. 新城建设与旅游房地产开发

新中国成立之后，关于北京城市规划的"梁陈方案"沿袭了伊利尔·沙里宁（Eliel Saarinen）"有机疏散"② 的规划思想，③ 吸取西方大城市中心区出现的人口过度拥挤、车辆拥堵等教训，除了"为着适宜的保存旧城以内的文物"等目的之外，更"为着解决北京市问题，使它能平衡地发展来适应全面性的需要"。④ 这里提到的"解决北京市问题"包括未来可能出现的类似西方大都市曾经面临的问题。长期以来，北京市区以分散集团式布局，即由一个以旧城为核心的中央大团，与北苑、南苑、石景山、定福庄等10个边缘集团组成市区，各集团之间由绿化带相隔，

---

① 孟延春：《北京旧城改造产生的问题及其对策》，《清华大学学报》（自然科学版）2000年第1期。

② 伊利尔·沙里宁（Eliel Saarinen）提出有关城市规划的"有机疏散理论"集中体现在《城市：它的发展、衰败与未来》（1943年第一次出版）一书中。该理论认为，通过规划建设与母城有机联系的系列新城，从而实现大城市中心功能的有机疏散，才能有效解决中心区人口密集、交通拥堵、环境恶化等一系列问题。详细参见〔美〕伊利尔·沙里宁：《城市：它的发展、衰败与未来》，顾启源译，中国建筑工业出版社，1986。

③ 晓亚、顾启源：《评价〈城市：它的发展、衰败与未来〉》，《城市规划》1986年第3期。

④ 梁思成、陈占祥：《关于中央人民政府行政中心区位置的建议》（"梁陈方案"），1950年2月。

并形成了以旧城为单中心、向外建设环线扩张的城市发展模式。① 虽然北京过度拥挤的现象也不能完全归咎于沿用北京旧城，当初另建新城②也不一定理想。③ 1993 年被国务院批准的《北京市城市总体规划》曾提出大力向新区和卫星城疏散人口的设想，却没有有效贯彻实施。通过在北京郊区建设"郊区新城"，有效吸引从农村向城市迁移的人口，接纳从市中心区外迁的人口和产业④终于成为新一轮北京城市规划空间布局的战略构想。历经曲折，北京确定了"两轴—两带—多中心"的城市空间发展思路，郊区新城建设快速推进。由于大都市区范围的主题体育娱乐型旅游房地产、郊野休闲度假型旅游房地产和特殊经营型旅游房地产一般布局于新城建设范围之内，因此，系列新城建设将对旅游房地产开发产生重要影响。

《北京城市总体规划（2004～2020）》将城市性质定位为"国家首都、国际城市、文化名城、宜居城市"，特别是"文化名城、宜居城市"的定位对旅游功能提出了很高的要求。北京郊区新城范围生态环境良好，集中了大量以世界文化遗产、风景名胜区、森林公园、地质公园等为代表的景区，是中心区环城游憩带建设的重点区域，是京郊旅游的目的地，因此成为北京大都市区旅游房地产开发的重点区域。从系列新城规划的发展定位来看，新城规划普遍定位为宜居新城（比如滨水宜居新城、绿色宜居新城、生态宜居新城等），诸多新城还直接以山水文化名城、国际休闲旅游名区作为未来的发展定位；从产业发展定位来看，新城规划普遍重视发展休闲度假、旅游服务、文化娱乐、会议会展等产业（北京十一个新城规划定位情况如表 5 - 4 所示）。由此可见，系列新城规划普遍

① 王军：《城记》，生活・读书・新知三联书店，2003，第 29 页。
② 这里的"新城"指的是"梁陈方案"中计划在月坛与公主坟之间新建的新政中心带动形成的新城。
③ 侯仁之：《论北京旧城的改造》，《城市规划》1983 年第 1 期。
④ 吴良镛、刘健：《城市边缘与区域规划——以北京地区为例》，《建筑学报》2005 年第 6 期。

表 5-4   北京十一个新城城市性质及发展定位

系列新城	发展定位	发展定位或目标
通州新城	区域服务中心,文化产业基地,滨水宜居新城	引导发展行政办公、商务金融、文化、会展等功能
顺义新城	现代国际空港,区域产业引擎,绿色宜居新城	引导发展现代制造业,以及空港物流、会展、国际交往、体育休闲等功能
亦庄新城	以高新技术产业和先进制造业集聚发展为依托的综合产业新城,辐射并带动京津城镇走廊产业发展的区域产业中心	引导发展电子、汽车、医药、装备等高新技术产业与现代制造业,以及商务、物流等功能,积极推动开发区向综合产业新城转变
大兴新城	北京未来面向区域发展的战略性节点,北京重要的物流中心,现代制造业和文化创意产业的重点培育地区	引导发展生物医药等现代制造业,以及商业物流、文化教育等功能
房山新城	首都西南枢纽,友好产业新区,山水文化名城	引导发展现代制造业、新材料产业(石油化工、新型建材),以及物流、旅游服务、教育等功能
昌平新城	科教创新基地,人文生态景区,和谐宜居新城	引导发展高新技术研发与生产、旅游服务、教育等功能
怀柔新城	宜居怡游的山水名城,面向区域的会议休闲胜地,以高新技术和现代服务为核心的生态友好型产业基地	引导发展会议、旅游、休闲度假、影视文化等功能
平谷新城	京东发展门户,山水宜居新城,清洁制造中心,精细果蔬基地,生态休闲绿谷	引导发展都市型工业和现代制造业,以及物流、休闲度假等功能
密云新城	北京最重要的水源地和生态保护屏障,北京市国际交往、休闲旅游和会议培训的基地之一,北京市高新技术产业、都市型工业、生态农业等产业的研发与人才培养基地	引导发展科技含量高、无污染的都市型工业,以及旅游度假、会议培训等功能
延庆新城	首都生态涵养重地,国际旅游休闲名区,现代生态宜居新城	引导发展都市型工业,以及旅游、休闲度假、物流等功能
门头沟新城	生态宜居山城,西部综合服务区和西部生态屏障,高品质的文化休闲旅游区域	引导发展文化娱乐、商业服务、旅游服务等功能

资料来源:根据《北京城市总体规划(2004~2020)》以及《十一个新城规划(2005~2020)》整理汇总。

将旅游功能视为新城功能的重要组成部分，这将为旅游房地产开发提供机遇。

北京新城建设的重要目的在于疏散中心区密集的人口，在此过程中，以度假别墅、度假村、第二住宅、时权酒店、产权酒店、养老型公寓等为代表的旅游房地产形式可以发挥一部分疏散中心区人口的作用。2005年5月，依据《北京城市总体规划（2004～2020）》，北京颁布了《关于区县功能定位及评价指标的指导意见》，将全市从总体上划分为首都功能核心区、城市功能拓展区、城市发展新区和生态涵养发展区四类区域，其中11个新城隶属城市发展新区和生态涵养发展区的范畴，特别是门头沟、平谷、怀柔、密云、延庆5个新城属于生态涵养区。生态涵养区是北京的生态屏障和水源保护地，产业发展受到严格限制，只推荐发展生态友好型产业，以为首都提供坚实的生态屏障和市民休闲游憩的理想空间。对于生态涵养区来说，旅游产业是优先推荐的产业，这在很大程度上为旅游房地产开发提出机遇和要求。从近年来的实际情况看，新城建设存在基础设施建设不完善、新产业集聚缓慢、就业吸纳能力不强、疏解中心城区人口不显著的问题，在此情况下，伴随京郊旅游需求的不断高涨和升级，旅游业可以成为很多新城建设的先导产业，这有助于推动旅游房地产业的快速孵化发展。

（二）轨道交通建设与旅游房地产开发

为了解决大都市中心区交通拥挤、乘车难、出行难以及环境恶化等问题，世界主要大城市普遍重视轨道交通的建设。城市轨道交通具有运量大、速度快、节能环保、准时舒适等优点，轨道交通的快速发展可以发挥联系大都市中心区与外围区域的巨大作用。北京城市轨道交通的发展经历了初步发展、探索发展、加速发展三个阶段。[①] 2000年以来，为了

[①]　郭春安、姚智胜：《轨道交通改变出行方式——北京轨道交通发展回顾与展望》，《北京规划建设》2009年第1期。

实施两大战略转移，即市区建设由外延扩展向调整改造转移、城市建设由市区向远郊卫星城地区转移，① 北京市轨道交通建设开始加速发展。根据北京城市发展以及举办奥运会的需要，2001～2002 年，北京市对城市轨道交通线网进行了优化调整，将城市轨道交通建设划分为近期计划（2004～2008 年）、中期规划（2008～2015 年）、远期规划（2015～2050年）三个阶段。在奥运会召开前夕，北京地铁运营线路达到 8 条，运营里程达到 200 公里，轨道交通初具规模。截至 2010 年底，规划建设的顺义线、房山线、亦庄线、大兴线、昌平线 5 条轨道交通线已经开通运行，北京大都市区中心市与外围区县的联系大大加强并且将进一步优化改善。

　　未来北京的城市轨道交通包括服务于中心城的地铁运输系统、通往郊区新城的市郊铁路运输系统和连接北京周边城市的城际快速铁路系统三个层次。2015 年，北京市将建成"三环、四横、五纵、七放射"，总长561 公里的轨道交通网络。② 昌平、顺义、门头沟、房山、通州、亦庄和大兴等七个周边新城，将均有轨道交通设施。市郊铁路的建设将随着未来郊区城市化发展和新城至中心城之间交通需求的变化择机进行。2004年，北京城市总体规划中的城市轨道交通规划总里程已达 1100 公里，加上铁道部规划的城际铁路，未来服务于北京的轨道交通系统总长度约1500 公里。乘坐市郊铁路出行，较近新城到达市中心仅需 30～40 分钟，较远新城需要 60～80 分钟。③ 北京城市轨道交通的快速发展，必将极大便利游客的快速出行，促进京郊休闲度假特别是乡村休闲度假旅游的发

---

① 王波、安栓庄、江永：《北京轨道交通衔接理念及设施设置原则》，《都市快轨交通》2009 年第 5 期。

② 徐文营、赵妍：《北京努力实现 561 公里轨道交通规划目标》，《经济日报》2009 年 2 月24 日。

③ 郭春安、姚智胜：《轨道交通改变出行方式——北京轨道交通发展回顾与展望》，《北京规划建设》2009 年第 1 期。

展，对农业采摘休闲园、垂钓园、郊野度假村、拓展训练基地等中低端旅游房地产形式会产生很大的促进作用，但对度假别墅、第二居所、时权酒店、产权酒店、养老型公寓等相对高端的旅游房地产形式的促进作用相对弱化，因为高端群体的出行更多依靠的是自驾出行。同时，轨道交通的走向还会对旅游房地产的开发区位布局产生影响，对很多旅游房地产开发会构成拉近靠近布局的力量。

（三）居住郊区化与旅游房地产开发

郊区化就是城市在经历了中心区绝对集中、相对集中和相对分散之后的一个绝对分散的阶段，它表现为人口、工业、商业等先后从城市中心区向郊区迁移，中心区人口出现绝对数量的下降。[①] 当城市化进入郊区化阶段，大都市区开始快速演化形成，其中居住郊区化是郊区化的重要表现类型。我国城市郊区化发展要比西方发达国家落后半个世纪，[②] 20世纪80年代以来，北京、上海、沈阳等大城市相继出现了郊区化现象。[③] 中国城市的郊区化过程与西方城市有很大区别，表现出郊区的发展与中心区的繁荣并存，中心区人口的减少与都市区人口的增加并存等特点。[④] 1982年以来北京开始了郊区化过程，[⑤] 北京城区人口减少的幅度虽然不大，但已经进入了离心扩散的郊区化阶段，城区人口主要迁到近郊区而不是远郊区，属于近域郊区化，还没有进入广域郊区化。[⑥] 20世纪90年

[①] 陶希东、刘君德：《国外大城市郊区化的演变及对我国的启示》，《城市问题》2003年第4期。

[②] 马清裕、张文尝：《北京市居住郊区化分布特征及其影响因素》，《地理研究》2006年第1期。

[③] 陶希东、刘君德：《国外大城市郊区化的演变及对我国的启示》，《城市问题》2003年第4期。

[④] 周一星、孟延春：《沈阳的郊区化——兼论中西方郊区化的比较》，《地理学报》1997年第4期；谢守红：《中国大都市区的形成及动力机制》，《衡阳师范学院学报》2005年第1期。

[⑤] 周一星：《北京的郊区化及引发的思考》，《地理科学》1996年第3期。

[⑥] 周一星：《北京的郊区化及引发的思考》，《地理科学》1996年第3期。

代初，孙胤社（1992）研究认为北京的大都市区已有了较充分的发展。①
冯建、周一星等人（2004）的研究认为，90 年代以来，无论形式上还是
规模和强度上，北京的郊区化都在继续发展。具体而言，20 世纪 90 年代
北京居住郊区化愈演愈烈，工业郊区化发展幅度不断加大，商业郊区化
趋势初现端倪。近年来私家车的发展及其对郊区化的推动作用大大超出
学者们最初的预料，第二住宅引起一定程度的季节性郊区化发展。②

　　从中国旅游房地产的产生发展情况来看，产品消费层旅游房地产产
生于城市演化的相对分散阶段，也就是说产生于城市开始出现郊区化发
展的阶段，大都市区是城市化发展到一定阶段的产物，而郊区化一般被
认为是大都市区开始演化发展的标志。由此可见，产品消费层旅游房地
产的产生发展与大都市区的产生发展是同步的。从北京的具体情况来看，
京郊旅游的快速发展表现为城市居民远离城市中心区的强烈需求，而京
郊旅游就是在郊区停留一段时间的过程，因此可以看作是居住郊区化的
某种表现形式。随着京郊旅游的深入发展，特别是旅游需求向休闲度假
的高级化发展，催生了度假村、度假酒店、度假别墅、时权酒店、产权
酒店、养老型公寓、第二住宅等可以停驻更长时间的旅游房地产形式的
发展。京郊旅游不但具有居住郊区化组成部分的特征，同时也是居住郊
区化发展的重要推动力量。北京的居住郊区化，大致可以划分为被动郊
区化和主动郊区化两类。被动郊区化是指由于旧城改造搬迁以及郊区一
般住宅开发形成的居住郊区化，居民被动或不情愿地选择在郊区居住。
而主动郊区化是指为满足富裕群体郊区优异生态环境居住需求而开发的
高档别墅、景观房地产、养老型公寓、第二住宅等房地产形式，很多就
是直接以旅游房地产面貌出现的。

---

① 孙胤社：《大都市区的形成机制及其定界——以北京为例》，《地理学报》1992 年第 6
　期。

② 冯健、周一星、王晓光等：《1990 年代北京郊区化的最新发展趋势及其对策》，《规划研
　究》2004 年第 3 期。

（四）城乡一体化建设与旅游房地产开发

党的十六大提出以人为本的科学发展观，强调统筹城乡协调发展，这标志着改革开放的发展进程开始进入城乡统筹基础上的城乡一体化发展新阶段。[①] 所谓城乡一体化，主要是指以改变长期以来城乡分割的二元经济结构为主要目的，努力实现城乡在政策上的平等、产业发展上的互补以及国民待遇上的一致。城乡一体化有着丰富的内涵，从农村发展的角度来看包括城乡居民国民待遇的平等化、城乡之间微观经济主体竞争地位的平等化以及农村村庄形态的社区化和社会管理体制的一体化三方面的内容。[②] 可以说，以打破二元结构为主要目的的城乡一体化建设成为有中国特色大都市区化的重要表征。党的十六届五中全会又提出了建设社会主义新农村的要求，2005 年 12 月中央经济工作会议通过的《关于推进社会主义新农村建设的若干意见》提出，根据"生产发展、生活宽裕、乡风文明、村容整洁、管理民主"的要求进行建设。在当前一段时间，可以说社会主义新农村建设成为城乡统筹发展的重要内容。贯彻落实中央部署，北京近年来加强了社会主义新农村建设，积极推动北京城乡一体化的发展。在 2003 年初召开的北京郊区工作会议上，北京市将郊区定位为首都可持续发展战略新区和建设国际大都市的现代发展区，这表明北京开始进入全面推进城乡一体化的发展阶段。[③] 在"十二五"期间，北京还将大力推进以"城乡规划一体化、城乡产业一体化、城乡基础设施一体化、城乡公共服务一体化、城乡劳动

---

① 张文茂、苏慧：《突破二元体制，统筹城乡一体化发展进程——基于北京历史发展的思考》，载北京市社会科学院编《北京城乡发展报告（2008～2009）》，社会科学文献出版社，2009。

② 张文茂、苏慧：《突破二元体制，统筹城乡一体化发展进程——基于北京历史发展的思考》，载北京市社会科学院编《北京城乡发展报告（2008～2009）》，社会科学文献出版社，2009。

③ 黄序：《全面推进北京城乡一体化进程》，http：//www.bcu.edu.cn/truekxyj/journal/2004add/new_page_9.htm。

和社会保障一体化、城乡社会管理一体化"为主要内容的城乡一体化建设。①

近年来，北京社会主义新农村建设与城乡一体化建设与京郊乡村旅游、民俗旅游的快速发展走在了相同的轨道上，与北京大都市区旅游房地产开发之间产生明显的相互促进作用。第一，乡村基础设施的改善成为诸多村落发展民俗旅游的助推器。为加强社会主义新农村建设，2004年以来，北京在农村大力实施"亮起来、暖起来、循环起来"三项工程，在京郊推广太阳能路灯、吊炕、生物质炉具、水循环利用设施等新技术、新设备，以让农村亮起来，让农民暖起来，让农村资源循环起来。伴随着上述三项工程的实施，诸多京郊生态环境优异、民俗风情浓厚特别是毗邻风景名胜区的村落大力发展以"吃农家饭、住农家院、赏田园情"为主要内容的民俗旅游活动，使得诸多农村宅基地成为旅游经营的载体，此过程也刺激了采摘休闲园、垂钓园、现代农业休闲园、乡村度假村等旅游房地产形式的发展。第二，发展乡村旅游直接成为社会主义新农村建设的核心内容。北京以怀柔、昌平、密云、延庆、房山、门头沟等旅游资源丰富的郊区县，大力支持乡村旅游和民俗旅游的发展，发展乡村民俗旅游已经成为促进社会主义新农村建设的重要手段。以怀柔为例，截至 2008 年，怀柔区已发展民俗旅游村 32 个，（其中市级民俗旅游村 22 个）各类民俗旅游经营户 3200 多户，拥有床位 4.5 万多张，采摘园 500 多万亩。民俗旅游接待游客人次和实现旅游收入在京郊区县位居第一位。② 在北京社会主义新农村和城乡一体化建设过程中，农家院、采摘园、古村落、仿古型村落等准旅游房地产形式获得快速发展。

---

① 李海楠：《北京五年内将率先形成城乡一体化新格局》，《中国经济时报》2011 年 1 月 28 日。

② 怀柔区旅游局。

四　社会层面的分析

（一）居民贫富分化加剧与旅游房地产开发

改革开放以来，随着经济的快速发展，中国贫富分化问题日益严重，城乡收入差距、居民收入差距不断拉大。[①] 全国总体基尼系数、农村和城镇基尼系数基本上都处于持续上升的态势。[②] 国家统计局的数据显示，2009 年中国城乡收入比为 3.33∶1，已经达到 1978 年以来的最高水平。[③] 按照世界银行的数据，中国基尼系数 2007 年已达到 0.473，远超国际公认的 0.4 的收入差距警戒线。在城市，位于金字塔顶部 10％ 的人群拥有社会 45％ 的财富，而位于金字塔底部 10％ 的人群拥有不到社会 2％ 的财富。北京市在经济快速增长、居民收入水平不断提高的同时，城镇居民之间、农村居民之间以及城乡居民之间的收入差距呈现出不断扩大的趋势。[④] 1990 年，北京城乡居民收入差距仅为 490 元，[⑤] 而到 2010 年迅速扩大到 15811 元，[⑥] 差距不断拉大。2010 年，福布斯发布的《中国私人财富白皮书》显示，2010 年中国内地千万富豪人数达到 38.3 万人，六成涉足房地产，其中北京千万富翁人数位居全国第

[①] 陆铭、陈钊：《城市化、城市倾向的经济政策与城乡收入差距》，《经济研究》2004 年第6 期；李实、罗楚亮：《中国城乡居民收入差距的重新估计》，《北京大学学报》（哲学社会科学版）2007 年第 2 期。

[②] 程永宏：《改革以来全国总体基尼系数的演变及其城乡分解》，《中国社会科学》2007 年第 4 期。

[③] 腾讯财经：《中国 2009 年城乡收入差距达 1978 年以来最大水平》，http://finance.qq.com/a/20100303/006356.htm。

[④] 郭馨梅：《北京居民收入差距不断扩大所带来的影响》，《北京工商大学学报》（社会科学版）2008 年第 6 期。

[⑤] 谷军、康琳、陈荣荣：《北京城乡收入差距的现状及其对策研究》，《首都经济贸易大学学报》2010 年第 1 期。

[⑥] 根据《北京 2010 年国民经济和社会发展统计公报》，2010 年北京城镇居民人均可支配收入达到 29073 元，农村居民人均纯收入 13262 元，两者相差 15811 元。

四。① 当前，北京城镇居民中 20% 的高收入群体人均可支配收入达 50816元，而 20% 低收入群体人均可支配收入仅 11729 元，前者是后者的 4.3倍。② 2011 年 2 月，首都经贸大学发布的"2010 北京社会经济生活指数"显示，由于收入、资源分配不公，贫富差距加剧，2010 年北京居民幸福指数再创新低。③

随着收入差距的不断拉大，中国一些大城市开始出现社会极化现象，④ 北京市在郊区化发展过程中，居住空间分异现象开始出现，富裕群体对住房的要求由生存型转向享受型，购房动机除了居家型之外，投资型、休闲型不断增多，⑤ 这将刺激时权酒店、产权酒店、养老型公寓、第二住宅等兼具投资和休闲度假性质旅游房地产的发展。实际上，从更广阔的视角来看，贫富分化严重使得中国在人均收入水准不高的基础上，迅速形成了一个高消费群体，这个群体的存在，成为中国旅游业超常规增长的根本原因，也成为系列旅游房地产开发的根本原因。近年来，京郊旅游快速发展可以说是居民收入水平不断提高的反映，特别是高尔夫球场、温泉度假村、养生会馆等高档休闲度假类旅游房地产的快速发展，正是高收入群体人数不断增加在旅游消费领域的表现。房地产开发企业之所以大举介入旅游开发，看重的正是富裕群体的享受型居住需求。如果从促进旅游产业升级的角度来看，休闲度假类高档旅游房地产形式需要鼓励发展，而当高档旅游房地产作为中国贫富分化严重的产物成为社

① 北方网：《福布斯报告称内地千万富豪超 38 万六成涉足房产》，http://news.enorth.com.cn/system/2010/12/28/005513778.shtml。
② 陆学艺、张荆、唐军主编《2010 年北京社会建设分析报告》，社会科学文献出版社，2010。
③ 杜丁：《北京居民幸福指数再创新低收入差距扩大成主因》，《新京报》2011 年 2 月 5 日。
④ 顾朝林、克斯特洛德：《北京社会极化与空间分异研究》，《地理学报》1997 年第 5 期。
⑤ 王宏伟：《大城市郊区化、居住空间分异与模式研究——以北京市为例》，《建筑学报》2003 年第 9 期。

会分配不公的表现的时候，将高档旅游房地产开发控制在适度的范围内也就成为必然。研究如何充分发挥旅游业的富民效应，放开农村土地政策限制，赋予宅基地完整的用益物权，积极推动有条件地区的集体建设用地、宅基地向旅游房地产的转化，鼓励农业用地与旅游功能的复合，就成为缩小城乡居民收入差距的重要举措。

（二）私家车快速增长与旅游房地产开发

根据商务部发布的报告，当前，中国已经成为世界上最富有成长性的汽车销售市场，并正在以惊人的速度进入汽车社会。[①] 近些年来，北京机动车增长速度非常迅猛，据统计，"十一五"期间，北京市机动车总数由 258 万辆增加到超过 480 万辆。而同样增加 200 万辆车，东京用了 22 年。[②] 2010 年，北京私人汽车拥有量达 374.4 万辆，其中轿车拥有量为 275.9 万辆，分别比上年末增长 24.7% 和 26.5%，比 2005 年末增长 1.4 倍和 1.8 倍。[③] 北京机动车特别是私家车数量的快速增长，极大地扩展了城市居民的出行范围，使得京郊旅游不断向日常化的方向发展，利用周末、节假日时间到京郊乡村休闲度假逐渐成为日常生活的重要组成部分，推动了环北京游憩带建设。私家车的快速增长还影响了传统的旅游开发格局。北京大都市区传统的旅游格局受旅行社组合的包价旅游所支配，以风景名胜区为游览核心。而自驾车群体的快速增长，使得旅游开发空间格局发生转变，只要自然生态环境优异，即使偏僻缺乏传统旅游资源的区域也具有了旅游开发价值，比如怀柔雁栖不夜谷聚集的"那里""山吧""劳模山庄"等度假村就是因为自驾车群体的需求而获得发展。私家车拥有量的快速增长对旅游房地产开发还会产生"廊道效应"。北京放射状交通沿线，特别是穿越山区生态环境优异的交通沿线，成为山区度假

[①]　何玉宏、赵艳艳：《私家车浪潮引发的社会问题与应对策略》，《上海城市管理职业技术学院学报》2006 年第 6 期。

[②]　赵杰：《"治堵新政"冷思考》，《南风窗》2011 年第 2 期。

[③]　北京 2010 年国民经济和社会发展统计公报。

村、采摘休闲园、垂钓园、拓展训练基地、滑雪场、高尔夫球场等旅游房地产开发的热点廊道。比如穿越房山的 G108 国道、穿越怀柔北部山区的 G111 国道，沿线开发有大量的景点和度假村。

　　虽然机动车、私人汽车的快速增长对京郊旅游房地产开发会产生很大的促进作用，然而由于近些年北京机动车增长过于迅猛，长期存在的交通拥堵问题变得异常尖锐，同时导致能源短缺、环境污染等一系列问题。鉴于愈演愈烈的交通拥堵形势，2010 年 12 月 23 日，北京发布了《关于进一步推进首都交通科学发展加大力度缓解交通拥堵工作的意见》，提出从"建、管、限"三方面来解决北京交通拥堵问题。同时还出台了《北京市小客车数量调控暂行规定》（俗称"限购令"），开始实施购车配额管理制度，以摇号方式无偿分配小客车指标。① 根据规定，2011 年北京新车放牌只有 24 万张，每月放牌 2 万张，远远低于 2010 年北京销售机动车 143.2 万辆、月均销售 12 万辆的疯狂增长态势。北京私家车数量增速减缓，可能会对旅游房地产增长产生一定的消极作用。但实际情况是，近年来，每到周末或节假日，出京方向车流如潮，拥堵严重，有的只能放弃出行。可以说，当前北京购车配额管理制度对京郊旅游房地产开发影响甚微。

---

① 《北京市小客车数量调控暂行规定》要求，2011 年北京新车放牌将为 24 万张，每月放牌 2 万张；私人购车每月摇号一次，车牌不能进行交易；外地客户需提供在京 5 年以上纳税证明才有资格参加摇号。

第六章　历史文化街区休憩型
旅游房地产开发

　　本章主要研究旅游房地产的具体开发模式问题。所谓模式（Pattern），就是在特定环境中解决某一类问题的方式。[①] 旅游房地产开发模式就是有关旅游房地产开发的方式，是指导旅游房地产开发的方略。本书将大都市区的产品消费层旅游房地产大致划分为历史文化街区休憩型旅游房地产、主题体育娱乐型旅游房地产、郊野休闲度假型旅游房地产和特殊经营型旅游房地产四大类型或四大类模式，这四大类旅游房地产具体还包括诸多细分旅游房地产开发类型。历史文化街区休憩型旅游房地产是以历史文化街区为资源基础开发改造的一种房地产类型，该类旅游房地产开发涉及旧城改造、危旧房改造、城市更新、文物遗迹保护、居民搬迁等多个层面的问题，存在问题及牵涉的关系最为复杂。同时这类旅游房地产的开发特征与其他三类旅游房地产类型在各方面存在明显的不同，因此，本书专门用一章内容介绍其开发问题。

第一节　开发特点

　　历史文化街区休憩型旅游房地产主要是指以依托城市旧城、历史文

---

　　① Coplein, J. O., "Software Design Patterns: Common Questions and Answers," in *The Patterns Handbook: Techniques, Strategies, and Applications*, Cambridge University Press, 1998, pp. 311–320; Alexander, C., *The Timeless Way of Building*, Oxford University Press, 1979.

化街区等资源改造开发的，以都市休闲游憩为主要功能的综合性房地产类型。城市旧城区和历史文化街区往往是整个城市最富魅力和吸引力的地区，其中蕴含的深厚历史、文物、文化、审美等价值，共同指向旅游价值。在国外，比如以蒂埃尔城墙为界的巴黎内城气质典雅，是巴黎大都市区的精华所在，主要承担的是首都职能、旅游职能和文化职能。① 斯德哥尔摩在经历大拆大建惨痛教训的基础上，以保存历史风貌和延续历史文化传统为主要目标对老城进行改造，解决了老城曾经拥挤、破败的问题，成为餐馆、办事处、艺术馆、小买卖的聚集区并变得井井有条。② 斯德哥尔摩老城被吴良镛（2005）赞誉为最有品位、人气最旺盛、最有画意的地方，是现代化建筑群中间依旧焕发着青春魅力的花簇。③ 国外很多城市在大都市区化的过程中，对待城市旧城和历史文化街区，一般是在坚持有效保护的基础上，基于旅游目的进行改造，宜居、休憩、旅游成为城市旧城和历史文化街区改造的基本价值取向。

历史文化街区休憩型旅游房地产主要以城市旧城历史文化底蕴厚重的历史文化街区为基本资源依托，因此，该类旅游房地产形式以历史文化街区存在和有效保护为开发前提，以使历史文化街区更富魅力、更富吸引力、更富活力、更适合旅游者需求为基本开发方向。历史文化街区休憩型旅游房地产开发的过程就是使历史文化街区所承载的历史文化价值不断向旅游价值转化的过程。需要强调的是，当前诸多城市在旧城改造过程中所发生的以大拆大建为特征的改造方式并不是该类型旅游房地产所追求的开发方式，而是严重地破坏了旅游房地产赖以发展的物质或非物质基础。在历史文化街区或旧城改造的过程中所造成的任何对历史价值、文物价值、文化价值的破坏，进而对旅游价值构成损失的方式都

---

① 吴良镛：《北京旧城保护研究》（上篇），《北京规划建设》2005 年第 1 期。

② 傅瑞东：《留恋老北京》，《人民日报》2002 年 4 月 2 日。

③ 吴良镛：《北京旧城保护研究》（下篇），《北京规划建设》2005 年第 2 期。

不属于历史文化街区休憩型旅游房地产开发的范畴。

一　历史底蕴深厚、文物古迹密集

城市旧城的历史文化街区一般是大都市区历史文化底蕴最为厚重的地区，文物古迹密集，拥有丰厚的旅游价值。北京拥有 3000 多年的建城史和 850 多年的建都史，被美国城市规划及设计专家培根（E. Bacon）誉为"人类在地球上最伟大的单项工程"，被梁思成称赞为"最特殊、最珍贵的艺术杰作"。[①] 这些高度赞誉所指向的，具体来说是以二环路为界，面积达 62.5 平方公里的北京旧城。北京旧城内聚集了 2 处世界文化遗产以及 300 多处各级文物保护单位。[②] 2002 年 2 月，北京在旧城范围内划定了 25 片历史文化保护区，被政府认定的历史文化街区总用地面积为 1038 公顷，约占旧城总用地面积的 17%。[③] 由于北京旧城的整体历史风貌已经遭受严重破坏，因此其中的历史文化街区就成为旅游房地产开发赖以依托的最大化空间单位，成为最值得与旅游功能紧密复合进而实现保护与发展相互协调的方式。除了由历史建筑、文保单位、四合院以及由四合院连接成的胡同共同构筑的空间格局及街坊肌理等实体内容之外，历史文化街区还蕴藏着历史事件、名人轶事、传说故事、风土民情、工艺特产、地方风味等丰厚的非物质文化因素，这是历史文化街区休憩型旅游房地产赖以生存的灵魂所在。总体来看，北京旧城及历史文化街区是整个北京大都市区的精粹，如果能够得到有效保护和利用，将是一笔取之不尽用之不竭的巨大公共财富，而将其转化为旅游房地产就是实现可持续利用的基本方式。

二　侵蚀破坏严重、矛盾冲突不断

新中国成立以来，北京旧城基本的矛盾就是企图在同一空间上既要

---

① 吴良镛：《北京旧城保护研究》（上篇），《北京规划建设》2005 年第 1 期。

② 《北京历史文化名城保护规划》，2002 年 10 月 11 日正式获批。

③ 《北京旧城 25 片历史文化保护区保护规划》，2002 年 2 月 1 日正式获批。

保护旧城，又要建设现代化的城市；既承认它是伟大的遗产需要保护，又强调要改造，几十年来的实践结果矛盾重重。我们没有及时总结经验教训，陷入盲目性，错误屡犯不止，"学费"屡交不止，这就是问题所在。① 北京旧城已经经历三次大规模的拆改，第一次是 20 世纪 50 年代，第二次是改革开放至 20 世纪末，而最近一次发生在 2000～2003 年。② 特别是从 20 世纪 90 年代开始，北京市确定了"一个转移、一个为主、四个结合"③ 的综合性危旧房改造方针，曾经以分散的点、片改造发展到连点成片、连街成片的大规模改造阶段，从而揭开了大规模危旧房改造的序幕。④ 与此同时，房地产开发商纷纷介入旧城历史文化街区危旧房改造项目。房地产开发商对经济效益的追求和地方政府急于改造的愿望结合起来，形成一股强大的力量，对历史城区的传统建筑、文化形态和城市记忆的保护与延续提出了严峻的挑战。⑤ 2000 年 3 月，北京印发《北京市政府加快城市危旧房改造实施办法》，进一步激发各区政府与房地产开发商联合改造的热情，结果使旧城历史文化街区遭受最大一次毁坏。至今，对历史地段或名人故居进行破坏的现象也没有得到有效遏制。⑥ 在危旧房改造的过程中，由于过分依靠开发企业、片面强调经济利益，忽视社区居民利益诉求，存在大量强制拆迁、野蛮拆迁、强制外迁、

---

① 国家图书馆编《部级领导干部历史文化讲座 2004》，北京图书馆出版社，2005。

② 吴良镛：《北京旧城保护研究（上篇）》，《北京规划建设》2005 年第 1 期。

③ 所谓"一个转移、一个为主、四个结合"，即从过去以新区开发为重点，逐步转向新区开发与危旧房改造并重；以各区政府为主进行本区的危旧房改造；危旧房改造要与新区开发相结合，与住房制度改革相结合，与房地产经营相结合，与保持古都风貌相结合。

④ 魏成林：《北京的旧城改造与城市传统风貌保护》，《北京规划建设》2000 年第 1 期。

⑤ 单霁翔：《从"大拆大建式旧城改造"到"历史城区整体保护"——探讨历史城区保护的科学途径与有机秩序（中）》，《文物》2006 年第 6 期。

⑥ 比如在 2009 年，曾经为北京旧城保护耗尽心血，具有巨大警示意义的梁思成、林徽因夫妇曾经租住的北总布胡同 24 号院因商业项目建设，一度要实施拆迁并遭受一定破坏，后经多方呼吁才得以停止。

货币补偿不合理等问题，导致拆迁户与开发商之间的矛盾日益加剧，城市旧城以及历史文化街区成为社会矛盾的频发区。历史文化街区休憩型旅游房地产强调历史文化街区的完整性和真实性，因此，依托历史文化街区发展都市休憩型旅游房地产可以成为促进自身保护以及维护社区居民利益的重要手段。

三　产权关系复杂、管理体制不畅

新中国成立后，城市住房产权制度以及住房政策不断变化，导致北京旧城历史文化街区各类房屋建筑产权关系极度复杂，历史文化街区的房屋所有权可以划分为 8 大类、11 细类、24 种，其中国有房产[①]、集体所有房产[②]、私有房产[③]是最重要的三大类。这些大类还可以划分出很多细类，比如国有房产具体又可以分为直管产（直管公房）[④]、自管产（单位自管公房）[⑤]和军产。[⑥]其中，直管公房和单位自管公房是主要的产权类型。根据有关调研，在北京大栅栏 32 平方公里的地块中，直管公房占建筑面积的 39.82%，单位自管公房占 37.06%，私房产占 10.19%，另有其他产

---

① 国有房产，包括由政府接管、国家经租、收购、新建以及由国有单位自筹资金建设或购买的房产。

② 集体所有房产，指城市集体所有制单位所有的房产。即集体所有制单位投资建造、购买的房产。

③ 私有房产，是指私人所有的房产，包括中国公民、海外侨胞、在华外国侨民、外国人投资建造、购买的房产以及中国公民投资成立的私营企业（私营独资企业、私营合作企业和私营有限责任公司）所建造、购买的房产。

④ 直管产是指由政府接管、国家经租、收购、新建、扩建的房产，大多数由政府地产管理部门直接管理、出租、维修，少部分免租拨借给单位使用。

⑤ 自管产包括国家划拨给全民所有制单位所有以及全民所有制单位自筹资金购建的房产。

⑥ 军产指中国人民解放军部队所有的房产，包括由国家划拨的房产、利用军费开支购建的房产以及军队自筹资金购建的房产；吴昊天：《北京旧城保护改造中的产权现象及其问题研究——以什刹海历史文化保护区烟袋斜街试点起步区为例》，清华大学硕士学位论文，2007 年 12 月。

权房屋占 1.71% 。各种类型产权的房屋混杂，即使在同一个院落内，产权关系也非常复杂，有些四合院的产权人甚至超过 20 人。① 历史文化街区还存在多头管理、条块分割的问题。历史文化街区管理涉及规划、城建、房屋、文物、园林、旅游、水利等诸多部门，相互之间职能交叉、重叠严重，管理体制不畅，在历史文化街区改造的过程中存在责任不明、权利不清、效率低下，甚至互相推诿的情况。历史文化街区产权关系复杂、管理体制不畅、利益相关者众多，使得历史文化街区休憩型旅游房地产的开发比其他旅游房地产形式开发面临更多的困难。

四 发展思路不统一、争议关注聚焦点

长期以来，人们对北京旧城及历史文化街区保护与经济发展之间的关系问题认识不统一，也就是历史文化街区的发展思路不统一。关于旧城保护与经济社会发展之间的关系的观点概括起来有三种。第一种观点认为，旧城保护与经济社会发展之间是矛盾的关系，两者难以兼顾。从几十年来的实践情况来看，旧城保护让步于经济发展，历史文化街区破坏严重。第二种观点认为，保护与发展之间存在矛盾，但是可以解决。第三种观点认为，保护与发展之间不矛盾，两者之间可以实现协调发展。② 针对当前北京旧城已经遭受严重破坏的现实，还有观点认为已经没有完整保护的必要，只保留少数完好的文物，其余全部改造即可。③ 如果按照这种思路，现存的历史文化街区将面临全部拆迁改造的命运，依托其发展的都市休憩型旅游房地产形式也将沦为空中楼阁，整个北京大都

---

① 郭湘闽：《论土地发展权视角下旧城保护与复兴规划——以北京为例》，《城市规划》2007 年第 12 期。

② 罗哲文：《北京市的城市性质应改为政治、经济、文化中心并论历史名城保护、建设与社会经济的发展》，《北京联合大学学报》（人文社会科学版）2004 年第 1 期。

③ 单霁翔：《从"以旧城为中心发展"到"发展新区，保护旧城"——探讨历史城区保护的科学途径与有机秩序》（上），《文物》2006 年第 5 期。

市区的精粹将不复存在。就如同单霁翔（2006）总结的，"令人遗憾的是，至今'拆'还是'保'仍常常成为争议性的话题，历史城区中文化遗产更常常以'旧城改造'的名义沦为牺牲品"。① 有关北京旧城以及历史文化街区改造的问题，总是存在大量的争议，向来是各方关注的焦点。涉及历史文化街区的微小行为总是能牵动媒体、专家、社区居民、政府以及开发商的敏感神经。因此，虽然历史文化街区休憩型旅游房地产是一种有效处理保护与发展相互关系的房地产形式，但是毕竟房地产已经被严重抵触异化，因此该类旅游房地产开发最需要谨慎。

第二节　理论基础

由于危旧房改造的大规模开展，成片的历史文化街区被拆毁，严重地损害了历史文化街区休憩型旅游房地产赖以发展的物质基础。以作为历史文化街区基本架构的胡同为例，2005 年，北京旧城仅剩胡同 1320 条②，与 1949 年的 3250 条③相比，减少了近 60%，具有旅游发展潜力的胡同仅剩约 528 条④。国际上，"二战"后至 20 世纪 60 年代，西方国家在老城兴起的以大拆、大改、大建为主要特征的大规模"城市更新"运动曾经广受诟病。⑤ 简·雅各布斯（Jane Jacobs）认为，大规模改造摧毁

---

① 单霁翔：《从"大拆大建式旧城改造"到"历史城区整体保护"——探讨历史城区保护的科学途径与有机秩序》（中），《文物》2006 年第 6 期。

② 李楠、冯斐菲、汤羽扬：《北京旧城胡同现状调研报告（2005~2006）》，《北京规划建设》2007 年第 4 期。

③ 中新网：《北京政协报告称旧城胡同 54 年消失近半》，http://www.chinanews.com/cul/2010/09-09/2521355.shtml。

④ 李楠、冯斐菲、汤羽扬：《北京旧城胡同现状调研报告（2005~2006）》，《北京规划建设》2007 年第 4 期；司美丽：《北京旧城改造应借鉴战后西方城市大规模改造的教训》，《北京联合大学学报》2003 年第 1 期。

⑤ 单霁翔：《从"大拆大建式旧城改造"到"历史城区整体保护"——探讨历史城区保护的科学途径与有机秩序》（中），《文物》2006 年第 6 期。

了有特色、有色彩、有活力的建筑物，城市空间及其赖以存在的城市文化、资源和财产①，"大规模计划只能使建筑师们血液奔腾，使政客、地产商的血液奔腾，而广大群众往往成为牺牲品"②。刘易斯·芒福德（Lewis Mumford）和简·雅各布斯从不同的角度指出，用大规模计划和形体规划来处理城市复杂的社会、经济和文化问题存在巨大缺陷，因此城市规划应当以人为中心，注意人的基本需求、社会需求和精神需求，城市建设和改造应当符合"人的尺度"。反对追求"巨大"和"宏伟"的城市改造计划，而是应该追求"连续的、逐渐的、复杂的和精致的变化"。从 20 世纪 70 年代开始，单一内容与形式的、以开发商为主导的大规模改造计划，逐渐被各种形式的中、小规模渐进式更新计划所取代。③ 历史文化街区的完整性和真实性是该类型旅游房地产的基本要求，新的旧城改造模式与历史文化街区休憩型旅游房地产的发展要求是一致的，涉及旧城改造的有机疏散理论、有机更新理论和微循环理论成为指导该类型旅游房地产开发的基础理论。

一 有机疏散理论

伊利尔·沙里宁（Eliel Saarinen）最早提出了有机疏散理论，并集中体现在 1943 年出版的《城市：它的发展、衰败与未来》一书中。工业革命之后，西方城市急剧发展，人口迅速增长，导致住宅缺乏、交通堵塞、中心拥挤、建筑混乱、城市环境恶化等种种令人头痛和诅咒的"城市病"。④ 1917 年，沙里宁着手编制赫尔辛基规划方案，发现单中心城市存

---

① 〔加拿大〕简·雅各布斯：《美国大城市的死与生》，金衡山译，译林出版社，2005。
② 阳建强、吴明伟：《现代城市更新》，东南大学出版社，1999。
③ 单霁翔：《从"大拆大建式旧城改造"到"历史城区整体保护"——探讨历史城区保护的科学途径与有机秩序》（中），《文物》2006 年第 6 期。
④ 〔美〕伊利尔·沙里宁：《城市：它的发展、衰败与未来》，顾启源译，中国建筑工业出版社，1986。

在严重的中心区拥挤问题。虽然赫尔辛基已经开始在城市郊区建造卫星城镇，但仅仅承担居住功能，导致生活与就业不平衡，使卫星城与市中心区之间发生大量交通事故，并引发一系列社会问题。沙里宁主张通过在城郊建设一些可以解决一部分居民就业的"半独立"城镇，以缓解城市中心区的紧张。在他的规划思想中，城市是一步一步逐渐离散的，新城不是"跳离"母城，而是"有机"地进行着分离运动，即不能把城市的所有功能都集中在市中心区，应实现城市功能的"有机疏散"，多中心地发展。[①]

根据沙里宁的有机疏散理论，城市的有机疏散重点是功能的有机疏散，而不仅仅是人口的疏散。根据有机疏散理论编制的《北京城市总体规划（2004～2020年）》提出建设新城以疏散城市中心的密集人口，但是从近些年的实际情况来看，北京中心城区人口一直呈增长态势。[②] 系列新城发展缓慢，吸引旧城人口外迁的动力不足。伴随旧城改造形成的原住民外迁以强制性、行政性搬迁为主要特征，人口"有机疏散"沦为"强制替换"，外来人口重新占据了旧城区，不符合历史文化街区休憩型旅游房地产有关文化真实性的要求。中国考古学会理事长徐苹芳（2008）在接受记者采访时提出，"在旧城里有的只是'减法'，绝不能再做'加法'"。[③] 吴良镛（2005）提出，应该将旧城内一些行政办公机构适当迁出，从而为旧城"减负"，中央国家机关及北京市机关可起带头作用。[④]北京旧城是行政、商业、金融、居住等功能的核心，根据有机疏散理论，老城区作为"首都功能核心区"的定位值得重新探讨。只有切实疏散导

---

① 王军、刘江：《什么是"有机疏散"》，《瞭望新闻周刊》2002年第14期。

② 2009年底，北京市实际常住人口总数达1972万人，提前10年突破了北京城市规划确定的到2020年常住人口总量控制在1800万人的目标。

③ 新浪新闻中心：《北京在旧城改造中留住古都风貌》，http://news. sina. com. cn/o/2008 - 01 - 06/175813206934s. shtml。

④ 吴良镛：《北京旧城保护研究》（下篇），《北京规划建设》2005年第2期。

致过多人口在旧城聚集的功能，定位文化中心和文化创意中心，才能有效解决旧城的拥堵问题，同时为历史文化街区休憩型旅游房地产的发展提出要求，提供契机。

二 有机更新理论

20 世纪 70 年代末期，吴良镛在什刹海规划研究中提出了针对历史文化街区改造的"有机更新"思想。所谓"有机更新"即采用适当规模、合适尺度，依据改造的内容和要求，妥善处理目前与将来的关系——不断提高规划设计质量，使每一片街区的发展实现相对的完整性，这样集无数相对完整性之和，即能促进旧城的整体环境得以改善，达到有机更新的目的。[①] 该理论主张"按照城市内在的发展规律，顺应城市之肌理，在可持续发展的基础上，探求城市的更新与发展"，对原有居住建筑的处理应该根据现状区别对待，其中质量较好、具有文物价值的予以保留，房屋部分完好的予以修缮，已破败的予以更新。[②] 有机更新理论可以说是专门针对历史文化街区改造的理论，倡导的是一种与房地产开发商主导的大拆大建式改造针锋相对的渐进式改造模式。

有机更新既包括实体环境的有机更新，也包括经济社会结构的有机更新。有机更新理论顺应城市的发展，遵循"循序渐进"原则，是一种通过"有机更新"达到"有机秩序"的理论。这里所说的"更新"，是指在保护历史城区整体环境和文化遗存的前提下，为了满足当地居民生活需要而进行的必要的调整与变化。这里所说的"秩序"，是指建立起既有利于保护历史城区的传统特色，又有利于维护原有社区结构的住

---

① 吴良镛：《北京旧城与菊儿胡同》，中国建筑工业出版社，1994。

② 单霁翔：《从"大规模危房改造"到"循序渐进，有机更新"——探讨历史城区保护的科学途径与有机秩序》（下），《文物》2006 年第 7 期。

宅产权制度以及依靠社会资金、以自助力量为主进行日常维修和小规模整治的机制。[①] 按照有机更新理论指导衰败历史文化街区的改造和开发，符合历史文化街区休憩型旅游房地产对老街区完整性和真实性的要求，既衔接过去，又面向未来。1987 年开始实施的菊儿胡同改造，2000 年开始的南池子历史街区改造，2003 年清华大学编制的烟袋斜街修建性详细规划均是依据有机更新理论进行的，保存和延续了传统历史风貌，发展成为北京重要的都市休憩型文化旅游区。

三　微循环理论

微循环理论是在对西方国家针对以大拆大建为主要特征的"城市更新"运动的相关批判进行总结的基础上，针对中国历史文化街区的街坊肌理特征在改造实践中形成的理论。雅各布斯认为"多样性是城市的天性"[②]，芒福德提出"在城市的社区内，无论怎样微小的个体建筑，它的质量好坏，必然是这个时代和其人民的真实表现"。[③] 针对我国历史城区以传统民居院落为细胞整合而成历史街区的特征，只有将保护与更新的对象"微型化"，也就是使新旧传统民居院落更替的过程"微型化"，才能有效地保护历史街的院落布局和街巷肌理。"微循环式"改造，即是适应以院落为基本单位，以小规模、渐进式为主要特征的保护与更新方式。[④] 微循环改造是相对于那种由房地产开发商主导，统一设计、统一建设的成片推倒重建方式而言的改造方式，包括一系列主要以使用者为主体，以解决使用者实际问题为目的，与旧城居住区更新密切相关的，小

---

① 单霁翔：《从"大规模危房改造"到"循序渐进，有机更新"——探讨历史城区保护的科学途径与有机秩序》（下），《文物》2006 年第 7 期。

② 〔加拿大〕简·雅各布斯：《美国大城市的死与生》，金衡山译，译林出版社，2005。

③ 〔美〕伊利尔·沙里宁：《城市：它的发展、衰败与未来》，顾启源译，中国建筑工业出版社，1986。

④ 单霁翔：《从"大规模危房改造"到"循序渐进，有机更新"——探讨历史城区保护的科学途径与有机秩序》（下），《文物》2006 年第 7 期。

规模的社会经济和建设活动①，是周而复始的动态循环过程。

微循环理论是有机更新理论的重要补充，微循环适用于针对有机体的局部进行更新，而不是整个有机体的更新②，具体来说是针对作为历史文化街区细胞的四合院的改造与更新。以院落为单位的微循环式保护与更新，不求一律，不求同时，不求全部，根据居民生活实际需要和历史街区保护规划而定。③ 微循环式改造有利于保护历史街区的历史文化环境，有利于调动居民参与的积极性，有利于缓解政府的经济负担，还有利于化解和减少社会矛盾。微循环式更新改造，强调政府与居民的联合，强调规划的约束以及政策的引导，排斥开发商的参与。微循环式更新改造不可急于求成，否则又将陷入整齐划一、快速推进的窠臼，抹杀历史文化街区的多样性。比如从 2005 年开始的北京大栅栏整治与改造项目，曾经明确提出避免采取"外科手术"模式，而采取"活血化瘀"的微循环方式进行整治④，然而在片面的政绩观指导下以及引入开发商的情况下，快速的大规模更新改造就不可避免。

第三节　开发方式

有机疏散理论、有机更新理论和微循环理论是指导历史文化街区休憩型旅游房地产开发的基本理论，但三者有着不同的视角和侧重点。有机疏散理论强调新城建设与旧城功能和人口疏散的相互协调，有机更新

---

① 陈晓悦：《北池子历史街区小规模渐进式微循环改造模式研究》，北京工业大学硕士学位论文，2007。

② 王奉慧：《北京历史文化保护区研究》，《北京联合大学学报》（人文社会科学版）2008年第 1 期。

③ 单霁翔：《从"大规模危房改造"到"循序渐进，有机更新"——探讨历史城区保护的科学途径与有机秩序》（下），《文物》2006 年第 7 期。

④ 邱莉莉：《依托政策走出旧城改造的困境——对"微循环改造大栅栏"的思考》，《城市》2006 年第 2 期。

理论关注历史文化街区的更新与改造，而微循环理论侧重于作为历史文化街区细胞的四合院的整治。有机疏散理论是确保历史文化街区能够实现有机更新和微循环的前提，有机更新理论和微循环理论是与历史文化街区休憩型旅游房地产开发直接相关的理论。根据三大理论基础的内涵及要求，历史文化街区休憩型旅游房地产需要坚持"政府主导、明晰产权、居民参与"的开发方式。实际上，能够确保历史文化街区保护和有机更新的方式，也就是促进历史文化街区休憩型旅游房地产发展的方式。"皮之不存，毛将焉附"，长期以来，历史文化街区休憩型旅游房地产发展面临的最大威胁就是危旧房改造导致的历史文化街区不断消亡的问题。

一 政府主导

为了确保危旧房改造的快速推进，1992 年，北京市计委、市危改办将权力下放，各区危改办开始有了对本区危改小区立项进行审批的权力，这标志着北京危旧房改造开始实行"以区为主"的体制。危改立项由开发单位选一块地，然后由房管部门鉴定危房率，达到规定标准即确定为危改区。房地产开发企业纷纷圈地，结果导致真正急需改造的危房区未能得到改造，一些具有较高经济价值的地段借危改之名进行商业开发。在危旧房改造过程中，没有实施熟地出让，而是将未拆迁的生地直接批给开发商，由开发商负责土地一级开发和拆迁。开发商为追求利益，大拆大建，强制拆迁，这成为大量历史文化街区遭受严重破坏的基本制度性因素。可以说，在危旧房改造的过程中，市政府和区政府既不是投资主体，也不是改造主体，长期不作为[1]，没有承担旧城改造的应负责任，而是间接大肆获利，既包括通过土地出让获利，又包括通过寻租获利。

---

[1] 刘世能、单红松：《北京旧城改造的思考》，《北京规划建设》2009 年第 2 期。

北京旧城以及历史文化街区是整个北京大都市区的精粹所在，历史文化底蕴深厚、文物古迹密集，是重要的文化遗产，公益性特征非常明显。在历史文化街区改造的过程中，政府应该切实发挥主导作用，充分发挥公共管理职能，特别需要约束房地产开发商在旧城改造，特别是在历史文化街区改造中唱主角的局面。徐苹芳（2008）讲道："政府出资只是一个方面，还要做到政府出面和排除开发商参与，三个方面一个都不能缺。这是解决这个问题的正确途径。现在北京做到了，它的经验应该推广。"[①] 2011 年 1 月 21 日，国务院正式公布的《国有土地上房屋征收与补偿条例》（新拆迁条例）提出将"对危房集中、基础设施落后等地段进行旧城区改建的需要"列入公共利益的范畴，进一步强调政府应该发挥主导作用，需要履行责任。在历史文化街区的有机更新过程中，政府有责任做好两件事，一是根据财力安排基础设施改造的计划，二是制定对房屋传统风貌加以维护、修缮和改建的技术标准及相应的补贴政策。[②] 在历史文化街区改造过程中，政府切实发挥主导作用，才能确保历史文化街区休憩型旅游房地产获得发展。

二 明晰产权

北京大量的传统建筑历经数百年还保持基本完好的状态，其根本的原因在于它的产权是私有的。新中国成立之后，城市私房不断充公，历史文化街区房屋产权关系不断复杂化，大量房屋产权公有、产权共有以及产权制度、住房政策的不断变化使得住户和房管部门都没有维修改造

---

① 2008 年伊始，北京城四区开始开展新中国成立以来规模最大的一次房屋修缮和市政改造工作，对旧城内 40 多条胡同、1400 多个院落进行改造。为了保障在 2008 年底前完成改造工作，每区拿出了 2.5 亿元的专项补助资金。（网易新闻中心：《北京旧城保护工作：留住胡同保留文化的传承》，http://news.163.com/08/0108/08/41M0MAE40001124J.html）。

② 王军：《从南池子出发》，《南方周末》2003 年 10 月 23 日。

的积极性。即使是私房主，由于其基本权益得不到保障，也谈不上对房屋的维护。① 长期以来缺乏维修改造的主体，导致了历史文化街区和四合院的衰败。历史文化街区的衰败是开展危旧房改造工作的直接原因，而大拆大建式的危旧房改造又成为历史文化街区遭受严重破坏的直接原因。由此可见，产权问题是影响依托历史文化街区发展都市休憩型旅游房地产的关键环节。

2004 年 4 月，北京市国土房屋管理局公布了《关于鼓励单位和个人购买北京旧城历史文化保护区四合院等房屋的试行规定》。根据规定，北京市行政区域内和符合相关规定的其他省、区、市的机关，企事业单位，社会组织和个人，以及其他境外企业、组织和个人不仅可以购买位于旧城历史文化保护区的四合院，而且可以依法出售、出租、抵押、赠予、继承。鼓励政策的出台，刺激了历史文化保护区四合院的交易热情，四合院交易量开始出现快速增长，并且以空前高价进行交易，交易价格多在 1000 万元至数千万元人民币之间，其中也不乏近亿元的豪宅。② 根据规定，相关主体购买四合院之后，必须按照区政府审定公布的历史文化保护区房屋保护和修缮工作实施方案对所购四合院进行保护和修缮。③ 由于四合院对游客具有吸引力，因此，将四合院改造为特色宾馆和餐馆已成为一种热潮。④ 该试行规定的出台，表明政府开始通过产权私有化的手段寻求历史文化街区四合院的保护和修缮的方法。从实际情况来看，产权明晰推动了四合院的保护和修缮以及向都市休憩型旅游房地产形式的转化。但值得注意的是，由于四合院交易价格高昂，购买者以企业家、

① 朱嘉广：《旧城保护与危改的方法》，《北京规划建设》2003 年第 4 期。

② 搜狐焦点：《北京四合院价格急速上涨多达数千万人民币》，http://house.focus.cn/news/2007 - 12 - 17/409129.html。

③ 王荣武：《权威解读购买四合院新规定》，《北京房地产》2004 年第 6 期，第 72 页。

④ 搜狐新闻：《北京四合院成私人购买新宠》，http://news.sohu.com/20060530/n243465091.shtml。

画家、歌手还有华侨和外国人等富裕群体为主，历史文化街区的原住民被排除在交易范围之外，有损文化的真实性，因此，在政府主导历史文化街区改造的过程中，应注重将产权赋予原住民，以调动回迁户开展旅游经营活动的积极性。

三　居民参与

房地产开发商主导的大拆大建式旧城改造，首先严重损害了历史文化街区的历史风貌，严重破坏了依托历史文化街区发展都市休憩型旅游房地产的物质基础。伴随大拆大建，高档写字楼、公寓和商业楼在旧城内纷纷拔地而起，致使大量居民外迁，回迁率急剧下降，有的危改区甚至没有居民回迁，导致原有社区结构发生变异，社区文化趋向消亡。由于拆迁补偿不合理，还引发大量社会矛盾，严重背离了以人为本的科学发展理念，与建设和谐、宜居、宜游都市休憩型旅游区的目标更是相去甚远。即使历史文化街区和四合院的物质实体得到完整保护，如果原住民被大量异地安置，也将出现文化的空壳化和空心化；如果外来富裕群体大量占据四合院，就将出现城市的"绅士化"。两方面的情况都会导致原有市井文化发生变异，降低历史文化街区都市休憩型旅游房地产的吸引力。

由于历史文化街区是居民生活的有机载体，"有机更新"的原动力来自居民生活。① 原住民的存在以及其生活创造活动是保障历史文化街区鲜活生命力和可持续发展的基本前提，也是历史文化街区休憩型旅游房地产文化真实性的基本要求。因此，在历史文化街区休憩型旅游房地产的发展过程中，强调有机疏散，而不是全部疏散，需要保存适量的原住民，避免大规模搬迁。同时，应该尊重社区居民的意愿，通过赋予社区居民四合院产权以充分调动社区居民参与保护和改造工作的积极性，构建有

---

① 单霁翔：《从"大规模危房改造"到"循序渐进，有机更新"——探讨历史城区保护的科学途径与有机秩序》（下），《文物》2006 年第 7 期。

利于社区居民广泛参与历史文化街区有机更新，以及能够使社区居民通过四合院和历史文化街区旅游发展获益的机制。比如可以构建"政府搭台、百姓唱戏"的机制，变大拆大建改造模式的政府与房地产开发企业的联合为微循环渐进式的政府与居民的联合，确保社区居民在历史文化街区休憩型旅游房地产的发展过程中发挥主人翁作用。

四　面向都市旅游休憩

都市旅游，是一种为都市旅游产品所吸引并在都市内综合消费的旅游活动，是大城市发展到成熟和高水准阶段的产物。都市旅游在很大程度上依赖城市公共性社会资源中潜在旅游功能的激活，依赖各种服务行业的繁荣和精细化。无论是在国际还是国内，北京首要的形象，都是历史悠久的中国中心都市形象，这样的旅游形象映射出北京所面临的需求市场，首要的是与历史风韵结合在一起的都市旅游市场。① 巨大市场需求所关注的是北京旧城以及历史文化街区的都市旅游资源。然而，长期以来，在北京旧城范围内开展的旅游活动，大多是围绕一个个孤立的文化遗产、文物保护单位、具有标志性和纪念性的院馆建筑来开展，与这些重要旅游节点关联的历史文化街区资源没有被有效激活。需要注意的是，作为这些重要旅游节点所依附的成串、成片铺展的历史文化街区，才是多样性旅游产业孵化的温床和载体，是游客可以深度体验、长期停驻的场所。

当前，旅游发展为北京市所高度重视，强调建设世界级旅游城市，强调旅游产业不断升级换代。然而，北京却没有重视都市旅游对于世界级旅游城市建设的重要作用。北京长期以来虽然有开发都市旅游的战略

---

① 中国社会科学院财政与贸易经济研究所金准博士在参与编制由中国社会科学院旅游研究中心副主任戴学锋主持的《北京朝阜街旅游发展总体规划》过程中，曾经对都市旅游以及北京都市旅游存在的问题进行过深入研究。该处有关都市旅游以及北京都市旅游存在问题的相关内容节选了上述部分研究成果。

准备，但缺乏足够的手段和力度，因此都市旅游发展比传统强势旅游资源相对不足的上海明显落后。而在实现历史文化街区有效保护的基础上不断向都市休憩型旅游房地产的转化，是促进北京都市旅游发展的基本手段。近年来，北京在历史文化街区的危旧房改造过程中，强调突出文化旅游特色的目标，比如南池子、平安大街、大栅栏等历史文化街区的改造，但在具体操作层面存在面向旅游休憩不足的问题，虽然在风貌上突出了文化特色，但是在旅游休憩功能的培育方面有所欠缺。

第四节　开发案例——前门大栅栏

历史文化名城遗留的诸多传统历史文化街区，一般曾经是传统商业、市井文化最为繁盛的地区，但是随着历史的变迁，社会形态、生活方式、消费观念发生巨大变化，失去社会需求支撑的传统历史文化街区一度陷入衰败。随着文化需求、都市游憩需求的不断积蓄，社会变迁演化的新需求构成历史文化街区深厚历史文化价值能够变现的窗口，成为拉动历史文化街区传统商业继续向前发展的新动力。北京的前门大栅栏、后海、南锣鼓巷等历史文化街区通过更新改造，发展成为可以称为传统商业游憩区（Traditional Commercial Recreation District，TCRD）的综合性旅游房地产形式。这种旅游房地产形式，可以看作是历史文化街区休憩型旅游房地产在开发层面的具体表现。传统商业游憩区在一个城市中一般占据空间上的中心、文化商业的中心、观念上的中心、交通集散的中心等多重中心地位，作为整个城市最核心的标志性游览区域而存在。

与传统商业游憩区比较接近的一个概念为游憩商业区（Recreational Business District，RBD），由斯坦斯菲尔德（Stansfield，C. A.）和李凯尔特（Rickert，J. E.）在1970年最早提出。最初认为RBD就是为了满足季节性涌入城市的游客的需要，在城市内集中布置饭店、娱乐业、新奇物品和礼品商店的街区。① 魏小安认为游憩商业区是最全面体现和展示一个城市生活和文化的场所，是每一个城市都应该拥有的最具吸引力的一片街区。② 游憩商业区可以划分为大型购物中心型、特色购物步行街型、旧城历史文化街区改造型、新城文化旅游区型等多种类型。由此可见，传统商业游憩区（TCRD）可以看作游憩商业区（RBD）的一种类型，是依托历史文化街区改造的类型，旅游价值最为充分。传统商业游憩区这种旅游房地产形式与度假类旅游房地产相比，游客停留时间相对较短，但是客流量大、游客光顾频繁，一般是游客前来该城市的必游之地。

一　前门大栅栏简介

大栅栏位于北京前门地区，紧邻故宫、天安门广场、人民大会堂、国家大剧院，是北京城市中轴线的重要组成部分，位居北京区位、交通、商业、观念、文化的核心区。大栅栏兴起于元代，建立于明朝，历史非常悠久，在北京历史上是最为繁华的商业娱乐中心，可谓"京师之精华尽在于此，热闹繁华，亦莫过于此"。大栅栏地区在元代，已经形成若干由西南斜向东北的商业街市。明永乐年间，该地区又开设了官办的琉璃窑场，清代，大栅栏地区是北京最繁华的市井商业区和最著名的文玩古籍和民间工艺品交易市场。到了近代，虽然遭受八国联军的火灾重创，后又重建，繁华程度不减。新中国成立后，大栅栏一直是北京最主要的商业中心之一。其传统街坊肌理保留完整，四合院、名人故居、寺庙、茶室、老字号商铺、银号、戏楼、会馆、旅馆、文化内涵保留之多在北京现代化大都市中绝无仅有。大栅栏地区可谓是中国传统民族工商业精

---

① Stansfield, C. A., Rickert, J. E., "The Recreational Business District," *Journal of Leisure Research*, 1970, 2 (4), pp. 213 – 225.

② 魏小安：《旅游城市与城市旅游——另一种眼光看城市》，《旅游学刊》2001 年第 6 期。

品区、名家老字号集聚区，是中国传统民族企业经营管理集南北之大成的代表作，是京城商业文化悠久传统的典范精华。①

二 前门大栅栏开发改造

从 20 世纪 80 年代末，特别是 90 年代以来，随着北京城市居民消费水平的提升以及王府井、西单等商业中心的兴起，大栅栏地区的商业形态逐渐失去了需求基础，大栅栏地区逐渐失去北京商业中心的地位，开始迅速衰败，房屋日趋破旧、市政基础设施老化、商业形态落后、环境恶化②，成为急需更新改造的片区。2002 年 1 月，宣武区成立了大栅栏风貌保护领导小组，首先开始了大栅栏地区的整治规划编制工作。2003 年底，市政府原则审定通过《北京大栅栏地区保护、整治与发展规划》③，在该规划的基础上，又分别编制了煤市街以东、煤市街以西及东琉璃厂地区的控制性详细规划④，至此，北起前门西大街、南至珠市口西大街、东起前门大街、西至南新华街，总占地面积达 110 公顷的前门地区全部纳入规划控制范围。2004 年底，大栅栏煤市街道路拓宽工程正式启动，标志着大栅栏历史文化保护区的整体保护、整治与复兴工作步入实施阶段。

由于前门大栅栏地区改造难度大、成本高、投资额巨大，政府成立政策性投资公司——北京天街置业发展有限公司进行开发建设，以期通过投资公司发挥政府的政策主导作用，同时积极与社会资本嫁接，与市场机制相对接。2007 年 10 月，SOHO 中国与北京天街置业签署协议，通

① 袁家方：《三哭大栅栏》，《商业文化》1995 年第 1 期；袁家方：《特有的京味商文化——漫话北京大栅栏》，《中国外资》1995 年第 7 期。

② 赵长山：《在建设中延续历史在保护中塑造未来——北京大栅栏地区保护、整治与发展规划实施战略》，《北京规划建设》2004 年第 1 期。

③ 曾赞荣：《广开言路博采众长——大栅栏地区保护、整治与发展规划方案编制工作回顾》，《北京规划建设》2004 年第 1 期。

④ 两项规划均委托清华大学建筑学院进行编制，分别于 2004 年 12 月和 2006 年 6 月编制完成。

过获取北京天街置业 49% 的股权，正式介入前门大街改造工程。2008 年 8 月 7 日，改造后的前门大街在奥运会召开之前正式亮相。2009 年 9 月 28 日，前门大街正式开市，有 103 家商铺开市营业，其中民族品牌占前门大街的 70% 以上，国外知名品牌占 21% 左右。[①] 在前门大街正式开市之前，SOHO 中国方面宣布，以潘石屹个人名义购买一部分物业产权的形式退出前门大街项目，前门项目的开发商变成了仅保留少部分物业的业主。

三 前门大栅栏开发改造评述

前门大栅栏基本按照"保护、更新、延续"的理念和原则进行改造，改造后的前门大栅栏基本维持了原有的街坊布局。该地区的建筑，按照年代、风格、历史价值的不同被划分为文物修复、保护修缮、风貌整饬、改造整治四类分别进行改造，传统风貌得到维护，有效扭转了该地区长期以来房屋衰败、环境恶化、基础设施简陋等问题。在开发改造过程中，政府在规划编制、资金投入、具体开发建设等方面都发挥了主导作用，为了保护老字号和引导老字号回迁，实际支持资金达 4000 万元。从商户的入驻情况来看，截至前门大街正式开市，已完成签约商户 103 家，其中国内品牌 81 家，占 79%，国际品牌 22 家，占 21%。汇集了全聚德、周大福、都一处等知名老字号和爱慕、美邦、李宁等民族自主品牌，以及瑞典 H&M、西班牙 ZARA 等众多国际知名品牌。[②] 前门大街开市之后，吸引了大量中外游客纷纷前来参观游览。

虽然前门大街的改造来之不易，各方面付出了很大努力，但是也存在诸多不可回避的问题。

---

① 新浪新闻：《北京前门大街全面开市营业》，http：//news. sina. com. cn/c/p/2009 - 09 - 29/013418746549. shtml。

② 网易新闻：《北京前门大街将于 9 月 28 日全面开市》，http：//news. 163. com/09/0928/07/5K9GCLU20001124J. html。

第一，缺乏清晰的战略定位。前门大栅栏项目一开始就缺乏战略定位方面的研究，比如定位为传统商业游憩区，战略定位的缺失使得开展后续工作失去参考的准绳，导致规划的机械化和片面化，编制的系列规划基本上为修建性层面的规划，是"外科手术式"一步到位的规划，在战略定位指导下配置的有助于微观主体自我繁衍、多样化的体制机制才是大栅栏商业游憩区永葆活力的根本所在。

第二，有违有机更新的理念。虽然大栅栏项目标榜依据"渐进式、小规模、微循环"的策略进行改造，但在实际改造过程中，"大拆大建"现象严重，特别是当大栅栏历史文化保护区改造项目被定位成"人文奥运"重要组成部分①的形象工程和为国庆献礼②的政绩工程的时候，快速改造建设更是不可避免，这也是前门大街能够快速改造完毕并分别在奥运会前夕亮相和国庆前夕正式开市的主要原因。

第三，损害了中小商户和居民的利益。前门大街更新改造之后，财大气粗的企业买到了前门大街的门票，但一些曾在前门老街叫得上名号的企业，却无法把招牌重新挂到崭新的前门大街上。③快速开发改造、风貌迅速转变的背后是政府和开发商面临的巨大资金平衡压力，租金的快速上涨成为中小商户难以逾越的门槛，开发改造的过程成为前门商业形态强制过滤的过程，被过滤掉的那些小商业形态恰恰是构成大栅栏旅游吸引力的重要组成部分。伴随大拆大建，大量居民被强制外迁，原住民承载的传统街坊市井文化也随之稀释和飘散，文化的真实性受到损害。短期游客的快速涌入源自奥运会、国庆节以及刚开街的眼球效应，是否能够维持长久的客流，还需拭目以待。

---

① 孙朝晖：《也谈大栅栏地区的改造与发展》，《北京房地产》2003年第12期。

② 《国庆献礼工程北京前门大街全面开市营业》，http：//xian.qq.com/a/20090929/000010.htm。

③ 网易财经：《北京前门大街租金太高吓退小本老字号》，http：//money.163.com/09/0728/02/5F9DAOIS00253B0H.html。

　　第四，冲刷了自我繁衍的土壤。大栅栏商业街是自然生长的，而不是规划出来的，完全是市场机制的行为，由于没有涉及产权和市场的问题，历史文化保护区的规划本身就是个错误。[①] 明晰产权或者赋予居民和中小商户房屋及土地的产权，是保障大栅栏有机更新的根本环节。当前已经成长壮大的老字号最初也是发端于小商户，由于没有界定产权，改造后的大栅栏难以成为孵化新的老字号的一方沃土。从这个角度来说，潘石屹的退出是明智的，因为对能够全局把控开发过程的开发商来说，很难把控历经百年市场优胜劣汰的前门现存商业形态的演化发展。当大栅栏流失了孵化新老字号的养分，保留下来的老字号和新入驻的国际品牌将更多地依靠容易波动的旅游需求而生存，当对旅游需求形成过度依赖时，也意味着旅游吸引力的不断流失。

---

　　① 　史建、崔健：《关于大栅栏煤市街的访谈》，《北京规划建设》2005 年第 2 期。

第七章 其他类型旅游房地产开发

第一节 主题体育娱乐型旅游房地产开发模式

主题体育娱乐型旅游地产主要是指以满足游客体育运动、休闲娱乐、康体健身为主要目的的房地产开发类型，以主题公园、汽车营地、运动拓展训练基地、滑雪场、高尔夫球场等为主要代表形式，主题体育娱乐型旅游房地产的不同形式有着不同的开发前景。对滑雪场和高尔夫球场来说，虽然拥有一定的市场基础，但是由于中国水资源严重缺乏，北京缺水问题更是不断加剧，这两类旅游项目在开发过程中往往会破坏山体植被，造成水土流失、生态破坏、水资源浪费等方面的问题①，与科学发展观的理念不相协调，因此，滑雪场和高尔夫球场在经历一段时间的无序发展之后，已经面临各方面的严格限制，甚至为政策所不允许。尤其是在北京，滑雪场的准入条件变得愈加苛刻，同时还将面临政府的多方监管，相关部门还将研究滑雪场的退出机制。② 对高尔夫球场来说，2004 年 3 月，北京市发改委发布落实《国务院办公厅关于暂停新建高尔夫球场的通知》，全面暂停批准新的高尔夫球场建设项目。③ 对运动拓展

---

① 赵方莹、周连兄、赵国军等：《滑雪场项目建设水土流失问题及防治对策——以北京市门头沟区龙凤山滑雪场为例》，《水土保持研究》2006 年第 3 期。

② 21 世纪滑雪网：《北京滑雪业滑向何处》，http：//www. 21ski. com/xinwen/detail. php/id - 151. html。

③ 陈琰：《北京叫停新建高尔夫球场》，《京华时报》2004 年 3 月 19 日。

训练基地来说，开发建设强度小，属于准旅游房地产项目，开发不具代表性。其中的主题公园和汽车营地这两类主题体育娱乐型旅游房地产，属于纯旅游房地产的范畴，正面临多方面良好的发展机遇，因此本部分重点对这两类旅游房地产形式进行介绍。

一　主题公园

（一）主题公园概述

根据美国国家娱乐公园历史协会（National Amusement Park History Association，NAPHA）的定义，主题公园（Theme Park）是指乘骑设施、吸引物、表演和建筑围绕一个或一组主题而建的娱乐公园（Amusement Park）。[①]　保继刚（1997）认为主题公园是由人创造的并且具有特定主题的舞台化的休闲娱乐活动空间。[②]　主题公园以特定的文化主题为灵魂，以现代科技为表现手段，以不断创新为生命力，是体验经济的表征和产物，是依靠人工开发建设的典型的产品消费层旅游房地产形式。世界上第一个主题公园诞生于 1952 年开业的荷兰马都洛丹"小人国"微缩景区。1955 年 7 月，沃尔特·迪士尼（Walter Disney）在美国加利福尼亚创办了世界上第一座迪士尼主题乐园（Disneyland），开创了世界主题公园的历史，随后在北美和欧洲陆续出现了多种类型的主题公园。[③]　1989 年 9 月，华侨城建设的锦绣中华正式开业，标志着中国第一个主题公园的诞生。由于锦绣中华的巨大示范效应，主题公园开始在全国如雨后春笋般快速涌现。[④]

据世界旅游组织预测，主题公园是目前乃至未来国际旅游发展的三

---

① 王克岭、马春光：《美国主题公园发展的经验及对中国的启示——以波利尼西亚文化中心为例》，《企业经济》2010 年第 2 期。

② 保继刚：《主题公园发展的影响因素系统分析》，《地理学报》1997 年第 3 期。

③ 保继刚：《大型主题公园布局初步研究》，《地理研究》1994 年第 3 期。

④ 保继刚：《主题公园发展的影响因素系统分析》，《地理学报》1997 年第 3 期。

大趋势之一。① 目前，全球主题公园呈现出美、欧、亚三极化发展的态势。欧洲、北美洲作为主题公园的成熟市场纷纷步入集约化和多样化的发展阶段，而亚洲主题公园市场异军突起，步入了扩张和选择发展的快速增长期。② 根据 2008 年国际旅游景区和主题公园协会（IAAPA）网站发布的有关信息，全球主题公园行业产值已达 240 亿美元，最近 20 年呈加速发展的势头。③ 普华永道《2007～2011 年全球娱乐和媒体前瞻报告》显示：亚太地区将成为全球主题公园消费增长最快的地区，而中国和印度将成为亚太地区主题公园发展的主要区域。④ 华侨城集团总裁任克雷（2009）认为，1990 年到 2000 年是中国主题公园发展的摸索期，2000 年到 2010 年是中国主题公园的自觉发展期，从 2010 年起，中国将进入一个大型主题公园发展的新时期。⑤

（二）开发类型及特点

主题公园是城市经济社会发展到一定程度的结果，当前，根据主题公园主题类型、投资规模、市场结构、游客接待量等的不同，从世界范围来看，当前已经开发的主题公园大致可以划分为大型公园和目的地公园、地区性主题公园、游乐园、小规模公园和景点以及教育型景点（科技中心、博物馆和水族馆）五种类型。⑥ 主题公园分类及相关特征如表 7 - 1 所示。

---

① 高广新：《国外主题公园业的状况与趋势》，载江蓝生、谢绳武主编《2003 年：中国文化产业发展报告》，社会科学文献出版社，2003。

② 任克雷：《中国将进入大型主题公园发展的新时期——华侨城主题公园发展的启示》，载张广瑞、刘德谦主编《2009 年中国旅游发展分析与预测》，社会科学文献出版社，2009。

③ 国际旅游景区和主题公园协会（IAAPA）：http://www.iaapa.org/。

④ 陈楠：《主题公园的主题》，《商务周刊》2010 年第 5 期。

⑤ 任克雷：《中国将进入大型主题公园发展的新时期——华侨城主题公园发展的启示》，载张广瑞、刘德谦主编《2009 年中国旅游发展分析与预测》，社会科学文献出版社，2009。

⑥ 〔美〕克里斯·约西：《世界主题公园的发展及其对中国的启示》，载张广瑞、魏小安、刘德谦主编《2001～2003 年中国旅游发展：分析与预测》，社会科学文献出版社，2002；董观志：《主题公园发展的战略性趋势研究》，《人文地理》2005 年第 2 期。

表7-1　主题公园分类及特征

类　型	特　征				事　例
	主题类型	投资规模	市场结构	年游客接待量	
大型公园和目的地公园	主题鲜明或多个部分构成主要的品牌吸引力	达10亿美元	全国或国际市场	500万人次以上	迪士尼乐园、环球影城
地区性主题公园	具有一定主题的路线和表演，有潜在品牌	2亿美元左右	省内市场和邻省市场	150万人次至350万人次	香港海洋公园
游乐园	位于城市周边，有限的品牌和主题	8000万至1亿美元	以所在城市为目标市场	100万人次至200万人次	苏州乐园、Tivoli Gardens、Elitch Gardens
小规模公园和景点	位于城市周围，室内或室外	300万至8000万美元	以所在城市为目标市场	20万人次至100万人次	石景山游乐园
教育型景点	一般为室内	500万美元以下	城市规模更小	市场规模更小	郑州水族馆

资料来源：〔美〕克里斯·约西：《世界主题公园的发展及其对中国的启示》，载张广瑞、魏小安、刘德谦主编《2001~2003年中国旅游发展：分析与预测》，社会科学文献出版社，2002。

　　主题公园是最具代表性的主题体育娱乐型旅游房地产形式，具有鲜明的开发特点，这些特点主要表现在以下四个方面。

　　第一，投资额度高，占地面积大。主题公园是人工建设的高游客容量的景区，建设强度高，具有投资额高、占地面积大的特点。比如1992年开业的巴黎迪士尼乐园，投资规模18亿美元，是占地达4800公顷的大型游乐场。[①] 在20世纪90年代，中国主题公园的投资一般在1亿元左右，个别投资规模达到3亿元左右。比如中国民俗文化村投资1.1

---

　　① 段吉盛、楼嘉军：《迪士尼乐园海外拓展路径研究》，《经济论坛》2007年第21期。

亿元，占地 20 公顷，世界之窗投资 3 亿元，占地 44 公顷。进入 21 世纪，主题公园不论是投资规模还是面积都快速上涨，投资高达 15 亿~20 亿元的主题公园也不断涌现。① 比如 2007 年 10 月开始营业的芜湖方特欢乐世界总投资额近 20 亿元，占地达 125 公顷。② 特别是国外主题公园品牌的进入，更是带动投资规模水涨船高。2009 年 1 月，美国迪士尼公司宣布在浦东兴建全球第六个迪士尼乐园，预计耗资 244.8 亿元，一期工程计划用地面积就达 150 公顷。③

第二，选址条件苛刻，区位交通条件优越。主题公园是人工建设的大型游乐场所，巨大的投资规模以及高额的运营成本使得主题公园必须靠近客源地进行布局。只有有充足的客源容量、较高的消费能力以及便捷的客源进入才能保障主题公园的可持续经营。从国内外的主题公园布局情况来看，大型的主题公园一般位于一个国家或地区的一线城市。英国旅游局曾为大型主题公园确定两大选址原则：一是区域内（1.5 小时车程范围内）有较高消费能力的居民须占该公园年游客量的 80%；二是辐射区域（2 小时车程范围内）居民总规模达到 1200 万人以上。④ 由于主题公园开发面积较大，为了降低开发的地价成本同时又能紧邻市场，因此主题公园一般在城市边缘交通条件优越的地区进行选址。⑤ 比如北京欢乐谷位于东四环四方桥东南角，开发时地价较低，同时区位交通条件优

---

① 董观志：《主题公园：城市的商业集聚与文化游戏——解读发展历程和战略趋势》，《现代城市研究》2010 年第 3 期；保继刚：《大型主题公园布局初步研究》，《地理研究》1994 年第 3 期。

② 芜湖新闻网：《〈经济日报〉昨日报道"芜湖方特欢乐世界"发展纪实》，http://www.wuhunews.cn/whnews/201001/209750.html。

③ 新浪新闻：《迪士尼落户上海耗资 244.8 亿将拉动万亿 GDP》，http://news.sina.com.cn/c/2009-01-13/073117032694.shtml。

④ 沈望舒：《中国主题公园沉浮论》，《城市问题》2009 年第 10 期。

⑤ 薛凯、洪再生：《基于城市视角的主题公园选址研究》，《天津大学学报》（社会科学版）2011 年第 1 期。

越，非常方便游客的快速进入。

第三，生命周期短，游客重游率低，投资风险大。主题公园的产品生命周期非常特殊，与历史人文或自然生态类旅游景区相比，其生命周期相对较短，并且生命周期演化的阶段特征与历史人文类或自然生态类景区不同。由于"主题公园的文化内涵缺乏永恒的深度"①，主题公园成长迅速，具有轰动效应②，起步和发展阶段往往会相互重叠，具有鲜明主题及品牌的主题公园一开业便可达到游览高峰，如果缺乏有效的创新以及品牌运营，主题公园将很快陷入衰退，出现游客量不断下滑的局面。由于刺激性运动项目是主题公园的主要体验内容，因此青少年是最重要的客源群体，比如深圳欢乐谷 2008 年"十一"黄金周期间 35 岁以下的游客占全部入园人数的比例达 92%。③青少年旅游消费具有强烈的求新求异特征，因此使得主题公园的重游率低，这也是主题公园生命周期短的重要原因。由于主题公园投资规模大而生命周期又非常短暂，对选址、经营管理提出很高要求，因此投资风险很大。当前，中国主题公园 70%处于亏损状态，20% 持平，只有 10% 在盈利，沉淀了高达 1500 亿元的投资。④

第四，创新强度高，科技含量高，多业态混合经营。主题公园生命周期短的天然特征使得不断创新成为主题公园努力延长生命周期、保持可持续经营的灵魂所在。主题公园创意创新来源于对大众娱乐消费趣味和游乐心理及行为规律的深入研究和高度尊重，以及对各类相关资源的

---

① 冯维波：《关于主题公园规划设计的策略思考》，《中国园林》2000 年第 3 期。

② 马勇、王春雷：《现代主题公园的竞争焦点及创新对策分析》，《人文地理》2004 年第 1 期。

③ 任克雷：《中国将进入大型主题公园发展的新时期——华侨城主题公园发展的启示》，载张广瑞、刘德谦主编《2009 年中国旅游发展分析与预测》，社会科学文献出版社，2009。

④ 王克岭、马春光：《美国主题公园发展的经验及对中国的启示——以波利尼西亚文化中心为例》，《企业经济》2010 年第 2 期。

整合开发。① 主题公园的创新不仅指产品创新，而是涉及项目包装、经营管理、服务方式、品牌营销的方方面面，是全方位的创新。而不断采用最前沿的科学技术成为推动主题公园不断创新的主要手段，因此，主题公园是典型的科技密集型、文化创意型产品。为了维持主题公园的持久生命力，成功的主题公园经营普遍采取多业态混合经营的模式，比如迪士尼乐园是集成电影、动漫、出版、网游等产业形态的综合体。这些文化创意产业形态与主题公园经营相得益彰，这也是美国迪士尼乐园能够长久运营的关键所在。

（三）开发案例——北京欢乐谷

北京欢乐谷位于北京市朝阳区东四环四方桥东南角（北京东南部长期以来是北京发展较为滞后的地区，是典型的城乡接合部），公园占地 100 万平方米。其中，一期占地约 54 万平方米，包括 6 大主题区、10 余项主题表演、20 余项主题游戏、30 多项主题游乐设施、50 余项主题景观、120 余项体验项目。北京欢乐谷一期投资达 20 亿元②，于 2006 年暑期正式开业，开业之后迅速突破了北京游乐公园群雄逐鹿的市场格局，成为北京都市主题公园的一支劲旅。开业以来，每天的游客接待量都在万人以上，轰动效应非常明显。北京欢乐谷总经理赵小兵认为，文化包装器械、营造游历故事、公园与演艺结合以及新鲜假日创意是北京欢乐谷成功经营的"四个驱动"。③ 为了保持欢乐谷的长久吸引力，每年追加的投入不少于 3000 万元，用于设备更新和园区改造。同时，欢乐谷将品牌建设看作公园建设的重中之重，围绕社会热点、大型赛事和节假日，不断开展活动营销，制造聚焦点，营造眼球效应。当前，娱乐、餐饮、住宿已经成

---

① 李萌：《论主题公园持久生命力的培育》，《现代城市研究》2010 年第 3 期。

② 乐途旅游：《"北京欢乐谷"落座东四环总投资 20 亿元人民币》，http://www.lotour.com/snapshot/2006 - 3 - 2/snapshot_ 33501. shtml。

③ 中国文化产业网：《北京欢乐谷"四个驱动"打造多元娱乐主题公园》，http://www.cnci.gov.cn/content/20081125/news_ 35363. shtml。

为北京欢乐谷的主要盈利点，下一步北京欢乐谷将引入动漫行业，还会进军 3D 电影制作等领域。[①]

北京欢乐谷由深圳华侨城集团历经四年建设而成。自 1989 年以来，华侨城集团相继建成锦绣中华、中国民俗文化村、世界之窗、长沙世界之窗、欢乐谷等文化旅游项目，拥有建设经营主题公园的丰富经验，是中国主题公园领域的第一大经营商。目前，华侨城在中国现代主题公园领域探索开发出三种形态：一是微缩景观主题公园，如锦绣中华、深圳世界之窗等；二是以欢乐谷为代表的参与型现代游乐园；三是正在积极探索的生态休闲度假主题旅游景区。这三种产品类型中，欢乐谷是最为成熟的一个产品。[②] 2010 年，北京欢乐谷重游率均值为 35%，旺季高达 40%，游客接待量达 270 万人次，营业收入超过 3.5 亿元。[③] 北京欢乐谷已经成为北京运动体验旅游的重要标志。北京欢乐谷在开发过程中，同样延续"旅游＋地产"的开发模式。伴随北京欢乐谷的开业，搭配的华侨城住宅项目也陆续开盘，欢乐谷的眼球效应带动了相关楼盘的迅速升值。结合主题公园的开发特点以及北京欢乐谷的开发运营案例，可以总结其开发模式框架如图 7－1 所示。

二 汽车营地

（一）汽车营地概述

汽车营地是指针对自驾车旅游和服务于自驾车旅游者而开发的营地型休闲度假区，一般包括露营、住宿、餐饮、娱乐、拓展、汽车保养与维护

[①] 新浪财经：《北京欢乐谷：主题公园活动营销》，http：//finance. sina. com. cn/leadership/mscyx/20110121/10179290574. shtml。

[②] 任克雷：《中国将进入大型主题公园发展的新时期——华侨城主题公园发展的启示》，载张广瑞、刘德谦主编《2009 年中国旅游发展分析与预测》，社会科学文献出版社，2009。

[③] 乐途旅游：《"北京欢乐谷"落座东四环总投资 20 亿元人民币》，http：//www. lotour. com/snapshot/2006－3－2/snapshot_ 33501. shtml。

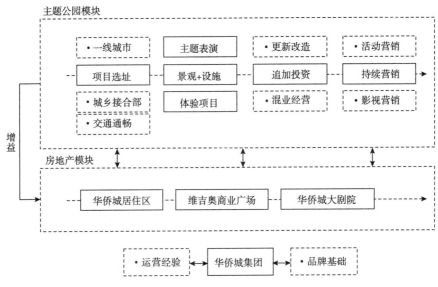

图 7-1　北京欢乐谷主题公园开发模式

等服务，以为自驾车旅游者提供旅游服务特别是能够为房车（Recreational Vehicle，RV）提供补给服务为主要特征。汽车营地是露营地的重要代表形式，是随着露营旅游与自驾车旅游不断发展并相互交汇演化的产物。团体露营活动最早起源于美国学校开展的夏令营活动，随后露营很快成为美国四大户外流行游憩活动之一。[①] 1933 年，总部设在布鲁塞尔的国际露营协会（F. I. C. C. ）成立，这标志着野营活动开始向有组织化的方向发展。随着汽车的普及以及高速公路网的建设，帐篷露营者迅速下降，大型商业汽车营地迅速取代小型营地[②]，并且房车露营快速流行。[③] 当前，汽车营

---

① Clawson, M. and Doren, C. S. , "Statistics on Outdoor Recreation," *Resources for the Future*, Washington D. C. （1984）.

② Jobes, P. C. , "Old Timers and New Mobile Lifestyles," *Annuals of Tourism Research*, 1984, 11（2）, pp. 181 – 198.

③ Bryant, R. M. , "The Recreational Vehicle Sales Phenomenon and Historical Use Trends". In: Wood, J. D. , Jr. , Editor, *Proceedings of the* 1985 *National Outdoor Recreational Trends Symposium InNortheast Agricultural Experiment Stations*, NE – 137 Volume I, U. S. Department of the Interior, National Park Service, Southeast Regional Office, Atlanta GA （1985）, pp. 76 – 79.

地在西方国家已经获得长远发展，目前，美国大约有 2 万个露营地，欧洲大约有 5 万个，主要分布在公园、郊区、风景区和自然保护区等区域。① 借助汽车营地开展休闲度假活动已经成为非常成熟的旅行方式。

汽车露营活动被誉为 21 世纪休闲活动的主流方式。进入 21 世纪，伴随黄金周旅游的井喷，自驾车旅游开始进入人们的生活。近年来，中国家庭小汽车迅速普及，特别是在大中城市，节假日自驾到郊区旅游已经成为非常流行的旅游方式，有关汽车营地的消费需求不断提升。2006 年，国家旅游局提出建设自驾车营地的概念，随后个别省份开始编制汽车营地建设规划。北京市旅游局于 2010 年 1 月专门召开了汽车露营地建设工作会议，提出第一批汽车露营地于 2010 年 5 月前建成营业。② 房车的普及是汽车营地发展的重要助推器，从美国的情况来看，截至 2009 年底，美国房车保有量已达到 860 万辆，家庭房车拥有率已接近 10%。③ 看到国内房车市场的巨大潜力，以中天高科特种车辆为代表的房车制造商不断出现，房车俱乐部开始发展，房车销售开始增长，在一线城市，房车旅游也开始悄然流行。2009 年底国务院出台的《关于加快发展旅游业的意见》还专门提出"把旅游房车、邮轮游艇、景区索道等旅游装备制造业纳入国家鼓励类产业目录"。国际露营协会主席阿尔维斯·佩雷拉（Alves Pereira）认为，在近十年间中国露营旅游产业将会以惊人的速度发展起来。④

---

① 罗艳宁：《汽车营地规划设计方法研究——以南京大石湖生态旅游度假区为例》，《中国园林》2008 年第 6 期。

② 厉新建、王真真、王雪东等：《我国自驾车旅游与汽车营地建设：发展、问题与对策》，http://wenku.baidu.com/view/5d8893fb770bf78a652954a8.html。

③ 卢艳、蔡璐：《房车行业市场调查及我国房车产业发展对策》，《科技与产业》2010 年第 12 期。

④ 21RV 房车网：《21RV 人物专访：FICC 国际露营协会主席佩雷拉先生——世界露营期待中国参与》，http://www.21rv.com/renwu/fangcherenwu/2008-9/11/155320515.htm。

（二）开发类型及特点

汽车营地有多种分类方法，根据停靠车辆的不同，可以划分为小汽车营地和房车营地。实际上，当前开发的汽车营地一般是既可停靠小汽车，也可以停靠房车的综合性营地。根据建设地域环境的不同，可以划分为山丘型汽车营地、水域型汽车营地、草原型汽车营地、林地型汽车营地、沙地型汽车营地以及海滨型汽车营地。根据汽车营地建设形式的不同，可以划分为区域型营地、广场型营地、复合型营地和中间型营地①，还有的研究者将其划分为均匀发展型营地、辐射型营地以及主轴线型营地三种布局类型。② 不论是根据何种标准进行分类，在国际上汽车营地这种已经非常成熟的旅游开发形式具有一些共同的开发特点。

第一，规划建设标准化，质量认证统一化。当前，在国际上，汽车营地建设已经非常成熟，实现了规划建设的标准化。国际露营协会在 32 个国家发展了 56 家会员俱乐部③，积极推动了露营旅游的全球化发展以及露营旅游地的标准化建设。标准化的汽车营地一般包括车辆停放区、生活区、娱乐区、商务区、运动休闲区等基本功能区，相关功能区配套的设施和服务也有统筹性的标准。与标准化建设相配套，西方国家还积极开展质量认证工作，比如英国各地的旅游委员会从 2000 年起开始采用全英统一的营地星级认证体系，以为房车营地、露营地和假日营地提供统一的质量定级评价标准。④ 当前，中国已经开始有组织地推动汽车营地的标准化建设。2006 年，中国汽车运动联合会成立的汽车露营分会，为了推动中国汽车营地的建设，参考国际汽车营地建设标准并结合中国国

---

① 21 世纪房车网：《汽车露营地建设规则——营地的设施规划》，http：//www.21rv.com/yingdiguize/2007－6/29/185000270.htm。

② 吴小青、弓弼、王大芳等：《汽车营地规划设计方法及应用》，《西南林学院学报》2010 年第 3 期。

③ 国际露营协会官方网站：http：//www.ficc.org/。

④ 陈友飞：《英国的 CARAVAN 营地及其借鉴意义》，《世界地理研究》2002 年第 2 期。

情制定了《中国体育休闲（汽车）露营营地建设标准（试行）》。当前，国家旅游主管部门已经开始制定《露营地建设运营规范》和《旅游露营地星级评定标准》等规范性文件。

第二，多在城市郊区生态环境优异地区或依托风景区选址。英国的房车营地多设立在城市边缘、近郊区、海滨或湖滨等宁静、环境优美的地区。[①] 从区位来看，汽车营地一般在距离当地中心城市 150～200km、车程在 2～3 小时以内建设为宜。[②]《中国体育休闲（汽车）露营营地建设标准（试行）》提出 5 条具体的选址要求：①选择远离滑坡、巨浪、洪水、高压线、有害动植物等易发自然灾害的安全场所，应适当远离城镇和工厂，并应交通便利；②选择生态环境良好的自然地带，有绿树、河流，日照充沛，在海边或湖畔，周边有风景区、名胜古迹等可供露营者游览欣赏且环境舒适的地域；③选择宜配备汽车给排水、电源、通信、道路等与生活相关的基础设施的地域；④应有确保能够停放足够车辆的场所；⑤不宜选择空气流通不畅、视线不佳的盆地及多雾等特殊气候的区域。成功的选址是汽车营地成功的前提和关键。

第三，适应自驾车旅游者需求特征，软硬件设施齐全，支撑保障体系完善。汽车营地主要是针对自驾车旅游者开发的产品，而自驾车旅游具有自主性、随意性、灵活性、开放性、个性化等特征，兼具时尚性和人性化、刺激性强、消费档次较高、体验性最佳等特点[③]，因此对汽车营地的软硬件建设提出全方位的要求，需要能够满足自驾车旅游者餐饮、住宿、娱乐、运动、安全防护等多方面的需求。由于自驾车旅游一般以家庭为单位，因此汽车营地还需要安排针对小孩和老人方面的亲情化设施及服务，汽车营地一般包括的设施及服务如表 7-2 所示。汽车营地的

---

① 陈友飞：《英国的 CARAVAN 营地及其借鉴意义》，《世界地理研究》2002 年第 2 期。

② 张宪洪：《中国汽车营地旅游项目开发运作的理论、方法与实务》，西北师范大学硕士学位论文，2003。

③ 陆军：《广西自驾车旅游营地发展研究》，《旅游学刊》2007 年第 3 期。

健康有序发展，还提出诸多支撑保障方面的要求，比如标准化建设、公共移动信息发布、房车上牌、汽车租赁服务、房车俱乐部服务等方面的要求，而目前中国在有效支撑汽车营地发展的软环境方面还非常欠缺。

表7-2　标准化汽车营地包含设施及配套服务一览表

基本功能区	相关设施及配套服务
车辆停放区	自驾车（房车）营位、停车场、简易修车场、简易加油站等
住　宿　区	汽车旅馆、移动木屋、帐篷等，提供生活用电和生活用水，并配有淋浴、卫生间，提供洗衣、熨衣、煤气等服务设施
生　活　区	超市、邮局、诊所、酒吧、餐馆、健身房等
娱　乐　区	儿童游乐园、棋牌多功能厅等
商　务　区	会议多功能厅、商务室、器械租赁处、接待室等
运动休闲区	网球、游泳池、拓展攀岩、高尔夫练习场等

资料来源：中国房车旅游露营网，http：//www.crvc.com/。

（三）开发案例——密云南山房车小镇

南山房车小镇位于北京市密云县河南寨镇境内，场地以起伏交错的山丘为主，距离北京市区约35分钟车程，毗邻北京地区最大的南山滑雪场，项目总规划面积2858亩。[1] 房车小镇是汽车营地的升级版，是一个上规模的、各类设施均非常完善的大型汽车营地，比如美国有的房车小镇拥有3500个房车营位。[2] 在20世纪80年代末，美国已经拥有509处房车小镇，已经占到私人露营地的4.7%。[3] 南山房车小镇从2010年5月开始筹划建设，同年10月样板区亮相。样板区占地面积约470亩，投资规模达2亿元，由综合服务会所、房车营位区、帐篷露营区、休闲娱乐区、

---

[1] 21世纪房车网：《港中旅密云南山房车小镇》，http：//www.21rv.com/camp/gnyd/2011-2/11/1508054.html。

[2] McNally, R. and Company, "Campground & Trailer Park Directory: United States, Canada, Mexico," *Rand McNally & Company Campgroung Publications*, Skokie IL (1984).

[3] Janiskee, R. L., "Resort Camping in America," *Annuals of Tourism Research*, 1990, 17 (3), p.390.

房车酒店、房车及露营用品展示区、后勤设施等部分组成，规划房车营位 300 个。南山房车小镇由中国港中旅集团公司（港中旅）投资建设，南山房车小镇从规划选址、功能布局、设施配置到运营管理都严格依照国际标准，在建设中贯彻环保、绿色、低碳的理念，是国内首家按照国际标准建设的房车营地。

中国港中旅集团公司位居中国旅游集团 20 强之首，是中国旅游业的龙头企业，港中旅通过北京密云房车营地的建设，总结经验，规范标准，引领市场，把房车旅游这一新的休闲消费方式向全国推广，在 3～5 年内，基本完成在全国主要省市的布局，发挥央企在创新旅游产品、拓展旅游业态、促进旅游产业升级方面的带动力和影响力。[1] 下一步港中旅还将开发海南及全国各地的房车小镇，力争在短期内实现房车营地的网络化经营。结合汽车营地的开发特点以及南山房车小镇的开发案例，可以总结其开发模式如图 7 - 2 所示。

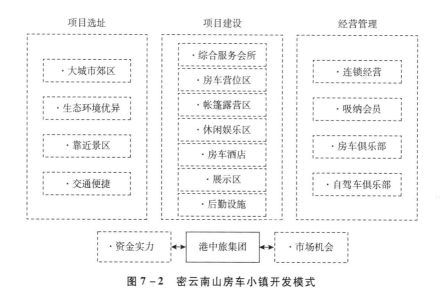

图 7 - 2　密云南山房车小镇开发模式

---

① 新浪财经：《港中旅建成国内首家国际标准房车营地》，http://finance.sina.com.cn/chanjing/gsnews/20101015/09543481782.shtml。

第二节　郊野度假型旅游房地产开发模式

郊野休闲度假型旅游房地产主要是指建设于大都市区建成区之外城乡一体化发展区范围之内，能够满足旅游者休闲度假旅游需求、以实现较长时间停驻的房地产开发类型，主要以各类度假村（温泉度假村、山地养生度假村、乡村度假村等）、农业采摘休闲园、度假酒店、度假别墅、第二居所等为代表形式。郊野休闲度假村的类型非常多样化，综合来看，随着郊野休闲度假旅游的兴起，具备养生、疗养、康体、健身等功能，文化内涵丰富，充分吸纳或表现深厚的文化内涵，适应时代需求，能够为游客提供充分体验的郊野度假类旅游房地产项目具备更加广阔的发展前景。而温泉度假村、根植于中国传统养生文化的山地养生度假村就具备这样的特点。

一　温泉度假村

（一）温泉度假村概述

温泉度假村是适应温泉旅游需求而建设的，以疗养、休闲、度假为主要功能的旅游房地产形式。在国外，特别是欧洲和亚洲的日本，温泉洗浴历史悠久，也最为兴盛。最初温泉被用来治疗风湿、皮肤感染以及消化不良等病症。在欧洲，从罗马时代温泉洗浴就已经流行，温泉浴场成为罗马军团军官和士兵的消遣场所。很多城市比如巴登（Baden）、洛桑（Lausaanne）、圣莫里茨（St. Moritz）、茵特拉肯（Interlaken）、布达佩斯（Budapest）等现代知名城市都是因为温泉资源而发展起来的。到 17 世纪，中产阶级、社会精英和贵族纷纷热衷温泉疗养，温泉浴室开始包括娱乐表演、宴会厅和卖场等内容，温泉洗浴地开始进化为现代意义的旅游胜地。①

---

① Hall, M., "Spa and Health Tourism," in Hudson, S.'s *Sports and Adventure Tourism*, The Haworth Press, Inc., 2003, pp. 275 – 278.

19 世纪初，美国出现以温泉为主题的山庄，在 20 世纪七八十年代，温泉旅游快速发展，在强调治疗疾病的基础上不断融入休闲元素。① 在亚洲，日本是温泉洗浴非常兴盛的国家，明治维新以后便出现了温泉旅游地；二战以后，随着日本经济的起飞，温泉旅游开始形成并获得迅速发展，② 目前，日本大约有 3000 多个大大小小的温泉度假村。③

中国的温泉利用历史也非常久远，甚至可以追溯到秦始皇为了治疗疮伤而修建的"骊山汤"。④ 在唐代，温泉一度被大规模使用，最著名的要属唐玄宗为杨贵妃建设的"华清池"。⑤ 但在历史上，温泉开发利用仅局限于帝王建设的行宫别院。新中国成立后，曾经建设了一些"工人温泉疗养院"，⑥ 成为高级干部、工人以及伤员的疗养场所。改革开放后，温泉旅游才开始发展，温泉旅游发展助推了温泉度假村的建设。到 20 世纪 90 年代末，珠海御温泉的开始营业标志着现代意义上温泉度假村的出现。当前，广东省是温泉度假村建设最为密集的省份，粗略估计大大小小的各类温泉度假村有 300 多家。当前，温泉旅游前景广阔，2000 年，国际温泉疗养协会（ISPA）曾经预测，温泉旅游业将以每四年翻一番的速度向前发展。⑦ 在中国，温泉旅游还是一种非常时尚、高档的旅游形式。总体来看，当前中国的温泉旅游处于快速发展阶段。北京大都市区范围内地热资源较为丰富，温泉度假村有着良好的开发前景。

---

① Spivack, S. E., "Health Spa development in the US: A Burgeoning Component of Sport Tourism," *Journal of Vacation Marketing*, 1998, 4 (1), pp. 65 – 66.
② 张雪：《温泉度假酒店设计的研究》，南京林业大学硕士学位论文，2009。
③ 〔日〕德久球雄：《日本的温泉及其利用》，《中国旅游报》2004 年 11 月 11 日。
④ 楚杰：《温泉度假区的开发管理》，《中国旅游报》2006 年 8 月 9 日。
⑤ 毛飞峰：《中国温泉文化发展变迁史》，《中国旅游报》2007 年 1 月 29 日。
⑥ 黄向、徐文雄：《我国温泉开发模式的过去、现在与未来》，《规划师》2005 年第 4 期。
⑦ 张雪：《温泉度假酒店设计的研究》，南京林业大学硕士学位论文，2009。

（二）开发类型及特点

根据氯离子、碳酸根离子、硫酸根离子所占比例的不同，可以将温泉划分为氯化物泉、碳酸氢盐泉和硫酸盐泉。根据温泉地质特性的不同，可将其划分为火成岩区温泉、变质岩区温泉、沉积岩区温泉。按照温泉流出地表时与当地地表的温度差，可以划分为低温温泉、中温温泉、高温温泉、沸腾温泉四种。[①] 虽然温泉是温泉度假村开发建设的基本资源，温泉度假村因温泉类型的不同而表现出不同的特色，但是温泉度假村的类型一般不为温泉属性所影响，区域整体开发条件、开发商决策、文化特色、市场特征等是决定温泉度假村类型的基本因素，温泉度假村的开发模式非常多样化。比如柏联 SPA 利用昆明作为国际旅游城市的大环境以及阳宗海的高原湖泊度假环境，建设了非常高端的 SPA 度假村，北京温都水城形成了"大型室内水游乐 + 温泉泡浴 + 度假酒店群 + 房地产"的发展结构；北京凤山温泉采用了室内热带环境私密性温泉与室外半坡露天温泉相结合形式；北京九华山庄是会议会展与温泉高度结合的大型温泉会都。[②] 虽然温泉度假村的类型多样，或者说，特色化和个性化是温泉度假村赢得市场竞争的关键，但是温泉度假村也具有一些共同的开发特点。

第一，典型的资源依托型产品。温泉度假村需要依托温泉资源进行开发，因此，温泉度假村是资源靠近型旅游产品。温泉主要有两种形成方式，一种为地壳内部岩浆作用或者为火山喷发所伴生，另一种为受地表水渗透循环作用而形成。[③] 在近代地壳断裂运动活跃区、现代火山分布区、近代岩浆活动区等处容易形成地热带并产生温泉。温泉度假村一般需要在温泉资源分布地区进行选址，如果温泉分布区施工难度大，客人

---

① 余伟：《温泉度假区规划方法研究》，同济大学硕士学位论文，2008。
② 维文：《中国温泉进入二次升级时代》，《中国旅游报》2008 年 11 月 21 日。
③ 余伟：《温泉度假区规划方法研究》，同济大学硕士学位论文，2008。

进出不便，或者地质不稳定以及可能发生山体滑坡等自然灾害，也可以通过水泵、管道和储水池进行远距离供水。地质地貌、水质、温度、流量等因素是决定温泉资源开发价值的关键因素。[①] 从北京的情况来看，主要包括四条温泉地热带，即怀来—延庆地热带、温泉—沙河—小汤山地热带、良乡—城区—天竺—李遂地热带和榆垡—凤河营地热带，具有地热资源开发利用条件的地区达 2372km^2，其中平原地区地热资源 1752km^2，远景储量也非常可观，相当于 9.14 亿吨标准煤的发热量（北京平原地区地热资源情况如表 7 - 3 所示）。[②] 北京的地热资源含有氟、镭、氡、偏硼酸与硫化氢等化学成分，对关节炎、风湿病、肠胃病、神经衰弱、失眠等病症有很好的疗效，因此具有较高的开发价值。

表 7 - 3　北京平原地区地热资源远景储量情况一览表

储量远景区	面　　积	水　　温	相当于标准煤发热量
延庆盆地胡家营到三里河温泉远景区	100km^2	42℃以上	5000 万吨标准煤
海淀区温泉村到昌平区小汤山远景区	390km^2	40℃ ~65℃	1.96 亿吨标准煤
房山区良乡、城区、顺义远景区	610km^2	40℃	4.1 亿吨标准煤
大兴区榆垡、凤河营、夏垫远景区	470km^2	46℃ ~80℃	2.58 亿吨标准煤

资料来源：国际新能源网：《北京地热资源及其开发利用》，http：//www. in - en. com/newenergy/html/newenergy - 20062006110746797. html。

第二，开发形式不断复合化，以露天洗浴为最大特色。从世界范围来看，温泉利用方式不断发生变化，总体经历了"疾病治疗—洗浴疗养—休闲度假—主题娱乐"不断升级或综合的总体发展轨迹。从中国的情况来看，温泉利用经历了从温泉疗养院、温泉宾馆、温泉医院直到满足休闲度假需求的温泉度假村的变迁，[③] 当前开发的温泉度假村一般融合

---

① Samsudin, A. R., Hamzah, U., Rahman, R. A. et al., "Thermal Springs of Malaysia and Their Potential Development," *Journal of Earth Science*, 1997, 15 (2 - 3), pp. 275 - 284.

② 国际新能源网：《北京地热资源及其开发利用》，http：//www. in - en. com/newenergy/html/newenergy - 20062006110746797. html。

③ 黄向、徐文雄：《我国温泉开发模式的过去、现在与未来》，《规划师》2005 年第 4 期。

养生疗养、水上娱乐、观光游憩、休闲度假等功能，有些还与会议会展、住宅房地产开发等相互联系，而且温泉度假村的开发规模不断升级，开始向着大型温泉度假区的方向演变。适应现代人亲近大自然的需求，露天洗浴或者室内室外相结合成为温泉度假村开发的基本特点。相关调查显示，露天洗浴是温泉度假村吸引游客的关键因素。① 因此，温泉度假村在开发过程中，保持与自然生态环境的协调，营造优美的洗浴氛围，汤池设计自然化、园林化、露天化、私密化，保障游客能够与自然生态环境保持亲密接触是成功的关键。

第三，独特的文化特色是温泉度假村成功开发的灵魂。温泉洗浴不论是在国外还是国内，都有着悠久的历史文化传承。因此，温泉度假村一般以统一的文化主题进行开发，通过将文化内涵渗透于产品项目、服务设施、建筑设计、景观设计、市场营销、经营管理的方方面面，从而塑造温泉度假村的灵魂和个性。成功确定文化主题和有效渗透文化主题是温泉度假村在激烈的市场竞争中脱颖而出的立足点。传统文化、国外洗浴文化、皇家文化、地域文化、养生文化、民俗文化等文化形式均可以为温泉度假村开发所借用，但是需要注意的是，当前温泉度假村竞争非常激烈，那些简单的借用皇家园林、欧式建筑、美式建筑、日本园林风格而设计的温泉度假村，已经很难在新的市场竞争格局中取胜。② 温泉度假村赖以依托的文化主题不断倾向于地域文化、传统文化、民俗文化等更加个性化的文化形式。在温泉度假村的规划建设过程中，实现与地域特色文化的有效对接是避免文化主题雷同、解决文化内涵缺失，进而塑造独特竞争力的有效手段。③

---

① 王华、彭华：《温泉旅游开发的主要影响因素综合分析》，《旅游学刊》2004 年第 5 期。

② 杨振之：《我国温泉度假地开发现状及发展趋势》，《中国旅游报》2006 年 10 月 25 日。

③ 邹积艺、刘力铭：《温泉度假地规划设计：理念与实践》，《中国旅游报》2006 年 8 月 30 日。

第四，季节性特征明显，游客花费高，重游率高。温泉度假村是一种季节性特征非常明显的旅游产品，一般来说，冬季寒冷月份是温泉旅游的旺季，而夏季炎热月份是温泉旅游的淡季。从区域旅游发展的角度来说，中国北方旅游普遍存在冬季"半年闲"的问题，由于温泉旅游的季节性与区域旅游的季节性恰好相反，因此温泉度假村是有效应对区域旅游季节性问题的产品形式。从温泉度假村自身的角度来说，夏季炎热月份游客的大规模减少将降低企业的盈利能力，因此，温泉度假村在开发过程中，积极引入可以在夏季开展的水上娱乐、水上运动、儿童戏水等游乐项目是有效避免季节性问题、提高盈利能力的重要举措。温泉度假村游客花费高，重游率高，是具有较强盈利能力的高档旅游产品。美国的很多温泉运营商认为由于温泉旅游者停留时间长、购买服务多，因此温泉旅游花费一般是传统旅游花费的 4～5 倍。温泉旅游具有的独特疗养功能使得泡温泉成为很多群体的爱好和生活方式，因此，温泉旅游比其他旅游产品有着更高的重游率。在美国，诸多温泉度假村的重游率可以达到 70% 左右。[①]

（三）开发案例——北京温都水城

北京温都水城是一家以温泉为特色的大型综合性度假旅游区，位于昌平区北七家镇郑各庄村，地处北京中轴线延伸线以北 20 公里处，北依温榆河，区位条件优越，交通便利。温都水城位于小汤山地热带，地热资源丰富，目前开发有六眼温泉井，深度达三千余米，出水温度为 79℃，各种矿物质含量丰富，日出水量近万方。温都水城所在的郑各庄历史文化底蕴深厚，具有皇家气韵。郑各庄村曾为清代雍正年间理亲王弘晳的府邸，《啸亭续录·京师公府第》记载："理亲王府在德胜门外郑家庄，俗名平西府。"温都水城项目由美国利诺（国际）公司整体策划、澳大利

---

① Spivack, S. E., "Health Spa Development in the US: A Burgeoning Component of Sport Tourism," *Journal of Vacation Marketing*, 1998, 4 (1), p. 75.

亚 SDG 设计集团设计、宏福集团投资兴建，总投资 20 多亿元，于 2006 年正式开业。宏福集团创建于 1996 年，目前已经成为以建筑业为龙头，科技产业、教育后勤产业为两翼，旅游休闲产业为主导的村企合一的大型民营企业集团。

宏福集团投资建设的温都水城项目，建设有 8000 平方米的温泉养生会馆，面积达 5650 平方米的户外温泉区以及康熙行宫、四合院等风格各异的温泉汤池共计 70 多个。除了温泉养生疗养之外，温都水城还集星级宾馆、商务会议、大型水上娱乐项目于一体，建设有三座星级酒店，合计 2000 余套客房、55 间大小会议室。其中包括大型综合水体游乐场馆 HI 水空间，可同时容纳 5000 人开展水上游乐活动。自从开业以来，温都水城还不断组织上演各类节庆演出活动，比如郑家庄皇城开城大典，《音乐现场》大型音乐歌会，《和谐中国》文化艺术节，龙的传人、红楼梦中人等演艺活动。温都水城河、湖、溪、潭及室内外水系贯通相连，全长达 7 公里，水陆比例为 4:1。为了保证水源供给，它综合利用了地热、井水和大规模净化的"中水"资源。为了节约水资源，不断将污水进行处理后回灌人工湖和护城河，以实现循环再利用。结合温泉度假村的开发特点以及温都水城的开发案例，可以总结其开发模式如图 7-3 所示。

二　山地养生度假村

（一）　山地养生度假村概述

本书的山地养生度假村重点是指在山地地区开发建设的，以中国传统养生文化为基本内涵或特色，以养生保健、康体健身为主要体验内容的度假类旅游房地产形式。[①] 除了海洋之外，山地是最基本的地形地貌表

---

① 养生度假村有很多类型，比如上文提到的温泉度假村就是一类以养生疗养为主要功能的度假村形式。由于温泉资源多位于山区沟谷地带，也经常表现为山地度假村，但是温泉度假村并不都是山地度假村，温泉度假村只是山地养生度假村的一种重要形式。中国传统养生文化与温泉养生疗养相比，有着更加博大精深的内涵。

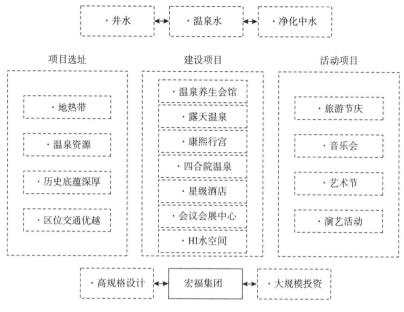

图 7 - 3　北京温都水城项目开发模式

现形式。在中国，山地面积约占陆地总面积的 2/3。[①] 山地是中华文明的重要发祥地，《易·系辞》说"上古穴居野处"，其中"穴居"的场所就是山地。山地文明是中华文明的重要表现形式，中国道教在山上，中国的武术在山上，中国的中草药在山上，中国的茶叶在山上，中国的思想和文化也在山上，山地凝结了中华传统养生文化的精髓，甚至可以说山地文明是中华文明区别于西方海洋文明的重要特征。中国自古就有利用山地进行养生旅游度假的传统，传统的著名的旅游目的地几乎都是名山大川。

"养生"一词最早见于战国时期问世的《庄子·养生主》，其源自于《老子》。[②] 所谓养，就是保养、调养、补养的意思；生，就是生命、生存、生长的意思。养生又称摄生、道生、保生、寿世，它是根据生命的

---

① 潘凤英、沙润、李久生：《普通地貌学》，测绘出版社，1989。

② 王伟：《对中国传统养生体育衍生、发展的再研究》，《山东体育科技》2005 年第 1 期。

发展规律，达到保养生命、健康精神、增进智慧、延长寿命目的的科学理论和方法。作为中国传统五大养生文化体系之一的道家养生文化体系，是中国传统养生文化的主体和核心。① 而道教向来崇尚在云雾缥缈的高山胜岳、奇峰异洞建立道场。从养生文化的角度来看，中国传统养生文化博大精深，并与山地有着不解之缘。当前，随着生活节奏的加快和工作压力的加大，城市居民高血压、糖尿病、癌症、冠心病等慢性疾病频发，失眠、乏力、无食欲、易疲劳、心悸等亚健康问题变得越来越严重，人们对中国传统养生文化越来越重视，养生度假需求也不断上涨。在此情况下，以中国传统养生文化为内涵的山地养生度假村将迎来广阔的发展前景。

（二）开发类型及特点

中国传统养生文化在长期的理论著述和实践应用过程中，形成四大养生体系，分别为儒家养生、佛家养生、道家养生以及医家养生。② 山地养生度假村依据养生文化内涵的不同，也可以划分为不同的主题文化类型或混合的类型。山地养生度假村一般需要在风景名胜区或风景名胜区的边缘地带选址，区域文化或其依附的风景名胜区所蕴含的养生文化内涵可以成为山地养生度假村养生文化选择的依据。如果依附佛教文化名山，那么佛家养生可以成为山地养生度假村的基础文化内涵。而如果依附道教旅游胜地，那么道家养生就可以成为其养生文化主题。五大养生文化体系只是大致的分类，其中任何一种养生文化体系都含有复杂和丰富的内涵，根据典型历史人物、理论流派、基础资源条件的不同，还可进行进一步的分类。综合来看，山地养生度假村的开发主要包括三大方面的特点。

第一，植根于中国传统文化，崇尚自然，天人合一。山地文化蕴藏

---

① 郝勤：《道教与中国传统养生文化》，《中国道教》1989 年第 2 期。

② 春秋兴：《古典生命科学的实践成果》，《医药与保健》2010 年第 10 期。

了中华传统文明的密码和基因。崇尚自然、天人合一是中华民族传统哲学的精髓，是中国山水哲学的思想基础。《道德经》认为"人法地，地法天，天法道，道法自然"，自然被置于永恒法则的地位，这充分表达了崇尚自然、敬畏自然、顺从自然的心理特征。《庄子·达生》曰："天地者，万物之父母也。"中国传统哲学认为，天地人三者虽各有其道，但又是相互对应、相互联系的。崇尚自然、天人合一的哲学观反映在建筑选址方面，正如《宋书·谢灵运传》所说的"修营别业，傍水依山，尽幽居之美"。中国传统风水学说关注人与自然的有机联系和相互感应，处处表现出对自然环境的理解和顺应。不论是形势派还是理气派，都讲究考察山水、踏勘地形，将对山形、地势的考察置于首位，对山川形势高度关注。

第二，以中国传统养生文化为内涵。中国传统养生文化在中国传统文化与传统哲学思想孕育下产生，以"天人合一"、"阴阳平衡"和"气一元论"为三大基点。[①] 养生文化是中国先民在长期的生活实践中认真总结生命经验的结果，是中华民族传统文化的有机组成部分，是中华民族的文化瑰宝。中国传统养生之道以防病健身延年益寿为宗旨，萌生于原始时代，兴盛于战国，经历代各学派的发展，不同的养生体系具有不同的内涵或侧重点。道家以坚持修炼、安神固形而求长生久视；医家形成了理论全面、方法多样的防病体系；佛家则以清静养性、静功修炼为长……[②]中国传统养生文化具有崇尚节制、简约的独特气质特征，其养生内容与现代养生科学的研究成果具有高度的一致性，养生保健、治病疗养、静养清修及其包括的人生哲学、人生艺术、人生美学恰好适应了现代人的休闲度假需求。[③]

---

① 翁炀晖：《论中国传统养生的理论基础》，《搏击·武术科学》2009 年第 1 期。

② 黄渭铭：《论中国传统养生之道》，《哈尔滨体育学院学报》1990 年第 2 期。

③ 张一龙：《论休闲时代背景下传统养生文化的价值》，《广州体育学院学报》2007 年第 4 期。

表 7 - 4　中国传统养生文化体系基本内涵一览表

养生文化体系	基本内涵
儒家（修身）养生观	儒家养生履行的是一种道德责任，修德重于养体。以修身养性、仁寿相兼、重礼和节、养生延年、演练六艺、调养情性为理论基础或内容。儒家强调的崇德修德是一种"养神"，而这种"养"，侧重的是精神的升华
佛家（心验）养生观	佛家养生，侧重"见性"，轻"修命"，提倡清静养性。中国禅宗提倡保持一颗"平常心"，遵循豁达、闲适、超然、洒脱的生活态度和方式。禅定中的修炼过程强调调身、调息、调心，用一念统摄万念，意守一念而达到无所守为
道家（自然）养生观	道家养生强调人的自然性，包括自然恬淡、少私寡欲的生活情趣，清净虚明、无思无虑的心灵境界，以及以这种生活情趣与心灵境界为主，以养气守神等健身方法为辅的良好的生理状态三大层次。具体包括禁忌、食养、服食、导引、按摩、行气、辟谷、房中术、外丹术、内丹术等养生修炼内容
医家（平衡）养生观	医家养生以自身身体为核心，以生命运动为宗旨，保持健康的体魄为最高目标。强调保持情绪稳定、心理平衡以及掌握好情志活动的"度"。养生的主要目的在于防病治病，一方面运用药物、针砭等各种外在方法祛除疾病；另一方面通过主动地顺应自然规律，把握自身之阴阳运化，主动调节以实现体内体外环境的平衡

資料来源：张一龙：《论休闲时代背景下传统养生文化的价值》，《广州体育学院学报》2007年第4期。

　　第三，把握山地建设的基本规律或原则。山地养生度假村建设于山地生态系统之中，根据崇尚自然、天人合一的中华民族传统哲学思维，山地养生度假村的建设需要与地质、地形、气候、水文、植被等生态子系统协调统一，从而顺乎自然。山地建筑的布置一般需要遵循"负阴抱阳、背山面水"的原则。根据山地的地形特征，一般来讲隐蔽性的坐北朝南的凹形坡地与开敞形凸形瘠地都比较适合布置度假村建筑群。① 地形坡度是影响建筑的重要因素，随着坡度的增加，地质稳定性变差，而且

---

　　①　黄嘉玮：《山地度假村设计研究》，天津大学硕士学位论文，2006。

建设成本不断增加。在山地，气流因素受地形的影响很大，山地单体建筑布局需要考虑能够获得良好的自然通风。在山地建筑的建设过程中，一般遵循传统的"小、散、隐"原则，通过将建筑"化整为零"，"建筑体量宜小不宜大、建筑层数宜低不宜高、建筑布局宜疏不宜密"来协调与山地生态环境的关系。

（三）理论开发模式

在竞争激烈、工作节奏不断加快的现代化社会，人们在嘈杂的环境中深受慢性疾病、亚健康所困扰，外加精神信仰的缺失，具备较强消费能力的人们开始寻求在内涵丰富的中国传统养生文化中汲取给养，寻求心灵的寄托。基于中国传统养生文化的休闲养生市场正在快速孵化，然而当前中国的养生市场鱼龙混杂，外加人们急功近利，内心浮躁，养生消费非理性特征明显，近年来催生出了神医张悟本、"养生大师"李一的神话故事。当前，在北京都市区的范围内，养生度假村一般以温泉度假村为主，而温泉养生还不属于典型的中国传统养生活动内容。从全国范围来看，虽然围绕佛教名山、道教名山的养生文化也开展了一些类似吃素斋、禅修、静修等休闲养生旅游活动，但是还没有出现典型或成功的山地养生度假村建设案例。早在 2011 年 3 月份，云南石林就开始计划建设国内首家中医药文化养生度假村，项目一期计划投资 12 亿元，占地面积达 3000 亩。

杏林国际养生度假村项目规划设计为"一园四区"，分别为国药博览园以及种养示范区、古镇养生休闲区、养生度假区和星级度假酒店区。其中，国药博览园将包括杏林大观、小石林核心景区、中医炮制体验馆、五味杂陈居等内容；种养示范区将包括神农百草园、中药材和动物药材研发交易中心、林盘禅修养生聚落；古镇养生休闲区将建商业街区、主题食府、中药 SPA 馆、药膳坊等。养生度假区和星级度假酒店区也将融入中医药文化精髓，建成适合现代都市人养生休闲、度假旅游的示范区。该项目由昆明圣火药业（集团）有限公司投资建设，依托石林旅游优势、企业自身优势和中国传统中医文化，瞄准休闲养生市场，打造以养生体验、文化交流、健康产业为主的高端传统养生文化体验地，为现代都市人提供全面体验绿色生活、和谐生活、健康生活的新型生活方式。[①] 根据项目介绍，该项目可以称得上是基于传统养生文化的度假村概念，然而还不是山地度假村。结合山地养生度假村的开发特点以及参考杏林国际养生度假村项目，可以总结山地养生度假村的理论开发模式如图7－4所示。

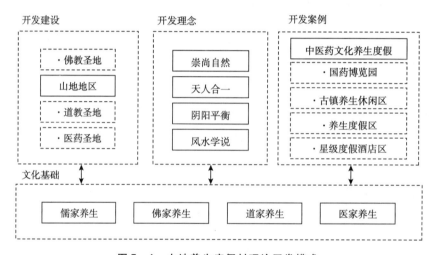

图7－4 山地养生度假村理论开发模式

第三节 特殊经营型旅游房地产开发模式

特殊经营型旅游房地产是指适应度假市场旅游需求，采用了某种特殊经营管理形式的旅游房地产开发类型，主要以分时度假、产权酒店、养老型公寓为主要代表形式。其中的特殊经营管理方式以分时度假的分割销售、分时使用、时段交换为主要特征。而产权酒店可以看作是分时

① 新华网：《云南石林将建国内首家中医药文化养生度假村》，http://www.chinadaily.com.cn/dfpd/yunnan/2011－03－26/content_ 2124976. html。

度假发展过程中的变种，而养老型公寓又是产权酒店的特殊类型，是产权酒店中针对老年人销售的产品类型。根据最新的全国第六次人口普查数据，当前 60 岁及以上人口达到 1.77 亿，占总人口的 13.26%。① 全国老龄工作委员会办公室在 2010 年 7 月首次发布的《2009 年度中国老龄事业发展统计公报》预测，到 21 世纪中叶，中国人口的 1/3 将是老年人。全国老龄办副主任吴玉韶（2010）指出，目前，中国已经进入并将长期处于人口老龄化社会。因此，可以预见专门针对老龄人口开发的养老型公寓发展前景非常广阔。由于养老型公寓的开发经营特征与产权酒店非常类似，而分时度假与产权酒店之间存在很多明显的差别，因此本节重点介绍分时度假和产权酒店及其开发经营特征。

一　分时度假

（一）分时度假概述

分时度假（英文为 Timeshare、Vacation Ownership 或 Holiday Ownership）就是把酒店或度假村的一间客房或一套旅游公寓的使用权分成若干个周次，按 10 至 40 年甚至更长的期限，以会员制的方式一次性出售给客户，会员获得每年到酒店或度假村住宿一段时间的权利的一种休闲度假方式。② 分时度假的经营模式最早起源于 20 世纪 60 年代法国阿尔卑斯山地区的滑雪度假村，70 年代传入美国。随着美国国际分时度假交换公司 RCI 和国际时段度假公司（II）等公司的成立和快速扩张，分时度

---

① 腾讯新闻：《全国总人口约为 13.39 亿人 10 年增加 7000 多万》，http：//news. qq. com/a/20110428/000737. htm？qq = 0&ADUIN = 15773855&ADSESSION = 1303961601&ADTAG = CLIENT. QQ. 3307_ . 0。

② 〔美〕罗伯特·简德利等：《共管公寓度假村和度假产权管理》，钟海生、杜军平译，中国旅游出版社，2002；Upchurch, R. S. and Gruber, K., "The Evolution of a Sleeping Giant Resort Timesharing," *International Journal of Hospitality Management*, 2002, 21 (3), pp. 211 – 212. Rezak, S., "Consumer Research Sheds Light on All Aspects of Resort Timesharing Business," *International Journal of Hospitality Management*, 2002, 21 (3), pp. 245 – 255.

假迅速风靡全世界，成为世界上最为流行的度假旅游组织方式。目前，世界上有60多家分时度假交换机构、5400家采用分时制度的度假村，分布在81个国家，124个国家的1000多万个家庭购买了度假权。分时度假已发展为年营业额150亿美元的全球性产业。①

20世纪90年代末，分时度假的概念传入中国。1997年，英国派克林环球有限公司开始在北京介绍分时度假概念和分时度假交换网络，并销售会员卡，但是该商业活动由于未经任何部门批准，属于非法销售，一度遭到国家旅游局查处，后国内企业开始关注到这一新生事物。2000年11月，由首创集团、中旅集团、北京旅游集团等单位联合组建的从事分时度假和休闲度假业务的天伦度假发展有限公司宣告成立。2002年4月，中国房地产开发集团联合国内20多个旅游城市的有实力的房地产企业，共同发起组建了中国房地产分时度假联盟。目前，在北京、天津、上海、杭州、海南、桂林等一线旅游城市，陆续有一些星级酒店和度假村加入RCI交换系统，采用分时度假的模式进行销售，而本土的分时度假交换机构一直没有有效运转。当前，分时度假还处于探索发展阶段，随着度假旅游需求的不断积蓄，有关分时度假法律法规的建立完善，企业的诚信经营和消费者重拾信心以及分时度假交换网络的完善，分时度假这种经营模式很快将迎来发展的春天。

（二）开发经营特点

分时度假产品从诞生以来便不断演化，最初的分时度假产品将每个住宿单位划分为52周时权，购买者享受每年住宿1周的权利。随后又开发出点数制产品，消费者一次购买一定数量的"点数"，这些"点数"就成为他们选购产品的"货币"。他们可以使用这些"点数"，在不同时间、不同地点、不同档次的度假物业灵活选择其"点数"所能享受的住宿设

---

① 环球旅游网：《孟晓苏——发展"分时度假"和"产权酒店"》，http://www.yooso.net/cehua/lvlun/200803/20080310163751.html。

施。点数制产品最大限度地满足了消费者购买的灵活性，拓展了消费者
选择的空间和范围。孟晓苏（2008）认为"分时度假"是介于房地产产
品和饭店产品之间的一种中间产品，与房地产产品相比没有那么完整，
与饭店产品相比没有那么零碎。

　　分时度假的经营模式重点包括两方面的典型特征，一个是分时使用
权，一个是度假时段的交换。分时使用权的分割是分时度假的核心，所
谓分时使用权就是将酒店或度假村的住宿单位划分为若干时段进行销售，
旅游者购买房屋使用权的年限可以是5年、10年，也可以更长。购买后
有权每年来居住使用，行使其使用权。所谓时段交换是指将分布在世界
各地的住宿单位划分的若干时段使用权加盟交换服务机构，具体来说就
是加盟分时度假交换公司，世界各地的度假旅游者通过分时度假交换公
司的交换网络系统交换不同住宿单位的时段使用权，从而实现购买一处
度假村的时段使用权，就可以通过会员之间的相互交换，实现在全球度
假旅游的目的。时段交换是确保分时使用权有效实现的基本手段。分时
使用和时段交换的结合便利了度假旅游者希望在最大范围度假的需求，
甚至能够满足旅游者环游世界的梦想，因此为旅游者所青睐。分时度假
的运营机制可以由图7-5阐释。

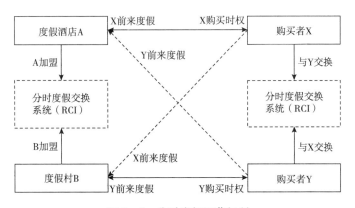

图7-5　分时度假运营机制

二 产权酒店

(一) 产权酒店概述

产权酒店是指投资者购买酒店住宿单位的所有权, 除部分时间自己使用之外, 可以将其他时间的住宿权委托酒店管理方经营并定期获取投资收益的经营模式。产权酒店是分时度假发展过程中的变种, 可以看作是分时度假的一种特殊类型。产权酒店与分时度假同根同祖, 皆源自欧美地区对房地产和酒店的创新经营模式。在欧美国家, 产权酒店模式经过数十年的发展, 已成为一种为社会广泛接受的房产投资品种。私人投资者缴纳首付款购买产权酒店后, 通常首先确定每年自己使用的天数, 其他时间则交给管理公司统一出租、作为酒店对外经营, 每年的酒店租金收益基本可抵房产分期付款的费用, 购买者一般 10 ~ 15 年后交完银行按揭即取得房屋的产权。①

产权酒店从 1995 年开始在国内流行, 当前, 北京、大连、厦门、秦皇岛、三亚等旅游热点城市陆续开发了一些产权酒店项目。2000 ~ 2001 年北京出现了以 "快乐无穷大——龙庆峡 (假日) 乡村俱乐部" 为代表的第一轮产权度假酒店开发热潮。2003 年夏天, 北京又出现了产权度假酒店开发的第二轮热潮。② 近年来, 国内开发的诸多产权酒店项目, 销售非常火爆。比如北京首家产权式酒店项目 "快乐无穷大", 付款非常轻松。43 平方米的标准间首付只有 2 万元, 月供 553 元 (20 年按揭)。客户购房后, 开发商可代客出租, 每月出租两天便可收回月供。较低的首付和月供能够为更多的人所承担, 因此上市之后便被快速抢购一空。另外, 秦皇岛维多利亚海湾、三亚海景温泉大酒店、武夷桃源度假屋等产

---

① 刘赵平:《我国分时度假和产权酒店业发展研究》, http://wenku. baidu. com/view/ d6a3b2e8856a561252d36f80. html。

② 戴斌、束菊萍:《产权酒店在我国发展的现状、问题及对策》,《饭店现代化》2004 年第 6 期。

权酒店项目均取得了非常好的销售业绩。中国房地产市场投资、投机氛围浓厚，异地置业需求强劲，而建设于旅游城市和风景秀丽地区的房地产更容易保值增值。因此，如果说分时度假登陆中国之后一度存在水土不服的问题，产权酒店这种变种形式则比分时度假表现得更加稳妥，适应了中国国情和中国人的心理特征，因此不论是现在还是将来都具有良好的发展前景。在当前住宅房地产不断遭受打压甚至限购的情况下，产权酒店这种房地产投资形式更是获得了良好的发展机遇和空间。

（二）开发经营特点

刘赵平（2003）曾经将产权酒店划分为退休住宅型、有限自用的投资型酒店公寓以及公司自用型三大类型。[①] 退休住宅型是指投资者在退休之前购楼，每年和家人去使用一段时间，其余时间交酒店管理公司出租获取租金回报。退休后增加使用时间或基本完全使用，作为颐养天年的住所。有限自用的投资型酒店公寓就是个人购买的以获取投资收益和旅游度假为主要目的主流产权酒店形式。而公司自用型是指由公司购买的，一方面用于投资；另一方面用于企业员工度假或公司年会使用的产权酒店形式。与前两种产权酒店形式相比，公司一次性购买的产权酒店单位相对更多。

产权酒店与分时度假酒店相比，存在很多明显的差异。在产权方面，投资者一般只拥有分时度假酒店某住宿单位一段时间的使用权，而不具有所有权，而对于产权酒店来说，投资者不但享有购买单位每年的免费使用权，而且按揭支付完成之后，还将拥有投资单位的所有权。在共享方式方面，对于分时度假产品来说，购买者一般是享受购买时间的免费入住权，而对于产权酒店来说，购买者可根据购买时的安排自主选择使用时间，享有优先使用权。在付款方式方面，分时度假产品一般需要一次付款，因此一次性支出很多，而产权酒店一般采取首付加按揭的形式，

---

① 刘赵平：《分时度假·产权酒店》，中国旅游出版社，2003。

一次性支出明显减少。这也是产权酒店产品更容易被接受的重要原因。综合来看，产权酒店的经营模式如图 7-6 所示。

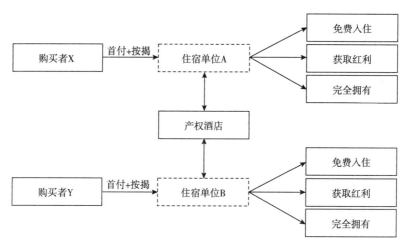

图 7-6　产权酒店经营模式

第八章 大都市区旅游房地产
开发的管治[*]

第一节 大都市区管治概述

一 管治的基本内涵

管治的概念最初起源于环境问题，随后被逐渐引入到处理国际、国家、城市、社区等各种需要进行多种力量协调平衡的问题之中。[①] 管治的出现，是对过去由国家作为绝对主体力量进行各种社会事务协调失败的事例做出的周期性反应，特别是20世纪70年代中期起应付大西洋福特主义危机的企图失败，而在更晚的时候则是对市场调节失败做出的周期性反应。[②]

---

* 本章的管治与前文提到的管制存在很大区别，管治是探讨各种社会力量之间的权力平衡，是涉及不同层级政府或发展主体之间、同级政府之间的权力互动关系。管治不是一项制度，而是各种利益集团之间的相互协调过程。管制是政府利用法规对市场进行的制约，可分为间接管制和直接管制。间接管制指反垄断政策，由司法部实施；直接管制指由行政部门直接实施的干预，又分为经济性管制和社会管制。详见李铭、方创琳、孙心亮《区域管治研究的国际进展与展望》，《地理科学进展》2007年第4期。

① 张京祥、庄林德：《管治及城市与区域管治——一种新制度性规划理念》，《规划研究》2000年第6期。

② 张京祥、黄春晓：《管治理念及中国大都市区管理模式的重构》，《南京大学学报》（哲学·人文科学·社会科学）2001年第5期。

管治的概念反映了经济领域一直追求的"计划与市场平衡"思想在社会领域的全面延伸和普遍化。① 有关管治的研究，开始于 20 世纪 80 年代晚期。② 虽然当前有关管治的定义尚没有取得共识，但是也形成了一些基本认识。

全球管治协会报告（1995）认为，管治是个人与机构、公家与私人治理其共同事务的总和，多种多样互相冲突的利益集团可以借此走到一起，找到合作的办法。③ 1995 年，全球治理委员会发表了题为《我们的全球伙伴关系》的研究报告，将管治定义为：为个人与公私机构管理自身事务的各种不同方式的总和，它是使相互冲突或不同的利益得以协调并且采取联合行动的持续的过程。阿尔坎德拉、库伊曼（1998）等认为，管治是指众多不同利益发生作用的领域建立一致或取得认同，以便实施某项计划的行为。④ 张京祥、黄春晓（2001）认为，管治是指通过多种集团的对话、协调、合作以达到最大程度动员资源的统治方式，以补充单一政府调控模式之不足，最终达到"双赢"的综合社会治理方式。⑤

张京祥、黄春晓（2001）还总结了管治的四个基本特征：①管治不是一套规章制度，而是一种综合的社会过程；②管治的建立不以"支配"、"控制"为基础，而以"调和"为基础；③管治同时涉及广泛的公私部门及多种利益单元；④管治虽然不意味着一种固定的制度，但确实

---

① 张京祥、黄春晓：《管治理念及中国大都市区管理模式的重构》，《南京大学学报》（哲学·人文科学·社会科学）2001 年第 5 期。

② 顾朝林：《发展中国家城市管治研究及其对我国的启发》，《城市规划》2001 年第 9 期。

③ 张京祥、庄林德：《管治及城市与区域管治——一种新制度性规划理念》，《规划研究》2000 年第 6 期。

④ 李铭、方创琳、孙心亮：《区域管治研究的国际进展与展望》，《地理科学进展》2007 年第 4 期。

⑤ 张京祥、黄春晓：《管治理念及中国大都市区管理模式的重构》，《南京大学学报》（哲学·人文科学·社会科学）2001 年第 5 期。

有赖于社会各组成部分间的持续相互作用。仇保兴（2004）认为，管治与行政、管理以及统治存在明显区别。首先，无论是行政、管理，还是统治，都是从上到下的指挥命令，而管治是从上到下和从下到上的结合。其次，行政、管理、统治都是由政府说了算，而管治是着眼于调动各方面的积极性。①

二　有关大都市区管治

随着城市建设投资主体的多元化、城市移民来源的多渠道、城市管理的日益复杂、城市市民阶层分化的多层次、城市之间竞争日趋激烈以及市场化、国际化、法治化和新技术革命的推动，② 或者随着城市大都市区化的快速推进以及网络化发展，管治被引入大都市区的管理范畴，并成为推动大都市区管理制度变革的重要理念。城市管治的目标非常广泛，主要包括优化城市政府的管理效率，建立引导、调控、促进和监督城市社会、经济和生态系统运行的有效组织体制，将市场的激励机制和民营企业的管理手段引入政府的公共服务领域，促进效率、法治、责任三者之间的协调平衡，促进政府与民间、公共部门与私人部门之间的合作和互动，完善城市社会的自组织特性等方面的内容。③ 城市管治对于促进政府、公司、社团、个人等行为主体对生产要素的控制、分配、流通等能够产生重要影响。④

顾朝林（2000）认为，利用"机构学派"的理论建立地域空间管理的框架是城市管治的本质所在。⑤ 中国大城市的空间管理体制与西方国家

---

① 仇保兴：《城市经营、管治和城市规划的变革》，《城市规划》2004 年第 2 期。

② 仇保兴：《城市经营、管治和城市规划的变革》，《城市规划》2004 年第 2 期。

③ 仇保兴：《怎样管治好我们的城市（上）》，《城市开发》2004 年第 3 期。

④ Christian, L., "Metropolitan Government and Governance in Western Countries: A Critical Review," *International Journal of Urban & Regional Research*, 1996, 22 (1), pp. 9 – 25.

⑤ 顾朝林：《论城市管治研究》，《城市规划》2000 年第 9 期。

相比，存在很多弱点，① 主要表现在：第一，各级别行政区自上而下形成层次状体系而缺乏横向协调的机制，下级政府只对上级政府负责，同级政府之间缺乏有效沟通协调的渠道。比如北京目前实施的是城市政府集权与区县政府分权相结合的管理体系，市政府在城市建设过程中发挥着关键作用，区县政府接受市政府的指导，在权限范围内实施自我管理，区县之间的交流与合作主要取决于市政府的促进和引导。② 第二，政府职能复杂，热衷追逐短期经济利益。各级政府担负着远比西方政府复杂的各种职能，尤其是诸多的经济管理甚至生产经营职能。各级政府热衷于追求短期经济利益，而忽视历史文化遗产和生态环境保护等可持续发展问题。第三，政府职能条块分割严重，以解决各种专门问题为主的条条性组织受到了各级地方政府块块性机构的极大约束。第四，中心城市的辐射带动能力非常有限。从北京大都市区的情况来看，长期以来中心市对周边区县各类资源的吸纳作用远大于辐射带动作用，有机疏散流于形式。

旅游房地产开发依托的资源类型非常多样化，而且旅游开发长期以来为政府所主导，随着旅游房地产概念的兴起，长期从事住宅房地产开发的房地产开发企业纷纷介入旅游开发领域，旅游房地产开发依托的资源基础管理主体众多，牵涉政府、企业、社区居民等多样化的利益相关者，开发过程中存在着诸多相互对立需要进行调和的矛盾，比如开发与保护的矛盾、利益相关者之间的矛盾，因此，旅游房地产开发是特别需要进行管治的领域。大都市区是旅游房地产开发的热点区域，大都市区的管治现状是大都市区旅游房地产开发的基本背景，旅游房地产开发的管治需要谋求在大都市区的管治框架内进行。

---

① 张京祥、黄春晓：《管治理念及中国大都市区管理模式的重构》，《南京大学学报》（哲学·人文科学·社会科学）2001 年第 5 期。

② 唐燕：《大都市区区域管治比较——柏林、勃兰登堡与北京》，《城市问题》2009 年第 10 期。

第二节　旅游房地产开发的特点分析

传统住宅房地产一般依托城市建设用地进行开发，而旅游房地产需要依托自然生态和历史人文资源等旅游资源进行开发建设，旅游房地产开发与商品房开发存在很大差异，旅游房地产开发的特点决定了需要进行管治的必要性。因此，明确旅游房地产开发的特点是进行有效管治的基本前提。

一　依托的资源属于公共资源

旅游房地产一般需要依托具有旅游价值的山川、河流、湖泊、海滨、森林、动植物、特殊地质等自然生态资源以及文物古迹、历史遗址、宗教寺庙等历史人文资源进行开发。《中华人民共和国宪法》第九条规定："矿藏、水流、森林、山岭、草原、荒地、滩涂等自然资源，都属于国家所有，即全民所有；由法律规定属于集体所有的森林和山岭、草原、荒地、滩涂除外。""国家保障自然资源的合理利用，保护珍贵的动物和植物。禁止任何组织或者个人用任何手段侵占或者破坏自然资源。"《中华人民共和国文物保护法》第五条规定："中华人民共和国境内地下、内水和领海中遗存的一切文物，属于国家所有。"可以说旅游房地产开发的依托资源一般为国家所有。旅游资源根据所有权的不同，大致可以分为三类：一是个人所有，如一些富含旅游价值的民宅；二是企业或集体所有，如工农业旅游资源；三是全民所有，或称为国家所有，如各级风景名胜区、森林公园、地质公园、水利风景区、文物保护单位等。① 这些为全民所有或国家所有的旅游资源可以称为公共旅游资源，公共旅游资源是发展旅游业和旅游房地产开发的基本依托。因此，公共性和公益性是旅游

---

① 马波：《公共旅游资源资产化管理研究引论》，《桂林旅游高等专科学校学报》2001 年第 2 期。

房地产开发依托资源的基本特点。公共旅游资源具有非竞争性和非排他性的特点，因此，对公共旅游资源的使用存在市场失灵的问题，企业具有开发公共旅游资源的积极性，但不愿意支付保护费用，于是出现经济学上的搭便车现象。① 因此，以营利为主要目的的旅游房地产开发行为容易对公共旅游资源造成破坏。

二 依托资源的管理非常复杂

由于产权不明，长期以来国家以行政方式直接管理公共资源，这导致了从中央到地方各个层次为数众多的政府机构的设立。公共旅游资源作为优质的公共资源，多头管理问题尤为突出。从景区景点来说，"风景名胜区"属建设部门管辖，"国家森林公园"归口林业部门，"自然保护区"归于环保部门，"地质公园"为国土资源部门所辖，各级"文保单位"属于文物部门，宗教场所隶属宗教部门，"水利风景区"则属于水利部门，此外一些跨区域的旅游资源还存在错综复杂的区域争夺。为了发展旅游业，归口这些部门管理的景区管理机构，也就逐渐演变成了景区开发、建设、经营的主体，既"管理"又"经营"是事业单位企业化管理的"国有国营"模式。公共旅游资源的开发建设和管理，就依不同归属而分属各级政府的各个部门，公共旅游资源的国家所有事实上变为了"部门所有"。② 在当前，归口不同部门的景区管理机构成为景区以及周边旅游房地产的投资建设主体。

三 开发区域的生态环境非常脆弱

旅游房地产开发区域的生态环境一般非常脆弱，生态环境既包括自然生态环境，也包括历史人文生态环境。自然生态环境越优美、历史人

① 中国社会科学院环境与发展研究中心课题组：《国家风景名胜资源上市的国家利益权衡》，1999。
② 杨瑞芹：《公共旅游资源"三权分离"管理模式的构建》，青岛大学硕士学位论文，2004。

文价值越深厚的区域，越具有旅游房地产开发价值，因此，风景名胜区等公共旅游资源为旅游房地产开发所青睐。比如以最重要的公共旅游资源风景名胜区为例，风景名胜区是指具有观赏、文化或者科学价值，自然景观、人文景观比较集中，环境优美，可供人们游览或者进行科学、文化活动的区域。国家设立风景名胜区的主要目的是保护自然生态资源以及历史人文资源，风景名胜、自然保护区、森林公园、地质公园、水利风景区等旅游房地产开发依托的资源往往非常脆弱，一旦破坏，不可再生。而旅游房地产开发的盈利目的又与其所依托资源的保护目的存在偏差，旅游开发或者说是旅游房地产开发与风景名胜等资源的保护存在矛盾性，如何协调两者之间的矛盾，将保护置于首要地位，构建开发服从于保护的框架就成为旅游房地产开发管治的首要目标。

四　开发过程牵涉的利益主体众多

目前，中国的公共景区分别隶属于十几个不同的政府部门管理，上下形成一个管理系统，即所谓条条管理。这些政府部门对景区管理行使规划指导和行业监督等权力。另一方面，公共旅游资源实行属地化管理，景区的综合管理机构都是由地方政府或地方政府职能部门负责组建，景区一般由地方政府以及相关部门直接进行管理，即块块管理。[①] 对于同一资源，条条块块相互交叉，错综复杂。因此，旅游房地产开发首先会与错综复杂的政府资源管理部门相互交织。此外，旅游房地产在开发过程中，经常还会牵涉村集体、社区居民、商户、少数民族等群体的利益。旅游房地产开发牵涉的利益群体的利益并不总是相一致，旅游房地产项目有时会与相关利益群体的利益发生矛盾，当对合理的利益造成冲击时，进行管治就成为必然。

---

① 杨瑞芹：《公共旅游资源"三权分离"管理模式的构建》，青岛大学硕士学位论文，2004。

第三节　旅游房地产开发存在的问题分析

一　旅游房地产开发存在问题

（一）旅游房地产的开发主体分析

旅游房地产的开发主体非常多样，主要包括景区管委会、传统旅游开发企业、房地产开发企业以及其他企业等。其中景区管委会长期以来是公共旅游资源开发、管理的主体，由于景区资源性质以及主管部门的不同，相关景区管理机构也由对应的归口主管部门负责监管设立，相关的归口部门还出台了一些直接规范公共旅游资源景区经营管理行为的法律法规，比如建设部门的《风景名胜区条例》、林业部门的《森林公园管理办法》、水利部门的《水利风景区管理办法》等，这些法律法规一般界定了公共旅游资源的经营管理主体。① 其他类型景区一般也设有景区管委会，统一负责公共旅游资源的保护、开发和管理工作。为了与市场接轨，近年来，景区管委会还纷纷成立旅游开发公司，景区管委会主任往往同时兼任旅游开发公司的总经理，负责管辖景区的旅游项目建设。景区管委会或者相应的旅游开发公司依托所管辖的旅游资源，开发建设了大量以度假村、宾馆饭店、服务设施等为代表的旅游房地产项目。

传统旅游开发企业是指从设立之初就以旅游经营为主营业务，专门

---

① 《风景名胜区条例》第四条规定："风景名胜区所在地县级以上地方人民政府设置的风景名胜区管理机构，负责风景名胜区的保护、利用和统一管理工作。"
　　《森林公园管理条例》第四和第五条规定："国有林场、国有苗圃经营范围内建立森林公园的，国有林场、国有苗圃经营管理机构也是森林公园的经营管理机构，仍属事业单位。""森林公园经营管理机构负责森林公园的规划、建设、经营和管理。"
　　《水利风景区管理办法》第四条规定："水利风景区管理机构（一般为水利工程管理单位或水资源管理单位）在水行政主管部门和流域管理机构统一领导下，负责水利风景区的建设、管理和保护工作。"

负责旅游项目的投资、开发的企业，主要以饭店集团、综合性旅游集团、旅游上市公司、区域旅游开发公司为代表。房地产开发企业是指长期致力于住宅房地产开发的企业，在中国，房地产开发企业介入旅游开发是旅游房地产概念风生水起的基本原因。其他企业是指有意投资旅游房地产开发的企业，这种企业类型非常多样，没有一定的规律可循。总体来看，当前，随着旅游业的蓬勃发展，旅游资源丰富的地区成立的区域性旅游开发公司不断涌现。这种区域性旅游开发公司一般分为两类，一类为依托景区的开发公司，一类为面向地方政府管辖行政区或更大范围的开发公司。面对旅游业的诱人奶酪，房地产开发企业和其他企业介入旅游开发的热情不断高涨，这些企业纷纷通过设立旅游开发分公司、参与组建旅游开发公司、入股已有旅游开发公司的形式介入旅游房地产开发，极大地推动了各类旅游房地产项目的开发建设。

（二）旅游房地产开发存在的问题

管治是探讨社会各种力量之间的权力平衡，是涉及不同层级政府或发展主体之间、同级政府之间的权力互动关系，管治的过程就是各种利益集团之间的相互协调过程。当前，旅游房地产开发存在一系列的问题，从管治的视角来审视旅游房地产领域出现的诸如有法不依、重复建设、环境破坏、侵蚀景观、破坏文物、剥夺原住民利益等一系列问题，就可以发现，这些具体问题只是表象，深层次的原因主要是旅游房地产开发牵涉的多方面、多层面利益相关者的利益没有得到有效协调的结果。

1. 政府与市场的关系没有理顺

旅游房地产开发依托的自然生态和历史人文资源，一般都属于公共资源，因此依托公共旅游资源或围绕公共旅游资源开发旅游房地产项目，首先需要处理好政府与市场的关系。1994 年，建设主管部门发布的《中国风景名胜区形势与展望》绿皮书明确提出"风景名胜区事业是国家社会公益事业"。社会公益事业是不以营利为目的的、满足社会物质和文化需求的活动。一般来讲，社会公益事业是非市场行为。因此，公共旅游资源不应盲目进行以盈利为主要目的的经营活动。为了推动公共旅游资源的开发利用，景区管委会纷纷组建旅游开发公司，作为旅游项目投融资的平台，以最大化争取多方面资金的投入。从现实的情况来看，即使没有组建旅游开发公司，现有公共旅游资源景区管委会的盈利倾向也非常明显。地方政府或者景区管委会的监管机构不断强调景区的盈利目标，忽视了其作为公益事业单位的定位，从而使得景区管委会主导的旅游开发经常突破有关公共旅游资源法律法规的限制，导致产品消费层旅游房地产项目在公共旅游资源范围内建设过多、出现失序的问题。

2. 多头管理部门各自为政

具体到某一公共旅游资源或某一景区，其旅游资源的管理处于相互分割的状态。水资源由水利部门管理，森林、动植物资源由林业部门负责，文物、古迹由文物或文化部门管理，庙观由宗教部门负责，而社区事务由乡镇政府管理。因此，各部门往往只从本部门的利益角度出发对公共旅游资源进行管理和开发利用，各自为政，缺乏全局观念，难以产生协同效应。各部门制定的旅游资源开发战略规划往往与旅游业总体规划的目标背道而驰，结果造成开发项目重复建设或者相互冲突，降低了公共旅游资源的整体价值，损失了公共旅游资源的利用效率。公共旅游资源的块块部门相互掣肘，各自为政在景区开发初期表现得特别明显，这也成为诸多公共旅游资源为申报世界遗产、世界地质公园、国家风景名胜区、国家森林公园等高级别荣誉称号，不得不对已经开发的大量破坏环境、侵蚀景观的旅游房地产项目强制拆除的重要原因。

3. 利益相关者的关系不协调

旅游房地产开发依托的公共旅游资源一般涉及相关资源管理部门、已有景区管委会、外来投资开发企业、当地社区居民四大类利益相关者，特别是社区居民数量众多，类型多样，包括一般居民、各类商户、各类经营者等群体。对于公共旅游资源的开发来说，相关资源管理部门是国家法定的管理者，景区管委会是公共旅游资源的日常经营管理机构，外来投资开发企业拥有资金优势，因此，以上三大类利益相关者处于强势地位，是旅游房地产项目开发建设的主导者。而数量众多的当地社区居民虽然祖祖辈辈生活于此，是当地文化的创造者、承载者和延续者，然而由于没有组织保障，只是作为单个的利益个体而存在，因此在旅游开发的过程中处于劣势地位。当旅游开发或旅游房地产项目建设需要占用社区居民的土地、森林、房屋等财产时，处于强势地位的利益相关者有时会借口资源保护，强制搬迁社区居民，进而损害了社区居民的利益，同时也损害了公共旅游资源的多样性，降低了旅游吸引力。

4. 保护与开发的关系不协调

《风景名胜区条例》第三条规定："国家对风景名胜区实行科学规划、统一管理、严格保护、永续利用的原则。"第十三条规定："风景名胜区总体规划的编制，应当体现人与自然和谐相处、区域协调发展和经济社会全面进步的要求，坚持保护优先、开发服从保护的原则，突出风景名胜资源的自然特性、文化内涵和地方特色。"在现阶段的中国，获取经济利益是地方政府发展旅游业、各类主体开发旅游房地产项目的基本出发点。而盈利动机与国家设立自然保护区、风景名胜区、森林公园、地质公园、湿地公园、水利风景区等景区的目的不一致。主要的不一致在于，公共旅游资源的开发以保护为首要目的，开发应该服从保护，然而在现实的公共旅游资源开发过程中，往往是重开发、轻保护。可以说，保护与开发之间的关系不协调，是政府与市场的关系没有理顺的直接反映，是产权主体缺失、多头管理、各自为政的后果。

二　房地产开发企业介入旅游开发的探讨

由于房地产业与旅游业走在两条互不相交的平行线上、房地产开发与旅游开发的市场化主体发育程度存在差异、房地产开发企业与旅游企业的盈利能力存在差异、房地产业调控频繁与旅游业产业地位的不断提升等方面的原因，当前，长期致力于商品房开发的房地产开发企业，纷纷将目光瞄准具有长期升值潜力的旅游资源，将矛头指向旅游房地产开发。如果没有国家严格的限制或者调控，房地产开发企业介入旅游开发将会伴随旅游业快速发展的整个过程，在当前已经成为旅游开发领域的一股潮流或趋势。

（一）房地产开发企业介入旅游开发的途径分析

房地产开发企业介入旅游开发，从空间或者区域的角度来看，主要有五类途径。第一，承租城市建设用地，开发旅游房地产项目。《城市房地产管理法》明确规定："商业、旅游、娱乐和豪华住宅用地，有条件的，必须采取拍卖、招标方式。"房地产开发企业可以通过承租旅游建设用地，进行旅游房地产开发。第二，借助旧城改造，建设旅游房地产项目。大都市区的旧城一般历史文化街区资源密集，因此，房地产开发企业可以借助旧城改造的机会，建造历史文化街区休憩型旅游房地产项目。第三，承租景区，进行整体开发。贫穷落后或者资金缺乏地区，往往拥有丰富的旅游资源，地方政府开发旅游的期望为房地产开发企业整体介入提供机会。比如万贯集团整体租赁四川雅安碧峰峡景区进行的开发。第四，在景区内部开发建设旅游房地产项目。公共旅游资源的景区管委会由于缺乏资金，希望外来企业参与景区开发建设，房地产开发企业可以借机在景区内部投资建设旅游房地产项目。第五，在景区外围建设旅游房地产项目。地方政府为了促进区域旅游发展的升级，或者建设大旅游区，经常在核心景区外围规划旅游用地，并为旅游项目招商引资，这也为房地产开发企业的介入提供了机会。

（二）房地产开发企业介入旅游开发的影响

房地产开发企业介入旅游开发，对旅游业既存在有利的影响，也存在不利的影响，两方面的影响主要是由房地产开发企业的性质决定的。从有利的方面来看，大型的房地产开发企业拥有长期从事房屋建设的经验，拥有很强的规划设计能力，因此可以投资建设高质量的旅游房地产项目。另外，很多房地产开发企业拥有强大的资金实力以及资金筹措运作能力，可以解决地方旅游发展面临的资金问题，进而促进区域旅游业的发展。再者，房地产开发企业倾向于开发建设各类度假村、度假别墅、高尔夫球场、滑雪场等休闲度假类旅游项目，这对于推动中国旅游从观光型向休闲度假型升级发挥了积极作用。

从不利的方面来看，第一，旅游房地产的开发环境与商品房开发存在很大差异，旅游房地产往往需要在生态环境优美脆弱、历史文化底蕴深厚的地区进行开发，因此，与商品房开发相比，旅游房地产项目强调与自然生态环境的协调，强调展现深厚的文化底蕴。还有旅游房地产满足的是人们的休闲度假需求，而商品房满足的是人们的日常居住需求，前者与后者相比是更高层次的需求。因此，旅游房地产与住宅房地产相比，对规划设计有着更高的要求。如果规划设计不当，或者对生态环境或历史人文环境造成侵蚀或破坏，最终可能导致自身项目投资的失败。第二，房地产开发企业以盈利为主要目标，热衷建设高强度、高密度、高盈利的项目，因此，房地产开发企业的盈利目标与公共旅游资源的保护目标并不一致。第三，房地产开发企业擅长的大拆大建式开发模式，在旅游房地产开发领域并不适用。旅游房地产开发强调的是崇尚自然、小心翼翼，如果在旅游房地产领域进行大拆大建式的开发，或者导致生态环境的破坏，或者损害社区居民的利益，或者损害构成旅游吸引力的多样性（既包括人文商贸的多样性，也包括自然生态的多样性），最终就会使开发的项目失去依托或屏障。

第四节　大都市区旅游房地产开发管治

一　大都市区旅游房地产开发管治的理论框架

旅游房地产一般需要依托公共旅游资源进行开发，因此，旅游房地产的开发管治首先涉及政府与市场职责边界的问题。同时，旅游房地产开发牵涉大量的政府条条和块块管理部门，牵涉企业、社区居民等大量利益相关者利益的统筹协调，因此公共旅游资源的开发使用迫切需要进行有效管治，而埃莉诺·奥斯特罗姆（Elinor Ostrom）提出的有关公共资源治理的自主组织理论和多中心理论可以为基于公共资源的旅游房地产开发行为的管治提供分析的理论框架。奥斯特罗姆认为："大城市地区的人追求的各种公益物品利益的多样性，能够在许多不同层次的背景下得以调控。多中心政治体制的绩效只有借助于可能存在于各种各样单位之间协作、竞争和冲突的模式才能得到理解和评估。如果多中心政治体制能够解决冲突，并在适当的约束之内维持竞争，那么它就能够以富有活力的安排来解决大城市地区各种各样的公共问题。"① 在 2009 年 10 月，为表彰奥斯特罗姆"在经济治理，尤其是对公共资源做出的贡献"，诺贝尔委员会授予其诺贝尔经济学奖。

（一）有关自主组织理论

对于公共资源的过度开发以及破坏问题，传统理论一般借助政府垄断经营或者私有化寻求解决之道，而奥斯特罗姆教授通过研究五千多个小规模公共池塘资源②案例，证明了在政府与市场之外存在第三条道路，即公共池塘资源的共享者们可通过"自组织"有效地自主治理，因而，在"公有"和"私有"之间存在着一种自主组织的治理模式。自主组织理论的中心内容是研究"相互依赖的委托人如何才能把自己组织起来，进行自主治理，从而能够在所有人都面对搭便车逃避责任或其他机会主义行为诱惑的情况下，取得持久的共同收益。"③ 奥斯特罗姆还提出成功

① 〔美〕埃莉诺·奥斯特罗姆、帕克斯：《公共服务的制度建构——都市警察服务的制度结构》，宋全喜、任睿译，上海三联书店，2000。

② 公共池塘资源是一种人们共同使用整个资源系统而分别享用资源收益的公共资源，旅游房地产开发依托的公共旅游资源就属于公共池塘资源的范畴。

③ 杨斌、余吉安：《公共治理范式研究——基于埃莉诺·奥斯特罗姆的研究成果分析》，《求索》2010 年第 8 期。

治理公共资源的基本原则，主要包括：①清晰界定边界，公共池塘资源本身的边界必须予以明确规定，有权从公共池塘资源中提取一定资源单位的个人或家庭也必须给予明确规定。②建立适当的冲突解决机制。③个体按照收益比率分担相应的维护资源的责任。④监督和制裁由资源占用者本人或者是对占用者负责任的人来进行，这一原则对"监督应该由公正的第三方来执行"的传统观念提出了挑战。⑤实行分级累进制裁制度，对首次违反者处以较轻的惩罚，对再次违反者惩罚则相对较重。⑥实行民主化的决策过程，构建重要利益相关者能够参与修改规则的机制。⑦对组织最低限度的认可，用户自我组织的权利应该得到外界权力机关的明确承认。①

（二）有关多中心理论

埃莉诺·奥斯特罗姆夫妇在波兰学者迈克尔·波兰尼（Michael Polanyi）的多中心秩序的基础上创立了多中心理论。奥斯特罗姆认为集权制和分权制作为过去经常用到的两种制度安排有无法克服的缺陷，如集权制增加管理过程的信息成本和策略成本，并容易滋生寻租与腐败；分权制则难以避免制度的缺失和责任的规避。正是为了解决这两种单中心制度安排所无法解决的"一收就死，一放就乱"的两难选择格局，她提出了多中心治理概念。所谓多中心理论，便是行为单位既会独立自由地追求自己的利益（即传统的市场行为），又会相互协调合作（自主治理）。所有的公共当局具有有限但独立的官方地位，没有任何个人或群体作为最终的或全能的权威凌驾于法律之上。这样它就打破了单中心制度中最高权威只有一个的权力格局，形成了一个由多个权力中心组成的治理网络。② 多中心理论提出的"既反对政府的垄断，也不是所谓的私营

---

① 〔美〕埃莉诺·奥斯特罗姆：《公共事务的治理之道——集体行动制度的演进》，余逊达、陈旭东译，上海三联书店，2000；张克中：《公共治理之道：埃莉诺·奥斯特罗姆理论述评》，《政治学研究》2009 年第 6 期。

② 张克中：《公共治理之道：埃莉诺·奥斯特罗姆理论述评》，《政治学研究》2009 年第 6 期。

化"的思想①非常契合当前依托公共旅游资源开发旅游房地产的实际情况。

二 大都市区旅游房地产开发的管治

奥斯特罗姆有关公共资源治理的自组织理论和多中心理论为指导依托公共旅游资源的旅游房地产开发行为提供了非常实用的制度对策框架，非常契合当前中国公共旅游资源开发面临的实际情况。结合自组织理论以及多中心理论的内涵，再结合中国旅游资源管理的实际情况，可以探索对旅游房地产进行管治的对策或建议。

（一）明确政府与市场的作用范围

旅游房地产赖以发展的资源属于公共资源的性质，因此，首先需要坚持公共旅游资源的公益性质，在公共旅游资源的整体保护、经营、管理领域应该坚持政府的主导地位，而在具体产品消费层旅游房地产项目的开发领域，需要充分发挥市场的作用。当前，作为公共旅游资源管理机构的景区管委会，既要对上级政府部门负责，又要对所处地区的政府负责。地方政府往往基于发展旅游业的目的，过度强调景区管委会的游客接待量以及门票收入等经营性指标，外加景区管委会自身的盈利冲动，从而忽视了对资源的有效保护。景区管委会需要明确界定为公益事业单位性质，政府对景区管委会的考核不能以营利性指标为关键考核指标，而应该以公共旅游资源是否获得可持续发展能力为基本考核指标。坚持景区管委会的公益事业单位定位，但是不排斥市场主体参与公共旅游资源的开发。清晰界定外来企业的使用资源单位的边界，作为外来企业开发旅游房地产项目的监管者，当外来企业的开发行为出现破坏环境等问题时，景区管委会需要承担监管责任。

---

① 杨斌、余吉安：《公共治理范式研究——基于埃莉诺·奥斯特罗姆的研究成果分析》，《求索》2010年第8期。

（二）下放公共旅游资源的监管权限

当前，公共旅游资源的管理非常复杂，建设、国土资源、水利、林业、环保、文物等国家部委职能部门分别行使风景名胜区、地质公园、水利风景区、森林公园、自然保护区、文物保护单位等公共旅游资源的监督管理职能。比如《风景名胜区条例》第五条规定："国务院建设主管部门负责全国风景名胜区的监督管理工作，省、自治区人民政府建设主管部门和直辖市人民政府风景名胜区主管部门，负责本行政区域内风景名胜区的监督管理工作。"《森林公园管理办法》第三条规定："林业部主管全国森林公园工作。县级以上地方人民政府林业主管部门主管本行政区域内的森林公园工作。"实际上，国家建设主管部门以及省级建设主管部门往往是以高高在上的"第三方监管者"而存在，由于信息不对称，因此对公共旅游资源的监管缺乏效率。有关公共旅游资源使用的监管权限应该下放到县市级政府部门，由直接管理公共旅游资源的部门履行监督和制裁的职能。而现有的国家级或者省级监管部门更多的是应该通过出台法律法规的形式指导公共旅游资源的使用。

（三）构建统筹协调块块部门的机制

具体公共旅游资源管理的条块分割严重，相关资源的管理部门各自为战，缺乏沟通和协调，从而导致旅游房地产项目开发的无序和混乱。亚里士多德早就指出，"凡是属于最多数人的公共事物常常是最少受人照顾的事物，人们关怀着自己的所有，而忽视公共的事物；对于公共的一切，他至多只留心到其中对他个人多少有些相关的事物"。[①] 旅游开发涉及的政府管理部门众多，因此非常有必要构建统筹协调块块管理部门的机制。从北京的情况来看，2011 年 4 月，北京市旅游发展委员会正式揭牌成立。北京市旅游发展委员会成立后，新建两大协调机制：一是首都旅游产业统筹协调机制，协调与旅游产业相关的中央在京部门、单位、

---

① 〔古希腊〕亚里士多德：《政治学》，吴寿彭译，商务印书馆，1983。

大型国企等，在统筹资源、开发项目、创新服务、市场监管等方面加强配合；二是政府部门决策协调联动机制，将旅游决策与园林、绿化、文化、商务、交通等多部门相互衔接，实现决策联动。① 北京市旅游发展委员会的成立，预示着北京将站在更高层面统筹协调旅游产业发展中遇到的重大问题，以有效解决北京旅游业管理条块分割、职能交叉、权责脱节等问题。②

（四）构建有利于自主治理的体制框架

在涉及旅游房地产开发的相关资源管理部门、已有景区管委会、外来投资开发企业、当地社区居民四大类利益相关者中，景区管委会有强烈的招商引资冲动，与外来投资者的利益相互一致。而当地社区居民由于缺乏组织性，往往被排除在旅游开发的受益机制之外，并且随着旅游开发的深入，经常出现社区居民被整体搬迁的事件，社区居民的合理权益受到损害。将社区居民排除在公共旅游资源开发的获利机制之外，不具合理性。在四大类利益相关者中，社区居民数量最多，但是最缺乏组织性。根据自主治理理论，要切实维护社区居民的利益，需要构建保障社区居民参与的机制。公共旅游资源所在的村委会、街道办事处作为社区居民的利益代表，应该在公共旅游资源开发过程中发挥积极作用。首先通过培育多中心的利益主体，提高各利益主体的参与能力。其次，改革现有景区管委会的组织架构，景区管委会应该由政府主管部门代表、外来企业代表、社区居民代表公同组建。再次，实行民主化的决策机制，将景区管委会组建成为有效协调多方矛盾的平台。最后，在公共旅游资源的开发过程中，根据各方利益主体获益程度的多少承担相应的资源保护责任。

---

① 中国网络电视台：《北京"旅游局"改"旅游委"》，http：//news. cntv. cn/20110413/104820. shtml。

② 张辉：《北京旅游局为啥要更名》，《人民日报海外版》2011年5月4日。

参考文献

［1］ "Personality Boom is Loud for Louis Lesser," *New York Times*, March 16, 1963.

［2］ "Real Estate," *The American Heritage Dictionary of the English Language*, Fourth Edition. Houghton Mifflin Company, 2004.

［3］ "UNWTO Technical Manual: Collection of Tourism Expenditure Statistics," *World Tourism Organization*, 1995.

［4］ Alexander, C. , *The Timeless Way of Building*, Oxford University Press, 1979.

［5］ Bardhan, A. , Begley, J. , Kroll, C. A. etc: "Global Tourism and Real Estate," Working Draft of Fisher Center for Real Estate and Urban Economics, Haas School of Business University of California Berkeley, May 2, 2008.

［6］ Britton, S. G. , "The Spatial Organization of Tourism in Neo – colonial Economy: A Fiji Case Study," *Pacific Viewpoint*, 1980, 21 (2) .

［7］ Bryant, R. M. , "The Recreational Vehicle Sales Phenomenon and Historical Use Trends," In: Wood, J. D. , Jr. , Editor, *Proceedings of the 1985 National Outdoor Recreational Trends Symposium In Northeast Agricultural Experiment Stations*, NE – 137 Volume I , U. S. Department of the Interior, National Park Service, Southeast Regional Office, Atlanta

GA (1985).

[8] Burekt, A. S., "Uniform Real Estate Time – Share Act," *Real Property, Probate and Trust Journal*, 1979 (14).

[9] Butler, R. W., "The Concept of a Tourist Area Cycle of Evolution: Implications for Management of Resources," *Canadian Geographer*, 1980, 24 (1).

[10] Christian, L., "Metropolitan Government and Governance in Western Countries: A Critical Review," *International Journal of Urban & Regional Research*, 1996, 22 (1).

[11] Clawson, M. and Doren, C. S., "Statistics on Outdoor Recreation," *Resources for the Future*, Washington D. C. (1984).

[12] Cooper, C. and Jackson, S., "Destination Life – Cycle: The Isle of Man Case Study," *Annuals of Tourism Research*, 1989, 16 (3).

[13] Coplein, J. O.: "Software Design Patterns: Common Questions and Answers," in *The Patterns Handbook: Techniques, Strategies, and Applications*, Cambridge University Press, 1998.

[14] Frej, A. B. and Peiser, R. B., *Professional Real Estate Development*, Second Edition, Urban Land Institute, 2003.

[15] Greenstein, S. and Khanna, T., "What Does Industry Convergence Mean," in Yofee D. B. ed. "Competing in the Age of Digital Convergence," The President and Fellows of Harvard Press, 1997.

[16] Hall, C. M. and Page, S. J., *The Geography of Tourism and Recreation: Environment, Place, and Space*, 3rd Edition, Routledge, 2006.

[17] Hall, M., "Spa and Health Tourism," in Hudson S. 's *Sports and Adventure Tourism*, The Haworth Press, Inc., 2003.

[18] Haywood, K. M., "Can the Tourist Area – Life Cycle Be Made Operational?", *Tourism Management*, 1986, 7 (3).

［19］ Janiskee, R. L. , "Resort Camping in America", *Annuals of Tourism Research*, 1990, 17 (3) .

［20］ Jobes, P. C. , "Old Timers and New Mobile Lifestyles," *Annuals of Tourism Research*, 1984, 11 (2) .

［21］ Lei, D. T. , "Industry Evolution and Competence Development: the Imperatives of Technological Convergence," *International Journal of Technology Management*, 2000, 19 (7 – 8) .

［22］ Maslow, A. H. , "A Theory of Human Motivation," *Psychological Review*, 1943, 50 (4) .

［23］ Matthiessen, C. W. , "Trends in the Urbanization Process: The Copenhagen Case," *Geografisk Tidsskrift*, 1980 (80) .

［24］ Pearce, P. and Moscardo, G. , "Tourism Impact and Community Perception: An Equity – Social Representational Perspective," *Australian Psychologist*, 1991, 26 (3) .

［25］ McNally, R. and Company, "Campground & Trailer Park Directory: United States, Canada, Mexico," *Rand McNally & Company Campgroung Publications*, Skokie IL (1984) .

［26］ Rezak, S. , "Consumer Research Sheds Light on All Aspects of Resort Timesharing Business," *International Journal of Hospitality Management*, 2002, 21 (3) .

［27］ Samsudin, A. R. , Hamzah, U. , Rahman, R. A. et al. , "Thermal Springs of Malaysia and Their Potential Development," *Journal of Earth Science*, 1997, 15 (2 – 3) .

［28］ Spivack, S. E. , "Health Spa Development in the US: A Burgeoning Component of Sport Tourism," *Journal of Vacation Marketing*, 1998, 4 (1) .

［29］ Stansfield, C. A. , Rickert, J. E. , "The Recreational Business

District," *Research Journal of Leisure Research*, 1970, 2 (4).

[30] Upchurch, R. S., "A Glimpse at US Consumers' Interest in Timesharing," *International Journal of Hospitality Management*, 2000, 19 (4).

[31] Upchurch, R. S. and Gruber, K., "The Evolution of a Sleeping Giant Resort Timesharing," *International Journal of Hospitality Management*, 2002, 21 (3).

[32] Woods, R. H.: "Important Issues for a Growing Timeshare Industry," *Cornell Hotel and Restaurant Administration Quarterly*, 2001, 42 (71).

[33] Ziobrowski, A. J. and Ziobrowski, B. J.: "Resort Timeshares as an Investment," *The Appraisal Journal*, 1997 (10).

[34] 〔法〕罗贝尔·朗卡尔:《旅游和旅行社会学》,陈立春译,商务印书馆,1997。

[35] 〔古希腊〕亚里士多德:《政治学》,吴寿彭译,商务印书馆,1983。

[36] 〔韩〕钱·金、〔美〕勒妮·莫博涅:《蓝海战略:超越产业竞争 开创全新市场》,吉宓译,商务印书馆,2005。

[37] 〔加拿大〕简·雅各布斯:《美国大城市的死与生》,金衡山译,译林 出版社,2005。

[38] 〔美〕约瑟夫·派恩、詹姆斯·吉尔摩:《体验经济》,夏业良、鲁 炜等译,机械工业出版社,2002。

[39] 〔美〕埃莉诺·奥斯特罗姆、帕克斯:《公共服务的制度建构——都市警察服务的制度结构》,宋全喜、任睿译,上海三联书店,2000。

[40] 〔美〕埃莉诺·奥斯特罗姆:《公共事务的治理之道——集体行动制度的演进》,余逊达、陈旭东译,上海三联书店,2000。

[41] 〔美〕查尔斯·雅各布斯:《房地产概论》(第10版),任荣荣、张 红等改编,电子工业出版社,2007。

［42］〔美〕杰弗瑞·戈比:《21 世纪的休闲与休闲服务》,张春波、陈定家等译,马惠娣译校,云南人民出版社,2000。

［43］〔美〕克里斯·安德森:《长尾理论》,乔江涛译,中信出版社,2006。

［44］〔美〕克里斯·约西:《世界主题公园的发展及其对中国的启示》,载张广瑞、魏小安、刘德谦主编《2001～2003 年中国旅游发展:分析与预测》,社会科学文献出版社,2002。

［45］〔美〕罗伯特·简德利等:《共管公寓度假村和度假产权管理》,钟海生、杜军平译,中国旅游出版社,2002。

［46］〔美〕迈克尔·波特:《竞争优势》,陈小悦译,华夏出版社,1997。

［47］〔美〕伊利尔·沙里宁:《城市:它的发展、衰败与未来》,顾启源译,中国建筑工业出版社,1986。

［48］〔美〕约翰·奈斯比特:《大趋势——改变我们生活的十个新趋向》,孙道章等译,新华出版社,1984。

［49］〔日〕德久球雄:《日本的温泉及其利用》,《中国旅游报》2004 年11 月 11 日。

［50］〔日〕植草益:《信息通讯业的产业融合》,《中国工业经济》2001 年第 2 期。

［51］白晨曦:《定位新北京——北京城市规划的修编与创新》,《城市开发》2004 年第 3 期。

［52］保继刚:《大型主题公园布局初步研究》,《地理研究》1994 年第3 期。

［53］保继刚:《主题公园发展的影响因素系统分析》,《地理学报》1997 年第 3 期。

［54］曹建海:《向高房价宣战》,中信出版社,2010。

［55］曹振良、周京奎:《产业分蘖理论与住宅产业化》,《河南师范大学学报》(哲学社会科学版)2003 年第 3 期。

［56］曹振良:《论中国房地产长期高位增长与安全运行》,《经济评论》

2007 年第 1 期。

[57] 曹振良等：《房地产经济学通论》，北京大学出版社，2003。

[58] 陈劲松：《城界消失·旅游地产》，机械工业出版社，2003。

[59] 陈林玲：《杭州宋城与上海新天地的旅游房地产对比及启示》，《浙江建筑》2010 年第 9 期。

[60] 陈楠：《主题公园的主题》，《商务周刊》2010 年第 5 期。

[61] 陈卫东：《区域旅游房地产开发研究》，《社会科学家》1996 年第 5 期。

[62] 陈晓悦：《北池子历史街区小规模渐进式微循环改造模式研究》，北京工业大学工学硕士学位论文，2007 年 7 月。

[63] 陈琰：《北京叫停新建高尔夫球场》，《京华时报》2004 年 3 月 19 日。

[64] 陈友飞：《英国的 CARAVAN 营地及其借鉴意义》，《世界地理研究》2002 年第 2 期。

[65] 程永宏：《改革以来全国总体基尼系数的演变及其城乡分解》，《中国社会科学》2007 年第 4 期。

[66] 仇保兴：《城市经营、管治和城市规划的变革》，《城市规划》2004 年第 2 期。

[67] 仇保兴：《怎样管治好我们的城市》（上），《城市开发》2004 年第 3 期。

[68] 楚杰：《温泉度假区的开发管理》，《中国旅游报》2006 年 8 月 9 日。

[69] 春秋兴：《古典生命科学的实践成果》，《医药与保健》2010 年第 10 期。

[70] 戴斌、束菊萍：《产权酒店在我国发展的现状、问题及对策》，《饭店现代化》2004 年第 6 期。

[71] 单霁翔：《从"大拆大建式旧城改造"到"历史城区整体保

护"——探讨历史城区保护的科学途径与有机秩序》（中），《文物》2006 年第 6 期。

[72] 单霁翔：《从"以旧城为中心发展"到"发展新区，保护旧城"——探讨历史城区保护的科学途径与有机秩序》（上），《文物》2006 年第 5 期。

[73] 单霁翔：《从"大规模危房改造"到"循序渐进，有机更新"——探讨历史城区保护的科学途径与有机秩序》（下），《文物》2006 年第 7 期。

[74] 邓仕敏：《关于发展旅游房地产的思考》，《市场经济研究》2003 年第 6 期。

[75] 丁名申、钱平雷：《旅游房地产学》，复旦大学出版社，2004。

[76] 丁少华：《旅游地产发展问题研究：以云南大理、安徽黄山为例》，《云南财经大学学报》（社会科学版）2010 年第 4 期。

[77] 董观志：《主题公园：城市的商业集聚与文化游戏——解读发展历程和战略趋势》，《现代城市研究》2010 年 3 月。

[78] 董观志：《主题公园发展的战略性趋势研究》，《人文地理》2005 年第 2 期。

[79] 董光器：《五十七年光辉历程——建国以来北京城市规划的发展》，《北京规划建设》2006 年第 5 期。

[80] 董恒年、张妙弟、刘运伟：《北京郊区休闲度假旅游用地现状及未来趋势研究》，《旅游学刊》2007 年第 4 期。

[81] 杜丁：《北京居民幸福指数再创新低 收入差距扩大成主因》，《新京报》2011 年 2 月 5 日。

[82] 杜江，张凌云：《解构与重构：旅游学学科发展的新思维》，《旅游学刊》2004 年第 3 期。

[83] 段吉盛、楼嘉军：《迪士尼乐园海外拓展路径研究》，《经济论坛》2007 年第 21 期。

[84] 方修琦、章文波、张兰生等：《近百年来北京城市空间扩展与城乡过渡带演变》，《城市规划》2002 年第 4 期。

[85] 冯健、周一星、王晓光等：《1990 年代北京郊区化的最新发展趋势及其对策》，《规划研究》2004 年第 3 期。

[86] 冯维波：《关于主题公园规划设计的策略思考》，《中国园林》2000 第 3 期。

[87] 付凌晖：《我国产业结构高级化与经济增长关系的实证研究》，《统计研究》2010 年第 8 期。

[88] 傅瑞东：《留恋老北京》，《人民日报》2002 年 4 月 2 日。

[89] 干春晖：《产业经济学：教程与案例》，机械工业出版社，2006。

[90] 高广新：《国外主题公园业的状况与趋势》，载江蓝生、谢绳武主编《2003 年：中国文化产业发展报告》，社会科学文献出版社，2003。

[91] 高圣平、刘守英：《集体建设用地进入市场：现实与法律困境》，《管理世界》2007 年第 3 期。

[92] 谷军、康琳、陈荣荣：《北京城乡收入差距的现状及其对策研究》，《首都经济贸易大学学报》2010 年第 1 期。

[93] 顾朝林、C. 克斯特洛德：《北京社会极化与空间分异研究》，《地理学报》1997 年第 5 期。

[94] 顾朝林、陈振光：《中国大都市空间增长形态》，《中国方域：行政区划与地名》1996 年第 1 期。

[95] 顾朝林、徐海贤：《改革开放二十年来中国城市地理学研究进展》，《地理科学》1999 年第 4 期。

[96] 顾朝林：《发展中国家城市管治研究及其对我国的启发》，《城市规划》2001 年第 9 期。

[97] 顾朝林：《论城市管治研究》，《城市规划》2000 年第 9 期。

[98] 郭春安、姚智胜：《轨道交通改变出行方式——北京轨道交通发展回顾与展望》，《北京规划建设》2009 年第 1 期。

［99］ 郭焕成、孙艺惠、任国柱等：《北京休闲农业与乡村旅游发展研究》，《地球信息科学》2008 年第 4 期。

［100］ 郭湘闽：《论土地发展权视角下旧城保护与复兴规划——以北京为例》，《城市规划》2007 年第 12 期。

［101］ 郭晓东、肖星、房亮：《新休假制度对国内旅游流时空结构及旅游开发的影响分析》，《旅游学刊》2008 年第 5 期。

［102］ 郭馨梅：《北京居民收入差距不断扩大所带来的影响》，《北京工商大学学报》（社会科学版）2008 年第 6 期。

［103］ 国家旅游局课题组：《中国旅游业改革开放 30 年发展报告》，《中国旅游报》2009 年 1 月 4 日。

［104］ 国家图书馆编《部级领导干部历史文化讲座 2004》，北京图书馆出版社，2005。

［105］ 郝勤：《道教与中国传统养生文化》，《中国道教》1989 年第 2 期。

［106］ 何光暐：《中国旅游业 50 年》，中国旅游出版社，1999。

［107］ 何里文：《在国家严厉调控下发展旅游地产的战略性思考》，《中国城市经济》2010 年第 12 期。

［108］ 何玉宏、赵艳艳：《私家车浪潮引发的社会问题与应对策略》，《上海城市管理职业技术学院学报》2006 年第 6 期。

［109］ 洪世键、黄晓芬：《大都市区概念及其界定问题探讨》，《国际城市规划》2007 年第 5 期。

［110］ 侯仁之：《论北京旧城的改造》，《城市规划》1983 年第 1 期。

［111］ 胡浩、汪宇明：《中国旅游目的地房地产开发模式研究》，《桂林旅游高等专科学校学报》2004 年第 4 期。

［112］ 胡浩：《大都市旅游房地产发展与布局——以上海为例》，华东师范大学博士学位论文，2005 年 5 月。

［113］ 胡金星：《产业融合的内在机制研究——基于自组织理论的视角》，复旦大学博士学位论文，2005 年 7 月。

[114] 胡千慧、陆林:《旅游用地研究进展及启示》,《经济地理》2009年第2期。

[115] 黄嘉玮:《山地度假村设计研究》,天津大学硕士学位论文,2006年1月。

[116] 黄荣清:《是"郊区化"还是"城市化"?——关于北京城市发展阶段的讨论》,《人口研究》2008年第1期。

[117] 黄渭铭:《论中国传统养生之道》,《哈尔滨体育学院学报》1990年第2期。

[118] 黄向、徐文雄:《我国温泉开发模式的过去、现在与未来》,《规划师》2005年第4期。

[119] 黄小芳:《我国旅游房地产投融资模式比较研究》,北京交通大学硕士学位论文,2010年6月。

[120] 黄羊山、贾鸿雁、马民华:《我国旅游房地产的肇始——李德立及其牯岭公司》,《东南大学学报》(哲学社会科学版)2006年第2期。

[121] 简德三、王拱卫主编《房地产经济学》,上海财经大学出版社,2003。

[122] 江贤卿:《我国旅游房地产的产业融合模式研究》,厦门大学硕士学位论文,2008年4月。

[123] 金波、吴小根:《中国旅游城市体系研究》,《城市研究》1999年第5期。

[124] 巨鹏、王学峰、崔风军:《景观房产研究——背景、现状与未来》,《旅游学刊》2002年第1期。

[125] 李长坡:《当前我国旅游房地产的问题及对策》,《许昌学院学报》2003年第2期。

[126] 李海楠:《北京五年内将率先形成城乡一体化新格局》,《中国经济时报》2011年1月28日。

［127］李萌：《论主题公园持久生命力的培育》，《现代城市研究》2010
年第 3 期。

［128］李铭、方创琳、孙心亮：《区域管治研究的国际进展与展望》，
《地理科学进展》2007 年第 4 期。

［129］李楠、冯斐菲、汤羽扬：《北京旧城胡同现状调研报告（2005～
2006）》，《北京规划建设》2007 年第 4 期。

［130］李实、罗楚亮：《中国城乡居民收入差距的重新估计》，《北京大
学学报》（哲学社会科学版）2007 年第 2 期。

［131］李天元：《旅游学》，高等教育出版社，2002。

［132］李薇：《我国旅游房地产开发的有利因素及制约因素分析》，《时
代金融》2007 年第 10 期。

［133］李玉莹：《新中国成立 60 年旅游业发展历程回顾》，《旅游·客
车》2009 年第 6 期。

［134］梁荣：《中国房地产业发展规模与国民经济总量关系研究：基于我
国房地产发展"倒 U 曲线"时期》，经济科学出版社，2005。

［135］梁思成、陈占祥：《关于中央人民政府行政中心区位置的建议》
（"梁陈方案"）1950 年 2 月。

［136］梁云芳、高铁梅：《中国房地产价格波动区域差异的实证分析》，
《经济研究》2007 年第 8 期。

［137］梁志敏：《我国都市区旅游房地产开发模式研究》，北京交通大学
硕士学位论文，2007 年 12 月。

［138］刘德谦：《不要混淆了"休闲"与"旅游"》，《旅游学刊》2006
年第 9 期。

［139］刘德谦：《也论休闲与旅游》，《旅游学刊》2006 年第 10 期。

［140］刘芳：《区位决定成败：城市住区空间区位决策与选择》，中国电
力出版社，2007。

［141］刘家明：《旅游度假区土地利用规划》，《国外城市规划》2000 年

第 3 期。

[142] 刘世能、单红松：《北京旧城改造的思考》，《北京规划建设》2009 年第 2 期。

[143] 刘维新：《中国土地使用制度改革的回顾与展望》，《北京房地产》2009 年第 1 期。

[144] 刘伟、李绍荣：《产业结构与经济增长》，《中国工业经济》2002 年第 5 期。

[145] 刘艳红：《旅游房地产业形成的分蘖理论分析》，《生产力研究》2004 年第 3 期。

[146] 刘艳红：《中国分时度假发展研究——旅游房地产创新》，经济科学出版社，2002。

[147] 刘赵平：《分时度假·产权酒店》，中国旅游出版社，2003。

[148] 卢艳、蔡璐：《房车行业市场调查及我国房车产业发展对策》，《科技与产业》2010 年第 12 期。

[149] 陆军：《广西自驾车旅游营地发展研究》，《旅游学刊》2007 年第 3 期。

[150] 陆铭、陈钊：《城市化、城市倾向的经济政策与城乡收入差距》，《经济研究》2004 年第 6 期。

[151] 陆学艺、张荆、唐军主编《2010 年北京社会建设分析报告》，社会科学文献出版社，2010。

[152] 罗艳宁：《汽车营地规划设计方法研究——以南京大石湖生态旅游度假区为例》，《中国园林》2008 年第 6 期。

[153] 罗哲文：《北京市的城市性质应改为政治、经济、文化中心并论历史名城保护、建设与社会经济的发展》，《北京联合大学学报》（人文社会科学版）2004 年第 1 期。

[154] 马波：《公共旅游资源资产化管理研究引论》，《桂林旅游高等专科学校学报》2001 年第 2 期。

［155］ 马健：《产业融合理论研究述评》，《经济学动态》2002 年第 5 期。

［156］ 马清裕、张文尝：《北京市居住郊区化分布特征及其影响因素》，《地理研究》2006 年第 1 期。

［157］ 马勇、王春雷：《现代主题公园的竞争焦点及创新对策分析》，《人文地理》2004 年第 1 期。

［158］ 毛飞峰：《中国温泉文化发展变迁史》，《中国旅游报》2007 年 1 月 29 日。

［159］ 毛广雄：《大都市区化：我国城市化发展路径的转型》，《城市问题》2009 年第 6 期。

［160］ 孟延春：《北京旧城改造产生的问题及其对策》，《清华大学学报》（自然科学版）2000 年第 1 期。

［161］ 苗天青：《我国房地产业：结构、行为与绩效》，经济科学出版社，2004。

［162］ 倪鹏飞、白雨石：《中国城市房地产市场化测度研究》，《财贸经济》2007 年第 6 期。

［163］ 倪鹏飞编《中国住房发展报告（2010～2011）》，社会科学文献出版社，2011。

［164］ 牛亚菲：《旅游供给与需求的空间关系研究》，《地理学报》1999 年第 1 期。

［165］ 潘凤英、沙润、李久生：《普通地貌学》，测绘出版社，1989。

［166］ 潘家华、牛凤瑞、魏后凯：《中国城市发展报告 NO.3》，社会科学文献出版社，2010。

［167］ 裴钰：《分食旅游地产的五大花招》，《中国经济周刊》2011 年第 6 期。

［168］ 平永泉：《建国以来北京的旧城改造与历史文化名城保护》，《北京规划建设》1999 年第 5 期。

［169］ 清华大学营建学系 1951 年 10 月译，原名《都市计划大纲》，载于

《城市发展研究》2007 年第 5 期。

[170] 邱莉莉：《依托政策走出旧城改造的困境——对"微循环改造大栅栏"的思考》，《城市》2006 年第 2 期。

[171] 任克雷：《中国将进入大型主题公园发展的新时期——华侨城主题公园发展的启示》，载张广瑞、刘德谦主编《2009 年中国旅游发展分析与预测》，社会科学文献出版社，2009。

[172] 芮明杰、胡金星：《产业融合的识别方法研究——基于系统论的研究视角》，《上海管理科学》2008 年第 3 期。

[173] 邵祎、程玉申：《国外度假旅游的双轨现象及其对我国的启示》，《旅游学刊》2006 年第 3 期。

[174] 申葆嘉：《旅游学原理》，学林出版社，1999。

[175] 沈飞：《旅游房地产悄然起步》，《中国经营报》2001 年 6 月 29 日。

[176] 沈望舒：《中国主题公园沉浮论》，《城市问题》2009 年第 10 期。

[177] 史建、崔健：《关于大栅栏煤市街的访谈》，《北京规划建设》2005 年第 2 期。

[178] 史忠良、何维达等：《产业兴衰与转化规律》，经济管理出版社，2004。

[179] 司美丽：《北京旧城改造应借鉴战后西方城市大规模改造的教训》，《北京联合大学学报》2003 年第 1 期。

[180] 宋丁：《大城市外围旅游地产发展动向分析》，《特区经济》2006 年第 9 期。

[181] 宋丁：《关于旅游住宅地产的十点提示》，《特区经济》2003 年第 3 期。

[182] 孙冰：《房地产市场化过头了吗?》，《中国经济周刊》2006 年第 30 期。

[183] 孙朝晖：《也谈大栅栏地区的改造与发展》，《北京房地产》2003

年第 12 期。

[184] 孙胤社：《大都市区的形成机制及其定界——以北京为例》，《地理学报》1992 年第 6 期。

[185] 唐燕：《大都市区区域管治比较——柏林、勃兰登堡与北京》，《城市问题》2009 年第 10 期。

[186] 陶希东、刘君德：《国外大城市郊区化的演变及对我国的启示》，《城市问题》2003 年第 4 期。

[187] 汪光焘：《历史文化名城的保护与发展》，《建筑学报》2005 年第 2 期。

[188] 汪晖：《城乡接合部的土地征用：征用权与征地补偿》，《中国农村经济》2002 年第 2 期。

[189] 王波、安栓庄、江永：《北京轨道交通衔接理念及设施设置原则》，《都市快轨交通》2009 年第 5 期。

[190] 王诚庆、金准：《中国旅游业 30 年：发展历程、经验总结与改革趋势》，载何德旭主编《中国服务业发展报告 NO.7——中国服务业 30 年：1978～2008》，社会科学文献出版社，2008。

[191] 王奉慧：《北京历史文化保护区研究》，《北京联合大学学报》（人文社会科学版）2008 年第 1 期。

[192] 王宏伟：《大城市郊区化、居住空间分异与模式研究——以北京市为例》，《建筑学报》2003 年第 9 期。

[193] 王华、彭华：《温泉旅游开发的主要影响因素综合分析》，《旅游学刊》2004 年第 5 期。

[194] 王静：《中国旅游房地产发展模式比较研究》，云南大学硕士学位论文，2007 年 5 月。

[195] 王军、刘江：《什么是"有机疏散"》，《瞭望新闻周刊》2002 年第 14 期。

[196] 王军：《从南池子出发》，《南方周末》2003 年 10 月 23 日。

［197］王军：《城记》，生活·读书·新知三联书店，2003。

［198］王俊鸿、季哲文：《旅游企业投资与管理》，四川大学出版社，2003。

［199］王克岭、马春光：《美国主题公园发展的经验及对中国的启示——以波利尼西亚文化中心为例》，《企业经济》2010 年第 2 期。

［200］王丽萍、蒋素梅：《我国分时度假产品权益保障研究》，《北京第二外国语学院学报》2005 年第 1 期。

［201］王荣武：《权威解读购买四合院新规定》，《北京房地产》2004 年第 6 期。

［202］王伟：《对中国传统养生体育衍生、发展的再研究》，《山东体育科技》2005 年第 1 期。

［203］王旭：《大都市区化：本世纪美国城市发展的主导趋势》，《美国研究》1998 年第 4 期。

［204］王旭著《美国城市化的历史解读》，岳麓书社，2003。

［205］王赞强：《旅游房地产初探》，《闽西职业大学学报》2001 年第 4 期。

［206］维文：《中国温泉进入二次升级时代》，《中国旅游报》2008 年 11 月 21 日。

［207］魏成林：《北京的旧城改造与城市传统风貌保护》，《北京规划建设》2000 年第 1 期。

［208］魏小安：《旅游城市与城市旅游——另一种眼光看城市》，《旅游学刊》2001 年第 6 期。

［209］文彤：《城市旅游住宅地产发展研究》，《城市问题》2006 年第 9 期。

［210］翁炀晖：《论中国传统养生的理论基础》，《搏击·武术科学》2009 年第 1 期。

［211］吴必虎、唐俊雅、黄安民等：《中国城市居民旅游目的地选择行为

研究》，《地理学报》1997 年第 2 期。

[212] 吴必虎、徐小波：《旅游导向型土地综合开发（TOLD）：一种旅游—房地产模式》，《旅游学刊》2010 年第 8 期。

[213] 吴昊天：《北京旧城保护改造中的产权现象及其问题研究——以什刹海历史文化保护区烟袋斜街试点起步区为例》，清华大学硕士学位论文，2007 年 12 月。

[214] 吴金梅：《中国旅游房地产发展基本状况与未来展望》，载张广瑞、刘德谦主编《2008 年中国旅游发展分析与预测》，社会科学文献出版社，2008。

[215] 吴良镛、刘健：《城市边缘与区域规划——以北京地区为例》，《建筑学报》2005 年第 6 期。

[216] 吴良镛：《北京旧城保护研究》（上篇），《北京规划建设》2005 年第 1 期。

[217] 吴良镛：《北京旧城保护研究》（下篇），《北京规划建设》2005 年第 2 期。

[218] 吴良镛：《北京旧城要审慎保护——关于北京市旧城区控制性详细规划的几点意见》，《北京规划建设》1998 年第 2 期。

[219] 吴良镛：《北京旧城与菊儿胡同》，中国建筑工业出版社，1994。

[220] 吴良镛：《城市世纪、城市问题、城市规划与市长的作用》，《城市规划》2000 年第 4 期。

[221] 吴小青、弓弼、王大芳等：《汽车营地规划设计方法及应用》，《西南林学院学报》2010 年第 3 期。

[222] 晓亚、顾启源：《评价〈城市：它的发展、衰败与未来〉》，《城市规划》1986 年第 3 期。

[223] 谢守红、宁越敏：《中国大城市发展和都市区的形成》，《城市问题》2005 年第 1 期。

[224] 谢守红：《大都市区的概念及其对我国城市发展的启示》，《城市》

2004 年第 2 期。

[225] 谢守红:《中国大都市区的形成及动力机制》,《衡阳师范学院学报》2005 年第 1 期。

[226] 谢彦君:《旅游的本质及其认识方法》,《旅游学刊》2010 年第 1 期。

[227] 谢彦君:《基础旅游学》(第二版),中国旅游出版社,2004。

[228] 徐翠蓉:《关于旅游房地产基本问题的研究》,《科技信息》2007 年第 12 期。

[229] 徐翠蓉:《青岛市旅游房地产发展研究》,青岛大学硕士学位论文,2005 年 4 月。

[230] 徐勤政、刘鲁、彭珂:《城乡规划视角的旅游用地分类体系研究》,《旅游学刊》2010 年第 7 期。

[231] 徐文菅、赵妍:《北京努力实现 561 公里轨道交通规划目标》,《经济日报》2009 年 2 月 24 日。

[232] 许学强、林先扬、周春山:《国外大都市区研究历程回顾及其启示》,《城市规划学刊》2007 年第 2 期。

[233] 许学强、周一星、宁越敏:《城市地理学》(第二版),高等教育出版社,2009。

[234] 许学强、周一星、宁越敏:《城市地理学》,高等教育出版社,2005。

[235] 薛凯、洪再生:《基于城市视角的主题公园选址研究》,《天津大学学报》(社会科学版)2011 年第 1 期。

[236] 阳建强、吴明伟:《现代城市更新》,东南大学出版社,1999。

[237] 杨斌、余吉安:《公共治理范式研究——基于埃莉诺·奥斯特罗姆的研究成果分析》,《求索》2010 年第 8 期。

[238] 杨瑞芹:《公共旅游资源"三权分离"管理模式的构建》,青岛大学硕士学位论文,2004 年 4 月。

［239］杨振之：《我国温泉度假地开发现状及发展趋势》，《中国旅游报》2006 年 10 月 25 日。

［240］杨重光：《城市区概念有利于促进中国城市化》，《城市化与区域经济》2004 年第 7 期。

［241］于光远、马惠娣：《于光远马惠娣十年对话——关于休闲学研究的基本问题》，重庆大学出版社，2008。

［242］于光远：《论普遍有闲的社会》，中国经济出版社，2004。

［243］余美英：《分割拆零销售商品房违法》，《北京青年报》2007 年 3 月 16 日。

［244］余伟：《温泉度假区规划方法研究》，同济大学硕士学位论文，2008 年 3 月。

［245］余艳琴、赵峰：《我国旅游房地产发展的可行性和制约因素分析》，《旅游学刊》2003 年第 5 期。

［246］袁家方：《三哭大栅栏》，《商业文化》1995 年第 1 期。

［247］袁家方：《特有的京味商文化——漫话北京大栅栏》，《中国外资》1995 年第 7 期。

［248］曾赞荣：《广开言路　博采众长——大栅栏地区保护、整治与发展规划方案编制工作回顾》，《北京规划建设》2004 年第 1 期。

［249］张广瑞：《关于旅游学研究的一些想法》，《社会科学家》1990 年第 1 期。

［250］张广瑞：《旅游真是产业吗?》，《旅游学刊》1996 年第 1 期。

［251］张海清：《中国知名房地产开发企业发展趋势》，上海交通大学硕士学位论文，2009 年 1 月。

［252］张红：《房地产经济学》，清华大学出版社，2005。

［253］张红：《房地产经济学》，清华大学出版社，2005。

［254］张辉：《北京旅游局为啥要更名》，《人民日报海外版》2011 年 5 月 4 日。

[255] 张京祥、黄春晓:《管治理念及中国大都市区管理模式的重构》,《南京大学学报》(哲学·人文科学·社会科学) 2001 年第 5 期。

[256] 张京祥、庄林德:《管治及城市与区域管治——一种新制度性规划理念》,《规划研究》2000 年第 6 期。

[257] 张静、徐小卫:《打造网络时代的杭州旅游休闲房产》,《商业经济与管理》2002 年第 11 期。

[258] 张克中:《公共治理之道:埃莉诺·奥斯特罗姆理论述评》,《政治学研究》2009 年第 6 期。

[259] 张凌云:《国际上流行的旅游定义和概念综述——兼对旅游本质的再认识》,《旅游学刊》2008 年第 1 期。

[260] 张茉楠:《中国如何才能避免中等收入陷阱》,《证券时报》2010年 12 月 23 日。

[261] 张文茂、苏慧:《突破二元体制,统筹城乡一体化发展进程——基于北京历史发展的思考》,载北京市社会科学院编《北京城乡发展报告 (2008~2009)》,社会科学文献出版社,2009。

[262] 张宪洪:《中国汽车营地旅游项目开发运作的理论、方法与实务》,西北师范大学硕士学位论文,2003 年 6 月。

[263] 张雪:《温泉度假酒店设计的研究》,南京林业大学硕士学位论文,2009 年 6 月。

[264] 张雪晶:《旅游房地产开发模式研究》,《商场现代化》2005 年第8 期。

[265] 张一龙:《论休闲时代背景下传统养生文化的价值》,《广州体育学院学报》2007 年第 4 期。

[266] 张媛媛:《中坤拟重组旗下旅游地产》,《中国房地产报》2011 年1 月 2 日。

[267] 章波、唐健、黄贤金等:《经济发达地区农村宅基地流转问题研究——以北京市郊区为例》,《中国土地科学》2006 年第

1 期。

[268] 章光日：《改革开放 30 年大北京地区规划建设主要特征分析》，《北京规划建设》2009 年第 1 期。

[269] 赵长山：《在建设中延续历史在保护中塑造未来——北京大栅栏地区保护、整治与发展规划实施战略》，《北京规划建设》2004 年第 1 期。

[270] 赵方莹、周连兄、赵国军等：《滑雪场项目建设水土流失问题及防治对策——以北京市门头沟区龙凤山滑雪场为例》，《水土保持研究》2006 年第 3 期。

[271] 赵杰：《"治堵新政"冷思考》，《南风窗》2011 年第 2 期。

[272] 赵树枫：《农村宅基地制度改革北京郊区应该先行》，载北京市社会科学院编：《北京城乡发展报告（2008～2009）》，社会科学文献出版社，2009。

[273] 郑静：《我国旅游房地产业市场发展现状分析》，《商场现代化》2008 年 9 月（上旬刊）。

[274] 中国社科院环境与发展研究中心课题组：《国家风景名胜资源上市的国家利益权衡》，1999。

[275] 钟海生：《旅游业的投资需求与对策研究》，《旅游学刊》2001 年第 16 卷第 3 期，第 12 页。

[276] 钟栎娜：《旅游业与房地产业结构模式研究》，《金融经济》2006 年第 4 期。

[277] 周干峙：《迎接城市规划的第三个春天》，《城市规划》2002 年第 1 期。

[278] 周鹏飞：《旅游房地产与城市旅游发展互动研究》，华中师范大学硕士学位论文，2008 年 5 月。

[279] 周一星，孙则昕：《再论中国城市的职能分类》，《地理研究》1999 年第 1 期。

［280］周一星、曹广忠：《改革开放20年来中国城市化进程》，《城市规划》1999年第12期。

［281］周一星、孟延春：《沈阳的郊区化——兼论中西方郊区化的比较》，《地理学报》1997年第4期。

［282］周一星：《北京的郊区化及引发的思考》，《地理科学》1996年第3期。

［283］朱嘉广：《旧城保护与危改的方法》，《北京规划建设》2003年第4期。

［284］祝晔：《旅游房地产的绿色开发和评价模型研究》，南京师范大学硕士学位论文，2005年5月。

［285］邹积艺、刘力铭：《温泉度假地规划设计：理念与实践》，《中国旅游报》2006年8月30日。

［286］21世纪房车网：《21RV人物专访：FICC国际露营协会主席佩雷拉先生——世界露营期待中国参与》，http：//www. 21rv. com/renwu/fangcherenwu/2008 - 9/11/155320515. htm。

［287］21世纪房车网：《港中旅密云南山房车小镇》，http：//www. 21rv. com/camp/gnyd/2011 - 2/11/1508054. html。

［288］21世纪房车网：《汽车露营地建设规则——营地的设施规划》，http：//www. 21rv. com/yingdiguize/2007 - 6/29/185000270. htm。

［289］21世纪滑雪网：《北京滑雪业滑向何处》，http：//www. 21ski. com/xinwen/detail. php/id - 151. html。

［290］Wikipedia："Real estate development"，http：//en. wikipedia. org/wiki/Real_ estate_ development.

［291］北方网：《福布斯报告称内地千万富豪超38万 六成涉足房产》，http：//news. enorth. com. cn/system/2010/12/28/005513778. shtml。

［292］北京科学学研究中心：《北京城市化进程评价研究》，http：//www. bjkw. gov. cn/n1143/n1240/n1465/n2216/n3710709/

3711264. html。

［293］ 凤凰网：《邓浩志：旅游地产以黑马姿态吹响进军号角》，http：//house. ifeng. com/pinglun/detail_ 2011_ 02/18/4738354_ 0. shtml。

［294］ 凤凰网：《邓浩志：旅游地产以黑马姿态吹响进军号角》，http：//house. ifeng. com/pinglun/detail_ 2011_ 02/18/4738354_ 0. shtml。

［295］ 国际露营协会官方网站：http：//www. ficc. org/。

［296］ 国际旅游景区和主题公园协会（IAAPA）：http：//www. iaapa. org/。

［297］ 国际新能源网：《北京地热资源及其开发利用》，http：//www. in-en. com/newenergy/html/newenergy-20062006110746797. html。

［298］ 国研网：《魏小安：旅游房地产名不副实》，http：//www. drcnet. com. cn/DRCNet. Common. Web/DocView. aspx？docId=248233&leafId=50&chnId=&version=Integrated&viewMode=content。

［299］ 海南新浪乐居：《业内总结管理规范建议产权酒店业有望健康发展》，http：//sanya. house. sina. com. cn/scan/2010-11-23/17539945. shtml。

［300］ 环球旅游网：《孟晓苏——发展"分时度假"和"产权酒店"》，http：//www. yooso. net/cehua/lvlun/200803/20080310163751. html。

［301］ 黄序：《全面推进北京城乡一体化进程》，http：//www. bcu. edu. cn/truekxyj/journal/2004add/new_ page_ 9. htm。

［302］ 金融界：《李扬：城镇化将成为未来中国经济发展的主要引擎》，http：//finance. jrj. com. cn/people/2010/11/1114148541134-2. shtml。

［303］ 乐途旅游：《"北京欢乐谷"落座东四环 总投资20亿元人民币》，http：//www. lotour. com/snapshot/2006-3-2/snapshot_ 33501. shtml。

［304］ 厉新建、王真真、王雪东等：《我国自驾车旅游与汽车营地建设：发展、问题与对策》，http：//wenku. baidu. com/view/5d8893fb770bf78a652954a8. html。

[305] 刘赵平：《我国分时度假和产权酒店业发展研究》，http：//
wenku. baidu. com/view/d6a3b2e8856a561252d36f80. html。

[306] 搜房网：《刘洪玉：房地产过度市场化　应切断政府对土地的过度依
赖》，http：//www. soufun. com/news/2010 – 03 – 13/3153987. htm。

[307] 搜狐焦点：《北京四合院价格急速上涨　多达数千万人民币》，
http：//house. focus. cn/news/2007 – 12 – 17/409129. html。

[308] 搜狐新闻：《北京四合院成私人购买新宠》，http：//
news. sohu. com/20060530/n243465091. shtml。

[309] 腾讯·大秦网：《国庆献礼工程　北京前门大街全面开市营业》，
http：//xian. qq. com/a/20090929/000010. htm。

[310] 腾讯财经：《河北将建设京东、京南、京北三座环首都新城》，
http：//finance. qq. com/a/20101105/009037. htm。

[311] 腾讯财经：《李稻葵：今年是新一轮房地产市场改革元年》，
http：//finance. qq. com/a/20100419/003055. htm。

[312] 腾讯财经：《中国 2009 年城乡收入差距达 1978 年以来最大水平》，
http：//finance. qq. com/a/20100303/006356. htm。

[313] 腾讯新闻：《全国总人口约为 13. 39 亿人 10 年增加 7000 多万》，
http：//news. qq. com/a/20110428/000737. htm？ qq ＝ 0&ADUIN ＝
15773855&ADSESSION ＝1303961601&ADTAG ＝ CLIENT. QQ. 3307＿ . 0。

[314] 网易财经：《北京前门大街租金太高　吓退小本老字号》，http：//
money. 163. com/09/0728/02/5F9DAOIS00253B0H. html。

[315] 网易新闻：《北京前门大街将于 9 月 28 日全面开市》，http：//
news. 163. com/09/0928/07/5K9GCLU20001124J. html。

[316] 网易新闻中心：《北京旧城保护工作：留住胡同　保留文化的传
承》，http：//news. 163. com/08/0108/08/41M0MAE40001124J.
html。

[317] 芜湖新闻网：《〈经济日报〉昨日报道"芜湖方特欢乐世界"发展

纪实》，http：//www. wuhunews. cn/whnews/201001/209750. html。

[318] 新华网：《云南石林将建国内首家中医药文化养生度假村》，http：//www. chinadaily. com. cn/dfpd/yunnan/2011 - 03 - 26/content_2124976. html。

[319] 新浪博客：《国内外关于旅游房地产概念的文献研究》，http：//blog. sina. com. cn/s/blog_ 4a2c920b0100058n. html。

[320] 新浪财经：《北京欢乐谷：主题公园活动营销》，http：//finance. sina. com. cn/leadership/mscyx/20110121/10179290574. shtml。

[321] 新浪财经：《港中旅建成国内首家国际标准房车营地》，http：//finance. sina. com. cn/chanjing/gsnews/20101015/09543481782. shtml。

[322] 新浪新闻：《迪士尼落户上海耗资 244. 8 亿将拉动万亿 GDP》，http：//news. sina. com. cn/c/2009 - 01 - 13/073117032694. shtml。

[323] 新浪新闻：《新一轮城镇化面临征地农民利益保护等三大挑战》，http：//news. sina. com. cn/c/2010 - 11 - 11/104121453525. shtml。

[324] 新浪新闻：北京前门大街全面开市营业，http：//news. sina. com. cn/c/p/2009 - 09 - 29/013418746549. shtml。

[325] 新浪新闻中心：《北京在旧城改造中留住古都风貌》，http：//news. sina. com. cn/o/2008 - 01 - 06/175813206934s. shtml。

[326] 张元端：《改革开放 30 年中国房地产业发展的历程》，http：//xm. china - house. com/news/view/88896. html。

[327] 中国广播网：《2010 年国内生产总值将突破 37 万亿元人均GDP4000 美元》，http：//www. cnr. cn/gundong/201012/t20101215_ 507464313. html。

[328] 中国网络电视台：《北京"旅游局"改"旅游委"》，http：//news. cntv. cn/20110413/104820. shtml。

［329］中国文化产业网:《北京欢乐谷"四个驱动"打造多元娱乐主题公园》, http: //www. cnci. gov. cn/content/20081125/news_ 35363. shtml。

［330］中国新闻网:《中国城镇和农村恩格尔系数 60 年分别降 19. 6% 和 24%》, http: //www. chinanews. com. cn/cj/cj - gncj/news/2009/09 - 14/1865837. shtml。

［331］中新网:《北京政协报告称旧城胡同 54 年消失近半》, http: //www. chinanews. com/cul/2010/09 - 09/2521355. shtml。

图书在版编目（CIP）数据

大都市区旅游房地产开发研究/张金山著 . —北京:社会科学
文献出版社,2014.9
ISBN 978 - 7 - 5097 - 6360 - 5

Ⅰ.①大…　Ⅱ.①张…　Ⅲ.①大城市 - 旅游区 - 房地产开发 -
研究 - 中国　Ⅳ.①F299.233.5

中国版本图书馆 CIP 数据核字（2014）第 186855 号

大都市区旅游房地产开发研究

著　　者 / 张金山

出 版 人 / 谢寿光
项目统筹 / 高　雁
责任编辑 / 颜林柯

出　　版 / 社会科学文献出版社·经济与管理出版中心（010）59367226
　　　　　　地址：北京市北三环中路甲 29 号院华龙大厦　邮编：100029
　　　　　　网址：www.ssap.com.cn
发　　行 / 市场营销中心（010）59367081　59367090
　　　　　　读者服务中心（010）59367028
印　　装 / 三河市东方印刷有限公司

规　　格 / 开　本：787mm × 1092mm　1/16
　　　　　　印　张：14.75　字　数：204 千字
版　　次 / 2014 年 9 月第 1 版　2014 年 9 月第 1 次印刷
书　　号 / ISBN 978 - 7 - 5097 - 6360 - 5
定　　价 / 59.00 元